미래의 속도

미래의 속도

NO ORDINARY DISRUPTION

리처드 돕스·제임스 매니카·조나단 워첼 지음
고영태 옮김 | 맥킨지 한국사무소 감수

산업혁명보다 10배 더 빠르고, 300배 더 크고, 3,000배 더 강하다!

청림출판

한 그루의 나무가 모여 푸른 숲을 이루듯이
청림의 책들은 삶을 풍요롭게 합니다.

그래도 희망은 있다

2016년 6월 23일, 영국 유권자가 예상과 달리 유럽연합Eu, European Union 탈퇴에 찬성하자 세계 경제는 큰 충격을 받았다. 이후 브렉시트 Brexit가 세계 경제 성장에 부정적인 영향을 끼칠 것이라며 주요 국가의 증시와 원자재 가격이 급락했다. 그러나 곧 금융시장은 안정을 찾았고 일부 경제 전문가는 이 모든 것이 공포에 과잉 반응한 것이라고 말했다. 하지만 브렉시트는 영국, 유럽 그리고 세계 경제가 직면한 가장 큰 불확실성이다. 영국의 유럽연합 탈퇴 협상 과정이 더 많은 갈등을 유발하거나 다른 회원국까지 영국에 동조해 유럽연합을 떠난다면 공포는 현실이 될 것이다.

브렉시트는 어떻게 세계가 예상치 못하는 심상치 않은 방식으로 급격하게 변할 수 있는지를 보여주는 최근의 한 가지 사례에 불과하다. 기존의 가설과 장기 전망에 도전하는 사건들이 그 어느 때보다 많이 생기고 있다. 이런 갑작스런 변화는 기존 기업의 운명을 결정하는 동시에 새로운 참여자에게 기회를 제공할 것이다. 지금까지 놀라운 성장과 발전을 이룩한 한국의 기업에도 예외가 아닐 것이다. 한국 기업의 미래도 위험과 기회로 가득 차 있다.

우리는 이처럼 급변하는 세계를 어떤 관점으로 분석하고 어떻게 대비해야 할까? 이 책은 세계 경제에 의미 있는 변화를 초래하는 근본적이고 파괴적인 4개의 트렌드에 대해 설명하고 있다. 신흥국의 도시화, 기술의 속도, 고령화의 역설, 글로벌 커넥션의 확대가 바로 그것이다. 우리 모두가 이런 변화 자체에 대해서는 잘 알고 있지만 속도와 규모 그리고 2차, 3차적인 영향까지는 파악하지 못하고 있다. 이 책은 세계가 움직이는 방법에 관한 우리의 믿음과 직관 가운데 얼마나 많은 것이 틀릴 수 있는지를 보여준다. 또 세계를 발전시키는 파괴적인 힘과 그런 힘을 이용하기 위해 우리가 무엇을 해야 하는지도 알려주고 있다.

우리는 이 책이 한국의 기업가와 정책 결정자에게 소비, 자원, 자본, 노동, 경쟁, 정책 등의 핵심 문제를 결정하는 데 근간이 되는 다양한 가정에 관해 다시 생각해볼 기회를 주고 미래로 항해하기 위해 직관을 재정립하는 데 도움이 되기를 희망한다.

리처드돕스 *Richard Dobbs*

제임스매니카 *James Manyika*

조나단워첼

누구도 겪지 못한 날것 그대로의 미래, 어떻게 대응할 것인가?

글로벌 자동차업체인 독일의 BMW는 2016년 7월, 뮌헨 본사에서 기자회견을 열어 세계 1위 반도체업체인 미국의 인텔Intel, 이스라엘의 센서 회사 모빌아이Mobileye와 함께 향후 5년 내 무인 자율주행 자동차인 '아이넥스트iNext(가칭)'를 출시할 것이라고 발표했다. BMW가 무인 자율주행 자동차의 상용화 일정을 구체적으로 밝힌 것은 이번이 처음이다. 이로써 인텔도 이제 더 이상 자동차와 무관하지 않은 기업이 되었다. 도대체 무슨 일이 벌어지고 있는 것인가?

지금 이 순간에도 전 세계 곳곳에 무인 자율주행 자동차 시범구역이 생기고 있다. 2016년 6월 상하이上海에 무인차를 위한 밀폐형 시범구가 문을 열었고, 그 뒤를 이어 우후蕪湖, 우한武汉 등에서도 무인 자율주행 자동차를 위한 시범구역을 조성하고 있다.

이제 무인 자율주행 자동차는 단순한 기술을 넘어 자동차 보험, 관런 법규 및 산업 등을 송두리째 뒤바꿀 파괴적인disruptive 변화다. 우리의 생활에 미칠 영향까지 고려한다면 앞으로 생길 변화는 상상을 초월한다. 무인 자율주행 자동차 덕분에 교외에서 출퇴근을 하는 불편함이 크게 해소된다면 집값은 어떻게 될까? 무인 자율주행 자동차 덕분에 자동차 여행이 편리해진다면 우리의 주말 풍경은 어떻게 변할까?

우리는 이와 같은 파괴적인 변화를 앞으로 더욱 빈번히 목격할 테지만 아직도 많은 기업과 정부는 지금까지의 경험과 지식에 근거하여 미래를 예측하고 의사결정을 내리고 있다. 앞으로 수시로 목격하게 될 이 파괴적이고 다양한 미래의 변화는 특히 비즈니스 세계에서 조직의 미래 및 사업의 존폐 여부에 지대한 영향을 미치게 될 것이다. 따라서 미래를 뒤바꿀 근본적인 변화는 무엇인지, 이 변화를 예측하고 대응할 기술을 준비해야 한다. 여기서 가장 중요한 것은 지금까지의 지식으로는 미래에 대응할 수 없다는 점이다. 우리는 이미 알고 있는 지식과 직관을 새로 정립해야 한다.

이 책은 바로 이러한 미래의 근본적인 변화와 변화의 원인, 그리고 현명하게 대응할 수 있는 기술을 제시하고 있다. 크게 두 부분으로 나눠서 설명하는데, 제1부에서는 미래를 근본적으로 바꿀 4가지 파괴적 트렌드, 즉 신흥국의 도시화, 기술의 속도, 고령화의 역설, 글로벌 커넥션의 확대에 대해 다양한 분석과 사례를 통해 이야기한다. 제2부에서는 파괴적 트렌드가 가져올 낯선 신세계를 소비, 자원, 자본, 노동, 경쟁, 정책으로 구분해 설명한다. 이 책은 지난 25년에 걸친 맥킨지 글로벌 연구소의 심층적인 연구, 현재 및 미래의 트렌드에 대한 기업, 정부, 시민단체 지도자와의 토론 및 저자들의 광범위한 경험이 내포되어 있다.

이 책의 저자인 리처드 돕스, 제임스 매니카, 조나단 워첼은 맥킨지의 글로벌 경제 및 트렌드 분석기관인 맥킨지 글로벌 연구소의 글로벌 리더로, 지난 수십 년 동안 글로벌 기업과 정부, 여러 기관을 대상으로 미래의 트렌드를 분석하고 이를 어떻게 준비해야 하는지에 대한 견해를 제시해왔다. 특히 리처드 돕스는 맥킨지 한국사무소에서 2007년부터 2013년까지 6년간 근무하며 정계, 학계, 재계 등에서 경제 전문가로서 활약하기도 했다. 또한 2013년에 〈맥킨지 제2차 한국 신성장 공식 보고서〉에서 리처드 돕스는 당시의 한국 경제를 점점 뜨거워지는 물속의 개구리로 표현하여 여러 기업, 언론 그리고 정부 관계자에게 신선한 충격을 던져주었고 지금도 빈번히 회자되고 있다.

이 책이 처음 미국에 나왔을 때 감명 깊게 읽었는데 한국에서도 출간된다 하니 반갑기 그지없다. 우리에게 닥친 미래의 문제는 '어떻게 해야 파도에 휩쓸리지 않고 파도를 타는가'라는 저자의 표현처럼 지금까지의 방법이 아닌 새로운 대안을 요구한다. 이 책은 기업과 조직 내에서 미래 계획을 수립하고 엄청난 속도로 다가올 미래의 파도에 어떻게 올라탈 것인지를 고심하는 많은 분들에게 분명 도움이 될 것이다. 아울러 여러 정부 부처에서 미래의 정책을 수립하는 정책 입안자 및 결정권자에게도 유용한 길잡이가 될 것이라고 생각한다.

맥킨지 한국사무소 최원식 *Wonsik Choi*

정재훈

익숙한 것을 버려야
미래가 보인다

세상이 잘 돌아가고 있을 때도 복잡한 조직을 관리하는 것은 쉽지 않다. 특히나 여러 채널에서 들리는 정보들이 내 생각 또는 내가 알고 있는 지식과 다를 경우에는 정말 어렵다. 급격한 변화는 갑자기, 그리고 모든 곳에서 나타날 수 있다. 최근에 발생한 몇몇 변화는 세상의 변화를 주의 깊게 관찰하던 사람들까지 당황스럽게 만들 정도로 급격하다. 기업, 상품, 산업, 기술 그리고 도시와 국가의 운명까지도 전혀 예측할 수 없는 방식으로 하룻밤 사이에 흥하거나 망할 수 있다.

오랫동안 유지되어왔던 가정과 장기적인 예측 그리고 세계 경제를 움직이는 방식에 대한 기본적인 믿음은 다음과 같다.

• 지난 수년 동안 세계 각국의 유통업체들은 세계에서 가장 막강한 구매력을 가진 소비자를 미국인으로 생각해 미국인을 세계 소비자의 씀씀이를

대표하는 지표로 간주했다. 그래서 추수감사절이 끝난 첫 번째 월요일인 사이버 먼데이Cyber Monday에 언론은 연간 전자상거래에 대한 보도를 쏟아 낸다. 2014년 12월 1일에 미국인은 26억 5,000만 달러를 온라인으로 쇼핑해 사상 최고치를 기록했다.[1] 하지만 이보다 몇 주일 전에 훨씬 더 의미 있는 온라인 쇼핑 사건이 있었다. 11월 11일은 중국에서 독신자의 날Singles Day이다. 독신자의 날은 공식적인 휴일은 아니지만 인위적으로 소비의 날이 되었다. 독신자의 날은 1990년대 여자친구가 없는 대학생들이 밸런타인데이에 반대하는 날로 만들었고 지금은 세계 2위 경제 대국에서 온라인 쇼핑을 위한 특별한 날이 되었다. 2014년 11월 11일에 중국 최대의 전자상거래업체인 알리바바Alibaba는 93억 달러가 넘는 매출을 기록했다. 이것은 하루 매출로는 세계 최대 규모다.[2]

- 2013년 10월 미국 에너지정보국은 놀라운 발표를 했다. 화석연료 생산 감소와 씨름하던 미국이 2013년에 러시아를 제치고 세계 최대 탄화수소 배출국이 되었다는 것이다. 수압파쇄공법fracking의 개발로 천연가스와 석유 생산량이 크게 증가했기 때문이다. 하지만 에너지정보국을 놀라게 한 것은 에너지 생산 성장세였다. 1년 전만 해도 에너지정보국은 2020년까지 미국이 러시아를 앞지르지 못할 것으로 예측했기 때문이다. 2004년부터 2014년 사이에 노스다코타North Dakota 주에서만 석유 생산량이 12배 증가했고 이 때문에 수십 년간 지속된 인구 감소도 증가세로 돌아섰다.[3]

- 2014년 2월 19일 페이스북Facebook은 190억 달러를 주고 5년 된 벤처기업 왓츠앱WhatsApp을 인수했다. 전직 야후 엔지니어들이 2009년에 설립한 메신저 앱 회사인 왓츠앱은 전 세계에서 4억 5,000만 명이 사용하고 있다. 트위터 사용자와 미국 전체 인구보다 많다.[4] 하지만 당시 왓츠앱에 대해 알

고 있는 월가의 투자자들은 거의 없었다. 무료 모바일 메신저 앱인 왓츠앱은 신흥시장에서 엄청난 인기를 끌고 있었다. 페이스북은 신속하고 성공적으로 모바일로 전환했기 때문에 덕분에 왓츠앱을 인수하는 데 필요한 막대한 돈을 감당할 수 있었다. 페이스북은 2012년 모바일 광고 수입이 사실상 제로 수준이었지만 2014년 3분기 기준 전체 광고 수입의 66%가 모바일 부분에서 발생했다.[5]

• 2014년 9월 24일 세계는 위성통제센터에서 기술적 성공을 축하하는 의기양양한 과학자들을 목격했다. 하지만 이번에는 미국의 남부 텍사스에 있는 위성통제센터가 아니라 인도 남부의 위성통제센터였다. 많은 과학자들이 인도의 전통 의상인 사리Sari를 입고 있었다. 인도 우주연구센터의 사람들이 자국 우주선의 화성 궤도 진입을 축하하고 있었다. 인도의 모디 총리는 〈스타트랙Star Trek〉의 유명한 문구를 빌려와 "우리는 인류의 혁신 한계를 넘어섰습니다. 우리는 미지의 세계에 도달했습니다"라고 자축했다. 인도 우주개발 프로젝트에서 가장 놀라운 점은 우주선을 화성 궤도에 진입시키는 데 불과 7,400만 달러밖에 들지 않았다는 것이다. 모디 총리는 전체 비용이 할리우드의 공상과학 영화인 〈그래비티Gravity〉의 제작비용보다적게 들었다고 강조했다. 인도의 화성우주탐사선인 망갈리안Mangalyaan은인도의 저비용 혁신frugal innovation 문화의 상징이었다. 가벼운 도구를 사용하고 다른 용도의 부품을 활용하고 비용을 절감하는 공학 기술을 활용해인도는 화성 궤도에 우주선을 진입시킨 네 번째 국가가 되었다. 그리고 첫시도에서 궤도 진입에 성공한 최초의 국가가 되었다.[6]

세계 경제에서 벌어지는 이런 중요한 이야기에는 우리를 혼란스럽게 하거나 때로는 즐겁게 하는 공통된 맥락이 존재한다. 변화의 속도, 놀라움 그리고 세계 시장의 갑작스런 방향 변화는 기존 기업의 운명에 영향을 미치고 새로운 기업에게 기회를 제공하고 있다는 점이다.

사실 우리가 살고 있는 세상은 지속적인 단절discontinuity의 세계다. 눈에 보이지 않는 곳에서 어느 날 갑자기 경쟁자가 나타날 수 있다. 깊고 큰 해자에 의해 보호받던 기업들은 자신의 방어벽이 쉽게 무너질 수 있다는 사실을 발견하게 된다. 거대한 새로운 시장이 아무것도 없던 곳에서 마술처럼 나타나기도 한다. 기술과 세계화는 시장 경쟁 요인들을 가속화시키고 강화시켰다. 과거에는 평탄했던 장기 추세선이 지금은 톱니 같은 산등성이 모양이나 평탄하다 가파르게 상승하는 하키 스틱 형태 또는 천천히 상승하다 급하게 떨어지는 후지산의 형태를 닮아가고 있다. 이런 시기에 5년은 영원처럼 긴 시간이다.

새로운 기준은 (중국이 독신자의 날에 세계 최대 소비를 달성한 것, 미국이 세계 최대의 산유국이 된 것, 또 190억 달러의 가치가 있는 모바일 메신저 앱이 등장하고 인도가 우주 탐사의 선구자가 된 것 등) 기업, 조직, 도시 그리고 국가의 리더들에게 상당히 어려운 도전 과제를 던져주고 있다. 세계 지도자가 알고 있는 경험 및 지식은 대부분 세계 경제가 우호적이고 평온한 시기에 형성되었다. 제임스 스톡James Stock과 마크 왓슨Mark Watson의 표현처럼 2008년 세계 경제위기가 발발하기 전까지 25년이 '대안정기Great Moderation'의 시기로 알려진 데는 그만한 이유가 있다.[7] 금리가 하락했고 이 때문에 주식, 채권 또는 주택과 같은 자산의 가격이 상승했다. 천연자원도 그 어느 때보다 풍부했고 가격도 점점 하락했다. 일자리는 넘쳐났고 숙련된 노동자도 많았다. 기술과 교역이 중단되고 산업이 뒤바뀌어도 실직자는 다른 분야에서 일자리를 구할 수 있었다. 낮이 가면 밤이 오는 것처럼 주택과 투자 상품의 가치는 해마다 상승했다. 선진국에서 부모 세대는 자식 세대가 자신보다 더 잘살 것으로 기대했다. 소비자와 정부 모두 현찰로 구매할 수 없는 것들은 돈을 빌려 살 수 있었다. 작은 문제들이 있기는 했지만 대체적으로 대안정기는 지속적이고 영원할 것 같은 트렌드 가운데 하나였다.

하지만 이런 친숙한 세계는 더 이상 존재하지 않는다. 대공황 이후 가장 경제를 위축시킨 2008년의 금융위기, 다양한 혁신적 기술, 트렌드 변화 그리고 여러 사건들은 이런 평온을 깨트렸다. 대안정기 시대에 투자자와 관리자를 행복하게 만들었던 장기 트렌드 가운데 상당수가 완전히 붕괴되었다. 지난 30여 년 동안 금리 하락으로 자본 조달 비용은 최저로 하락했다. 이 때문에 앞으로 20년 동안 자본 조달 비용은 다시 상승할 수도 있다. 천연자원도 오랫동안 가격이 하락한 이후 그 가격을 유지하고 있지만 곡물에서 철강에 이르기까지 모든 자원의 가격 변동성이 점점 더 높아지고 있다. 생산가능인구의 증가와 중국의 세계 교역 체제 편입으로 세계는 인구 잉여를 경험했다. 하지만 인구 증가가 정체에 빠지고 세계의 노동력이 고령화되면서 인구 잉여는 인구 감소로 바뀔 가능성이 높다. 국가 간의 불평등은 감소하고 있지만 많은 국가에서 비숙련노동자는 부모 세대보다 가난해질 위험에 직면해 있다. 이것은 시작에 불과하다. 지금과 완전히 다른 세계가 등장하고 있다. 세계 경제의 운영 체제가 다시 만들어지고 있다. 새로운 운영 체제는 완전히 새로운 버전으로 출시되는 것이 아니다. 진화하고 발전하고 그리고 종종 갑자기 등장하기도 한다.

프롤로그

미래의 속도를 바꾸는
파괴적 메가 트렌드

: :

세계는 지금 4개의 파괴적 메가 트렌드 때문에 엄청난 속도로 변하고 있다. 이 4가지 변화는 선진국의 산업혁명을 포함해 세계 경제가 지금까지 목격한 가장 큰 경제적 변화 동인에 속할 것이다. 우리 대부분이 이런 변화가 이미 진행되고 있다는 것을 알지만 변화의 규모와 그에 따른 2차, 3차 효과까지 완전히 이해하고 있는 것은 아니다. 파도가 다른 파도를 몰고 오는 것처럼 이 4가지 파괴적 메가 트렌드는 동시에 나타나거나 서로 상호작용을 하면서 규모와 영향력 그리고 추진력이 증가하고 있다. 이 모든 것이 합쳐지면서 역사적인 변화를 만들어내고 있는 것이다.

첫 번째 파괴적 메가 트렌드는 경제활동과 경제 역동성의 중심지가 중국과 같은 신흥국과 신흥국의 도시로 이동하고 있다는 것이다. 신흥국은 선진국이 19세기에 경험했던 산업혁명과 도시화 혁명을 동시에 경험하고 있다. 세계 경제의 힘의 균형이 전례 없이 빠른 속도로 동쪽과 남쪽으로 이동하고 있다. 2000년에는 〈포천Fortune〉 글로벌 500대 기업(셸, 코카콜라, IBM, 네슬레, 에어버스 등)의 95%가 선진국에 본사를 두고 있었다. 2025년에는 미국이나 유럽보다 더 많은 대기업의 본사가 중국에 들어설 것이다. 그리고 매출액 10억 달러 이상 대기업의 절반 정도가 신흥국에서 나올 것으로 보인다.[8] 도이치방크Deutsche Bank의 전 CEO인 요제프 아커만Josef Ackermann은 "지난 수년 동안 프랑크푸르트 본사의 직원들이 '우리는 더 이상 이곳 본사에서 당신을 만나고 싶지 않습니다'라고 이야기했습니다. 그 이유는 성장 동력이 아시아, 라틴 아메리카 그리고 중동으로 이동했기 때문이죠"라고 말했다.[9]

신흥시장 내에서도 경제활동의 중심지가 이동하고 있다는 사실도 중요하다. 세계의 도시인구는 지난 30년 동안 평균 6,500만 명씩 매년 증가했다. 이는 해마다 시카고와 맞먹는 도시가 7개씩 생긴다는 뜻이다.[10] 2010년부터 2015년 사이에 세계 GDP의 절반이 신흥국의 440개 도시에서 발생했다. 이 도시 가운데 95%는 서구 경영자들이 듣도 보도 못한 작은 중소도시다.[11] 뭄바이Mumbai, 두바이Dubai, 상하이는 유명하다. 그러나 대부분의 사람들이 처음 듣는 타이완 북부의 신주新竹는 이미 중국 지역에서 네 번째로 큰 첨단 전자제품 허브다. 그리고 상파울루와 우루과이 국경 중간에 있는 브라질의 산타카타리나Santa Catarina 주는 전자제품과 자동차 제조의 지역 허브가 되었고 WEG 인더스트리아스 SAWEG Indústrias SA 같은 수십 억 달러의 매출을 자랑하는 기업의 본사가 입주해 있다. 톈진天津은 베이징에서 남동쪽으로 120킬로미터 정도 떨어진 도시다. 2010년 톈진의 GDP는 1,300억 달러로 추정되는데 이는 스웨덴의 수도 스톡홀름Stockholm과 비슷한 규모다. 2025년이 되면 톈진의 GDP가 6,250억 달러로 스웨덴 전체 GDP와 비슷해질 것으로 보인다.[12]

두 번째 파괴적 메가 트렌드는 기술의 경제적 영향력이 가속화되고 범위와 규모도 커지고 있다는 점이다. 인쇄기술, 증기기관 그리고 인터넷에 이르기까지 기술은 현재 상태를 바꾸는 가장 큰 힘이었다. 오늘날은 그 기술이 우리 생활 속 어디에나 존재하고 변화의 속도가 빨라지고 있다는 점에서 과거의 기술 혁명과 차이를 보인다. MIT의 에릭

브린욜프슨Erik Brynjolfsson과 앤드루 맥아피Andrew McAfee는 《제2의 기계 시대The Second Machine Age》에서 현 시대를 '장기將棋의 후반전'이라고 지칭했다. 브린욜프슨과 맥아피는 기하급수적인 성장의 힘에 관한 옛 이야기를 현대적으로 비튼 것이다. 장기의 발명을 기뻐한 중국의 황제는 장기 발명가에게 원하는 것을 상으로 주겠다고 했다. 장기 발명가는 황제에게 장기판의 첫 번째 정사각형을 메울 쌀 한 톨을 요구했다. 두 번째 사각형에는 2개를 그리고 세 번째는 4개, 네 번째는 8개를 요구했다. 매번 움직일 때마다 쌀의 양은 2배로 늘었다. 장기의 전반전에는 특별한 일이 벌어지지 않았다. 장기 발명가는 몇 숟가락의 쌀을 받고 그다음에는 몇 사발의 그리고 다음에는 몇 가마니의 쌀을 받았다. 2배씩 63번 즉 2의 63승을 하면 1,800경이 되는데 1,800경 개의 쌀알은 지구 표면을 2번 덮을 수 있는 양이다. 이야기에 따르면 황제는 파산했고 장기 발명가가 황제가 됐다고 한다. 미래학자이자 컴퓨터 학자인 레이먼드 커즈와일Raymond Kurzweil은 제2차 세계대전 시기에 최초의 컴퓨터가 개발된 이후 지금까지 2의 32승 이상으로 성능이 향상됐다고 강조했다. 최근에는 기술 혁신이 급격하게 증가하고 확산되면서 인간의 직관이 예측할 수 있는 범위를 넘는 기하급수적인 속도로 변하고 있다.

처리능력과 연결성은 이야기의 일부일 뿐이다. 그 효과는 데이터 혁명에 의해 몇 배로 증가하고 소비자와 기업에 전례 없는 엄청난 양의 정보를 제공한다. 이는 알리바바 같은 온라인 플랫폼부터 우버Uber 같은 자동차 앱에 이르기까지 기술 기반 비즈니스 모델의 확산을 불러왔다. 이런 상호 증폭적인 힘 덕분에 점점 더 많은 사람들이 국경 없는 정보 교환, 즉각적 의사소통 그리고 각종 디지털 기기의 전성시대를 즐기고 있다. 기술은 신흥국의 수십 억 명에게 모바일 인터넷이 없었다면 상상도 못했을 빠른 속도로 경제적 발전을 가져다주고 있다. 불과 20년 전만 해도 세계 인구의 3%도 안 되는 사람들이 휴대전화를 사용했고 인터넷에 접속할 수 있는 사람은 1%도 안 됐다.[13] 오늘날에는 세계 인구의 3분의 2가 휴대전화를 사용하고 있고 3분의 1이 인터넷으로 의사소통을 하고 있다.[14] 기술 발전 덕분에 기업은 왓츠앱처럼 소규모 자본으로 창업하고 엄청난 속도로 성장할 수 있게 되었다. 이 때문에 오늘날 신생 기업가와 기업은 종종 기존 대기업보다 유리하기도 하다. 기술과 혁신에서의 빠른 변화 속도는 기업의 수명을 단축시키고 경영자에게 빠른 의사결정과 자원의 투입을 요구하고 있다.

  세 번째 파괴적 메가 트렌드는 인구 변화다. 간단히 말하면 인구의 고령화 문제다. 출산율은 떨어지고 세계의 인구는 급격하게 나이 들고 있다. 선진국에서도 일정 기간 동안 고령화 현상이 두드러졌다. 일본과 러시아는 지난 몇 년 동안 인구가 감소했다. 인구 감소 현상은 중국까지 확산되고 있고 남미도 예외가 아니다. 인류 역사상 처음으로 고령화가 세계 대부분의 지역에서 인구의 정체를 의미하게 되었다. 30년 전만 해도 세계 인구의 극히 일부만 출산율이 2.1명 이하인 지역에서 살았다. 여성 1명당 2.1명의 자녀는 세대교체에 필요한 최소의 인구다. 하지만 2013년에는 세계 인구의 60% 정도가 출산율 2.1명 이하인 지역에 살고 있다.[15] 이것은 상전벽해와 같은 변화다. 유럽위원회EC, European Commission는 2060년이 되면 독일 인구가 20% 정도 감소하고 생산가능인구는 2010년 5,400만 명에서 2060년에는 3,600만 명으로 줄어들 것으로 예상하고 있다. 이것은 프랑스의 생산가능인구보다 적다.[16] 중국의 노동력은 소득에 따른 인구구조 때문에 2012년에 정점에 달했다. 타이에서는 출산율이 1970년대 5명에서 지금은 1.4명으로 감소했다.[17] 노동력의 감소는 성장을 이끄는 생산성에 큰 부담을 주고 경제의 성장 잠재력에 대해 다시 생각하게 만든다. 늘어난 노인을 돌보는 것은 정부의 재정에도 심각한 부담으로 작용한다.

마지막 파괴적 메가 트렌드는 우리가 흐름flows**이라고 부르는 교역과 자본, 사람, 정보의 이동을 통해 세계가 밀접하게 연결되고 있다는 것이다.** 교역과 금융은 오랫동안 세계화의 일부분이었다. 하지만 최근 수십 년 동안 큰 변화가 있었다. 유럽과 북아메리카의 중요한 교역 중심지를 연결하는 기존의 교역로 대신, 세계 교역 체제는 복잡하고 난해하며 불규칙적으로 뻗어나가는 교역망을 통해 확산되고 있다. 아시아는 세계 최대의 교역 지대로 변하고 있다. 신흥시장 국가들 사이의 남-남 교역은 지난 10년 동안 세계 교역에서 차지하는 비중이 2배로 늘었다.[18] 중국과 아프리카의 교역량은 2000년 90억 달러에서 2012년에는 2,110억 달러로 증가했다.[19] 세계 자본의 흐름은 1980년과 2007년 사이에 25배 늘었다. 2009년에 10억 명 이상의 사람들이 국경을 넘어 다른 국가로 이동했는데 이는 1980년보다 5배나 많은 수치다.[20] 이런 3가지 형태의 연계는 2008년 세계 경제가 침체되자 모두 멈췄고 이후 천천히 회복되었다. 하지만 기술이 만든 연결고리는 점점 더 빠르고 지속적으로 발전하면서 역동적인 새로운 세계화 단계로 진입했고 전례 없는 기회와 예상치 못한 변동성을 만들어냈다.

지금은 알고 있는 것을 버리고
새로운 것을 받아들일 때

:

지금까지 설명한 4가지 거대한 변화는 속도가 빨라지고 규모도 커지면서 21세기로의 전환기에 세계 경제에 중요한 영향을 미치기 시작했다. 이 4가지 파괴적 트렌드는 세계 경제의 모든 분야와 사실상 모든 시장에서 오랫동안 지속된 관행을 무너트리며, 실제 우리 생활의 모든 분야에 영향을 미치고 있다. 우리 눈에 보이는 모든 곳에서 4개의 파괴적 힘은 기존의 트렌드를 붕괴시키고 있다. 4가지 변화가 동시에 일어나고 있다는 것은 현재의 세계가 우리가 자라고 성공하고 의사결정에 필요한 직관을 형성시켜준 과거의 세계와 달리 급격하게 변하고 있다는 의미다.

이런 불연속성은 암울한 절망을 예상하게 만든다. 그러나 이는 사실과 다르다. 실제로 1990년부터 2010년 사이 10억 명을 가난에서 벗어나게 한 변화의 힘이 앞으로 20년 동안 세계 30억 명의 인구를 새로운 소비층으로 변화시킬 것이다.[21] 이런 경제적 지위의 향상은 20세기 가장 중요한 의학적 성과 가운데 하나인 소아마비 근절보다 더 많은 사람을 구제할 수 있다. 급속한 기술의 확산은 수많은 개인과 소비자의 힘을 강화시켜줄 것이다. 많은 기업에서 기술이 새로운 상품 배송과 서비스 제공 또는 거래 완료에 들어가는 한계비용을 제로 수준으로 낮춰줄 수 있다는 사실을 알게 될 것이다. 그리고 더 많은 사람들이 세계 통신 시스템 및 상거래 시스템이 연결되어 나타나는 네트워크 효과 덕분에 통신과 거래 시스템이 더욱 가치 있어진다는 것을 알게 될 것이다. 그리고 이를 이용하는 사람들에게 더 많은 가치를 창출해줄 것이다. 그 결과 새로운 세계는 이전보다 더 부유해지고 더 도시화되며 더 건강해질 것이다. 새로운 세계의 사람들은 오래 지속된 도전에 대응하고 점점 증가하는 소비층을 위한 새로운 상품과 서비스를 생산할 수 있는 강력한 혁신을 이룩할 것이다. 또 이런 혁신은 전 세계의 기업가에게 새로운 기회를 제공할 것이다. 여러 측면에서 우리는 기적이 반복되는 시대에 살고 있다.

이런 발전들은 최근의 경험을 활용해 미래를 예측하는 전망과 형식적인 계획을 엉망으로 만들 수 있다. 지금까지 성공적이었던 가정과 관습 가운데 상당수가 갑자기 설득력을 잃게 됐다. 우리는 그 어느 때보다 많은 데이터와 조언을 구할 수 있다. 애플Apple의 아이폰과 삼성의 갤럭시 스마트폰은 최초의 슈퍼컴퓨터보다 더 많은 정보와 더 강력한 연산 능력을 가지고 있다. 그러나 우리는 전문적인 미래분석가들조차 잘 모르는 세계에서 일하고 있다. 이것은 직관이 여전히 우리의 의사결정 과정에 상당 부분을 차지하고 있기 때문이기도 하다. 직관은 인간의 본질이고 사물의 이치에 관한 경험과 생각에 의해 형성된다. 변화는 점진적이고 어느 정도 예측 가능하다. 세계화는 기존의 선진국 기업에 혜택을 주었고 어렵지 않게 새로운 시장을 개척할 수 있었다. 노동시장은 안정됐고 자원 가격도 하락했다. 하지만 지금은 사정이 바뀌었다. 그리고 과거 방식이 미래에도 적용될 확률은 높지 않다. 우리가 후방 거울을 통해 세계를 보고 경험에 의존하는 직관을 근거로 결정을 내린다면 잘못된 판단을 하게 될 수도 있다. 새로운 세계에서는 경영자, 정책 결정권자 그리고 개인 모두가 자신의 직관을 처음부터 다시 검증하고 필요하다면 과감하게 조정해야 한다. 과거에 성공을 누렸던 기업과 조직은 특히 그렇다.

우리는 소비, 자원, 노동, 자본, 그리고 경쟁과 같은 중요한 문제에 대한 결정의 근거가 되는 가정에 대해 다시 생각해봐야 한다. 물론 경험과 본능을 무시해서는 안 된다. 그보다는 우리 앞에서 어떤 일이 벌어지고 있는지 파악하기 위해 경험과 본능을 확대 적용하도록 노력해야 한다. 우리는 전략, 사업 계획 수립, 시장 개척, 경쟁자 평가 그리고 자원 배분 등에 대해 이전과 다르게 생각해야 한다.

과거에는 선진국이 소비를 주도했다. 일본, 미국, 유럽의 소비가 증가하면 세계의 소비도 증가했다. 하지만 지금은 그렇지 않다. 신흥국의 거대한 새로운 중산층 소비자가 세계 경제의 소비를 이끌고 있다. 2003년 이후 해마다 연평균 110%의 성장률을 보이고 있는 중국의 전자상거래 소비시장은 이미 미국 다음가는 세계 2위 시장이 되었다. 2020년이 되면 알리바바 등이 주도하고 있는 중국의 전자상거래 소비시장이 지금의 미국, 일본, 영국, 독일 그리고 프랑스를 합친 시장만큼 커질 수 있다.

20세기에 상품 가격은 실질 구매 가격 기준으로 거의 절반가량 하락했다. 이는 세계 인구가 4배로 늘고 세계 경제의 생산량이 20배 증가한 데다 다양한 자원에 대한 수요가 급증한 것을 감안하면 놀라운 일이다.[22] 이유가 무엇일까? 기술 혁신이 더 많은 자원에 접근할 수 있게 만들었고 채굴의 효율성 또한 높였기 때문이다. 이로 인해 기업은 더 낮은 원자재 비용의 혜택을 누렸고 더욱더 많은 일반 가정에서 저렴하고 풍부한 에너지와 식품을 이용할 수 있었다. 하지만 이런 추세는 2000년부터 무너지기 시작했다. 신흥국의 수요 급증이 자원 매장량의 고갈과 맞물리면서 21세기의 첫 10년 동안 20세기에 진행됐던 가격 하락 효과는 완전히 사라졌다. 미국에서는 수압파쇄공법 붐이 일어나고 있지만 곡물부터 구리 그리고 석유에 이르기까지 자원을 찾아내고 채굴하는 비용은 더 증가하고 있다.

중앙은행의 통화팽창 정책으로 정부와 기업 그리고 소비자의 자본조달 비용이 계속 하락했던 지난 30년 동안 많은 인플레이션 완화 압력이 선진국에서 투자를 약화시키고 저축을 둔화시키고 있다.[23] 1982년에서 2013년 사이 미국의 10년 만기 국채 수익률은 14.6%에서 1.9%로 87% 하락했다.[24] 돈을 쉽게 빌리는 시대는 곧 끝날 확률이 높다. 미국 연방준비위원회US Federal Reserve는 이미 통화정책의 고삐를 죄기 시작했다. 신흥국은 제2차 세계대전으로 황폐화된 경제의 기반시설 재건을 넘어설 정도로 자본집약적 기반시설을 건설하고 있다. 사람들이 늙어가고 정부가 자금을 조달하면서 세계의 저축 금액이 감소할 때 자본에 대한 수요 급증 현상이 나타난다.

지난 수십 년 동안에는 세계 노동력이 증가하고 상당 부분의 노동력이 세계 경제 체제와 연결되는 것이 일반적인 일이었다. 신흥국의 급격한 경제 성장 덕분에 신규 노동인력도 쉽게 일자리를 찾을 수 있었다. 전 세계적으로 고용주는 적정 기술을 가진 근로자를 쉽게 고용할 수 있었다. 1980년부터 2010년 사이에 11억 명의 성인이 20세에서 64세 사이의 경제활동인구에 편입됐다.[25] 하지만 다양한 인구학적 요인들 때문에 2030년이 되면 세계 노동력 증가는 3분의 1 정도 감소될 것이다.[26] 동시에 기술은 노동시장을 뒤흔들어놓을 것이다. 속기사와 은행원 같은 육체노동자와 사무직 노동자를 대체했던 컴퓨터는 이제 언론인과 애널리스트 같은 지식노동자와 숙련노동자를 대체하고 있다. 2025년에는 컴퓨터가 1억 4,000만 명의 지식노동자를 대체하고 로봇이 또 다른 7,500만 명의 일을 대신할 수 있다.[27] 하지만 공학, 소프트웨어 개발 그리고 헬스 케어 분야에서는 숙련노동자가 더 필요해질 것이다. 맥킨지의 조사에 따르면 응답자 10명 가운데 4명은 자신에게 필요한 재능을 아직 발견하지 못했다고 답한 것으로 나타났다. 이것은 이해할 수 없는 이상한 양극화 현상으로 나타날 것이다. 맥킨지의 추정에 따르면 2020년에는 대졸자나 직업 훈련을 받은 근로자가 약 8,500만 명 정도 모자랄 것이다. 동시에 9,500만 명의 비숙련노동자는 일자리를 찾을 수 없을 것이다.[28]

과거에 경영자들은 일반적으로 국내외에 있는 중요한 경쟁자들을 알고 있었다. 그리고 종종 새로운 경쟁자들을 따라잡을 수 있었다. 하지만 막대한 고정비를 안고 있는 대기업보다 작고 모험적인 기업에게 유리하게 작용하는 기술 때문에 경쟁은 완전히 새로운 단계에 도달했다. 오늘날 새로운 경쟁은 전략적 레이더에 나타나지 않을 뿐만 아니라 어느 수준에 도달할 때까지 레이더에 잡히지 않는, 성장하는 신생기업에서 나온다. 이런 신생기업은 다른 규칙으로 경쟁한다. 새로운 기업은 훨씬 더 낮은 비용, 더 빠른 시장 진출, 서구의 경쟁기업에 대한 완벽한 이해를 바탕으로 경쟁하고 낮은 수익을 기꺼이 받아들인다. 아프리카 케냐에서 유니레버Unilever의 OMO 세제는 P&G 제품의 도전을 받는 것이 아니다. OMO는 산업용에서 소비재 생산으로 전환한 나이로비에 본사를 둔 카파 오일 리파이너리Kapa Oil Refineries의 토스Toss와 경쟁하고 있다.

이 시대는 기회가 가득하지만 동시에 매우 불안정하다. 그리고 과제도 많다. 집단적 직관을 다시 조정하고 고성장시장에 대한 새로운 접근법을 개발하며 트렌드 변화에 더욱 기민하게 대처해야 한다. 다음 장에서는 맥킨지 앤드 컴퍼니(이하 맥킨지)의 경제와 기업 연구 조직인 맥킨지 글로벌 연구소가 분석한 트렌드 변화에 대해 설명할 것이다. 우리의 주장은 전 세계의 기업과 조직에 대한 맥킨지의 연구 결과에 근거를 두고 있다. 여기에는 현재 세계에 내재된 도전과 기회에 관해 기업, 정부, 시민단체 지도자와의 토론, 지난 25년에 걸친 맥킨지 글로벌 연구소의 심층적이고 독자적인 연구 및 우리의 광범위하고 다양한 개인적 경험들이 포함돼 있다. 우리 가운데 한 사람은 중국에서 25년 이상 거주했고 또 다른 사람은 1993년부터 실리콘밸리에서 일했다. 그리고 나머지 한 사람은 1988년부터 런던과 뭄바이, 서울 등에서 근무했다. 우리는 각각 다른 장소에서 연구해왔지만 지속적으로 직관을 재정립해야 한다고 느꼈다.

이 책은 크게 두 부분으로 나눠져 있다. 제1부에서는 세계를 변화시키고 있는 4개의 파괴적 힘에 대해 이야기하고 제2부에서는 이런 변화가 현재 리더십에 던지는 도전에 어떻게 대응해야 하는지를 논의할 것이다.

다양한 출처와 경험에 대한 분석을 통해 우리는 앞으로 다가올 10년 동안 경영자가 해야 할 의무에 대해 알게 되었다. 세계가 움직이는 방법에 대해 이미 알고 있는 것의 상당 부분이 잘못됐다는 사실을 깨달아야 한다. 그리고 세계 경제를 변화시키고 있는 파괴적인 힘을 이해해야 한다. 현재 붕괴되고 있는 오래 지속된 트렌드를 찾아내라. 지식의 창고를 정리하고 대응할 수 있는 용기와 예측 능력을 개발하라. 이것이 정책 결정권자와 기업 경영자에게 하고 싶은 말이다. 도시화, 기술 그리고 더 광범위한 세계적 연계성 때문에 정부도 기업처럼 압박을 받고 있다. 노동, 예산 계획, 교역, 이민 그리고 자원과 기술에 대한 규제 등 다양한 영역에서 신흥국은 정치 지도자와 시민 단체에 압력을 행사해 직관을 새롭게 하도록 요구할 것이다.

단순히 사람들에게 위험을 경고하거나 눈앞에 놓인 훌륭한 기회를 꼭 붙잡으라고 말하는 것이 아니다. 그보다는 인간 내면에 존재하는 직관 시스템을 어떻게 조정해야 하는지를 말하고 싶을 뿐이다.

이 과정은 바로 시작할 수 없다. 이 책에서 다루는 세계 경제의 모든 분야는 새로운 현실에 적응해야 하는 긴박함을 가지고 있다. 하지만 인류의 독창성과 발명 그리고 상상력에도 불구하고 사람은 변화에 느리게 적응하는 경향이 있다. 행동경제학자는 이를 '최신편향recency bias'이나 '정박효과anchoring' 같은 용어로 설명하고 있다. 물리학자는 이를 내부의 강력한 '관성의 힘'이라고 부른다. 냉소적인 분석가는 '과거의 패턴에 얽매이는 병pro forma disease'이라고 부를지도 모른다. 지난 3년이 특정한 방향으로 가는 것처럼 보였다면 앞으로 5년도 상당히 비슷할 것으로 생각하기 때문이다. 이를 무엇이라고 지칭하든 사람들은 미래가 최근의 과거와 비슷하기를 바라는 경향이 있다. 이런 모래사장 위에 기업이라는 거대한 배가 좌초하고 있다. 우리가 사는 세계에 대한 가정을 다시 살펴보고도 아무 일도 하지 않는다면 우리는 외부환경 변화에 취약해질 것이다. 성공을 위해서는 끊임없이 변하는 환경과 어떻게 타협할 것인가에 관해 분명한 관점을 정립해야 한다.

차례

한국 독자에게 드리는 글 그래도 희망은 있다 **5**
감수의 글 누구도 겪지 못한 날것 그대로의 미래, 어떻게 대응할 것인가? **7**
프롤로그 익숙한 것을 버려야 미래가 보인다 **10**

제1부
미래의 속도를 이끄는 4가지 트렌드

01 | 경제 중심축의 이동 : 신흥국의 도시화 **33**

경제 구심점이 바뀌고 있다 **35** | 도시의 시대가 온다 **37** | 도시가 주는 혜택
42 | 도시화에 대한 적응 **44**

02 | 파괴적 혁신을 이끄는 힘 : 기술의 속도 **55**

혁신의 가속화 **58** | 12개의 파괴적 변화란 무엇인가 **60** | IT를 관통하는 디지
털화와 풍부한 데이터 **66** | 기술 수용이 점점 빨라지고 있다 **70** | 기술 수용
의 속도가 중요한 이유 **73** | 기술적 파괴를 수용한다는 것 **75**

03 | 모두 늙어버린 사회 : 고령화의 역설 **87**

경제 성장과 출산율 하락의 관계 **90** | 인구 고령화가 시작되었다 **93** | 노동
인구의 감소와 고령화가 미치는 영향 **96** | 구조적 변화가 필요하다 **98** | 고
령화에 적응하는 기업 **101** | 노인을 위한 상품과 서비스 **108**

04 | 현실이 된 나비 효과 : 글로벌 커넥션의 확대 112

세계화의 새로운 물결, 상품과 서비스 교역 **114** | 금융의 이동 **117** | 연결되는 사람들 **120** | 데이터와 커뮤니케이션의 이동 속도 **122** | 교역이 중요한 이유 **124** | 통합된 세계에 적응하는 법 **129**

제2부

낯선 신세계가 온다

05 | 세계 경제를 이끄는 새로운 소비자의 등장 141

소득이 늘어나는 사람들 **143** | 소비 전환점의 도래 **144** | 소비자에게 혜택을 주는 기술 **147** | 어떻게 대응할 것인가 **149**

06 | 더 이상 낮출 수 없는 자원 조달 비용 160

수요가 늘어도 가격이 떨어지는 시대 **169** | 늘어나는 수요 **171** | 줄어드는 공급 **173** | 높아지는 연관성 **175** | 기술로 극복해야 할 환경 비용 **176** | 어떻게 대응할 것인가 **178**

07 | 누구도 가본 적 없는 저금리의 끝 191

적극적인 개입으로 달라진 경제 흐름 **193** | 자본 비용이 높아질 것이다 **197** | 금융시장의 변동성이 더 높아질 것이다 **201** | 어떻게 대응할 것인가 **204**

08 ㅣ부족한 숙련노동자, 남아도는 비숙련노동자 215

기술이 일의 본질을 바꾼다 218 ㅣ 사라지는 일자리와 새로 만들어지는 일자리 219 ㅣ 규정의 변화와 기술 격차 222 ㅣ 어떻게 대응할 것인가 225

09 ㅣ영원한 승자가 사라진 경쟁 구도의 변화 238

트렌드가 바뀌는 이유 240 ㅣ 신흥국에서 나타나는 경쟁자 243 ㅣ 피라미와 상어, 누가 이기는가 245 ㅣ 경계선이 흐려진다 248 ㅣ 어떻게 대응할 것인가 250

10 ㅣ우리 모두가 함께 해야할 일 259

모든 것이 바뀌고 있다 260 ㅣ 미래의 정부는 무엇을 해야 하는가 271 ㅣ 기업을 위한 새로운 기회 282

에필로그 우리 앞에 놓인 선택 285
주 294

제1부

미래의 속도를 이끄는
4가지 트렌드

01

경제 중심축의 이동
: 신흥국의 도시화

지금은 몇 년 전보다 교통이 훨씬 편해졌지만 선진국 사람들 가운데 아프리카 가나의 수도 아크라^Accra^에서 북서쪽으로 160마일(약 258킬로미터) 떨어진 쿠마시^Kumasi^라는 도시를 방문해본 사람은 거의 없다. 쿠마시 공항에는 아크라로 가는 항공기가 13편 있다. 안트락 에어, 플라이 540 가나, 아프리카 월드 에어라인이 취항하고 있는데 가장 싼 편도 요금은 20달러에 불과하다.[1] 인구 200만 명인 코피 아난^Kofi Annan^ 전 유엔 사무총장의 고향 쿠마시는 대략 미국 텍사스 주의 휴스턴과 비슷한 크기지만 1제곱마일당 인구 밀도는 2만 1,000명으로 뉴욕과 비슷하다.[2] 아샨티^Ashanti^ 지역의 수도이자 전원도시라 불리는 쿠마시는 목재와 금 생산의 중심지였다.

쿠마시의 주민은 저렴한 상품을 많이 구매한다. 이들은 중간이나 고급 상표 제품을 구매하는 소비층이 아니다. 쿠마시 주민들은 서아프리카의 가장 큰 야외 시장인 케제티아^Kejetia^에서 주로 장을 본다. 케제티아 시장에는 금방이라도 무너질 듯한 1만 1,000개의 양철지붕 상점들이 밀집돼 있다. 다국적 기업은 거의 찾아볼 수 없다. 국제 기준에 맞게 지은 고급 호텔인 골든 튤립은 프랑스의 루브르 그룹이 소유하고 있다. 쿠마시에는 스탠다드차타드 은행의 가나 지점이 있고 나이지리아 피델리티 은행 지점이 8개 있다. 선진국 기업은 거의 없다. 스타벅스는 미국에서 쿠마시 브랜드 커피를 팔지만 쿠마시에는 스타벅스가 없다. 쿠마시에는 왜 선진국 기업들이 없을까? 쿠마시는 가난한 국가의 후미진 곳에 있는 도시이기 때문이다. 지난해 가나의 1인당 국민소득은 3,880달러로 세계 163위를 기록했다.[3]

하지만 쿠마시는 신흥시장에 있는 다른 수천 개의 도시처럼 많은 기업의 미래가 있는 곳이다. 기업들은 아직 이런 사실을 모르고 있다. 많은 개발도상국의 사례처럼 쿠마시는 경기 변화의 급격한 순환 주기의 열매를 수확하기 직전에 있다.

신흥국을 휩쓸고 있는 산업화는 세계 경제의 구심점을 동쪽과 남쪽으로 이동시켰다. 농촌에서 도시로 향하는 신흥국 내부의 인구 이동은 놀라운 성장 동력이 되고 있다. 이촌향도離農向都 현상은 유례없는 속도로 진행되고 있다. 이런 도시화는 폭발적 수요를 양산하기 때문에 우리는 과거의 직관을 버려야 한다. 상하이, 상파울루, 뭄바이 같은 신흥국의 거대 도시는 이미 세계적인 기업의 레이더망에 포착됐다. 하지만 진짜 급격한 소비 증가는 쿠마시처럼 지도에서 찾기 어려운 도시에서 발생하고 있다.

경제 구심점이 바뀌고 있다

⋮

서기 1년부터 1500년까지 세계 경제의 구심점은 (지리학에 의한 경제력 측정) 세계 최대의 인구 대국인 중국과 인도의 국경 양쪽에 걸쳐 있었다. 하지만 영국에서 시작된 산업혁명과 산업혁명이 동반한 도시화는 유럽 대륙과 미국을 휩쓸었다. 산업혁명과 더불어 경제의 중심도 북쪽과 서쪽으로 이동했다. 처음에는 유럽으로 그다음에는 미국으로 이동했다. 제1차 세계대전 동안 금융의 중심은 대서양을 건너 런던에서 뉴욕으로 이동했다. 이런 변화는 두 차례의 세계대전과 유럽에서의 경제 공황 그리고 러시아와 중국에서의 공산주의 확산에 의해 더욱 가속화됐다. 미국이 이끄는 서양 세계가 힘차게 전진할 때 동양은 제자리를 지키고 있었다. 1945년 미국은 사실상 가장 왕성한 세계 경제 대국이라는 독보적인 위치에 올랐다.

트렌드 변화의 토대는 제2차 세계대전 이후 수십 년 동안 만들어졌다. 20세기 후반에 경제 추세는 점차적으로 동쪽으로 이동하기 시작했다. 1950년대부터 유럽의 경제가 회복됐고 일본이 산업을 재건하기 시작했다. 1980년대 후반 일본은 세계 2위의 경제 대국이 되었다. 그리고 한국이 빠르게 일본의 대열에 합류했다. 아시아의 잠자던 거인들이 깨어나기 시작하자 이런 변화는 더욱 빨라졌다. 그리고 마침내 세계에서 가장 인구가 많은 두 국가인 중국과 인도에서 경제 개혁이 일어났다.

중국은 1978년에 경제를 개방하기 시작했고 이후 30년 동안 눈부시게 성장했다. 인도도 세계 경제에 편입되기 시작했고 빠르게 성장하는 정보통신 기술 덕분에 1990년대에 한 단계 더 도약했다. 1990년 대에도 선진국은 여전히 세계 제조업을 지배했다. 미국은 세계 최대의 제조업 국가였고 일본과 서유럽 국가들이 제조업 분야의 선두를 유지했다. 2000년에는 세계 인구의 4%를 차지하는 미국이 세계 경제활동의 3분의 1을 차지했고 세계 시가총액의 50% 정도를 점하고 있었다. 하지만 이런 수치들에 변화가 반영된 것은 아니었다. 1990년에서 2010년 사이에 세계 경제의 중심은 역사상 그 어느 때보다 더 빠르게 이동하고 있었다.[4] 신흥시장으로의 경제활동 이동은 2008년 금융위기와 그에 따른 경기침체를 통해 가속화되었다. 유럽은 경기침체의 수렁에 빠졌고 일본은 '잃어버린 10년'에서 벗어나려고 고군분투했다. 그리고 미국은 가까스로 저성장을 유지하고 있었다. 선진국이 금융위기의 후유증에 시달리는 동안 신흥국은 경제 발전을 이끄는 선도자 역할을 하게 되었다. 2013년에 발생한 1조 8,000억 달러에 달하는 새로운 세계 경제활동 가운데 중국이 60%인 1조 달러를 차지했다. 중국은 현재 세계 최대의 제조업 국가가 되었다.[5]

중국만이 아니다. 인도, 인도네시아, 러시아, 브라질 같은 신흥국은 세계의 중요한 제조업 국가가 되었다. 제조업의 부가가치는 1990년 이후 5조 달러에서 10조 달러로 실질 기준으로 2배 증가했다. 그리고 지난 10년 동안 증가한 부가가치 가운데 거대 신흥국이 창출한 부가가치의 비중은 21%에서 39%로 거의 2배 가까이 늘었다.[6] 신흥국과 개도국에 투자하는 외국인 직접투자의 비중도 2007년 34%에서 2010년에는 50%로 그리고 2013년에는 60%로 증가했다.[7] 이런 성장은 단지 전조일 뿐이다. 지금부터 2025년 사이에 신흥국은 선진국보다 75%

더 빠르게 성장할 것이다. 그리고 신흥국 지역에서 연간 소비는 전 세계 소비의 절반에 가까운 30조 달러에 이를 것으로 추정된다.[8] 2025년에 경제활동의 중심지는 서기 1년의 중심지보다 조금 더 북쪽인 중앙아시아가 될 것으로 보인다.[9]

이런 변화의 규모와 속도는 엄청나다. 영국은 인구 900만 명 시점에서 1인당 경제적 산출량을 2배로 늘리는 데 154년이 걸렸다.[10] 미국은 인구 1,000만 명에서 시작해 1인당 경제적 산출량을 2배로 늘리는 데 53년이 걸렸다. 중국과 인도는 각각 12년과 16년이 걸렸다.[11] 중국과 인도는 영국이나 미국보다 인구가 100배나 많다. 다시 말해 이런 경제적 가속화는 영국의 산업혁명이 촉발한 것보다 속도는 10배 정도 빠르고 규모는 300배 더 크다. 그리고 경제력은 3,000배나 된다.

도시의 시대가 온다

왜 지금이 도시의 시대일까? 신흥국을 지탱하는 기본적인 트렌드는 도시화다. 사람들은 지난 수세기 동안 더 높은 소득과 더 많은 기회 그리고 더 풍요로운 삶에 매력을 느껴 도시로 이주했다. 하지만 오늘날 도시화의 규모와 속도는 전례가 없다. 우리는 역사상 가장 규모가 큰 이촌향도 현상의 한가운데 있다.

세계의 도시인구는 지난 30년 동안 해마다 6,500만 명씩 증가했다. 이는 영국 전체 인구와 비슷한 규모다. 그리고 중국과 인도의 경제 성장은 주로 급속한 도시화에 의존했다.[12] 유럽과 미국은 18세기와 19

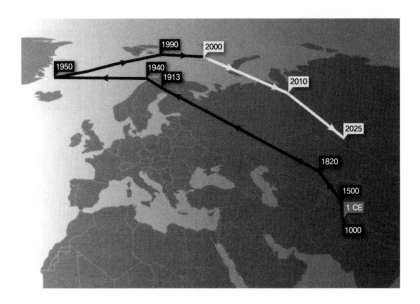

세계 경제 중심지의 발전 방향

현 시대의 1세기	1950년	2025년
인도와 중국이 세계 경제활동의 3분의 2를 차지했고 1,500년 동안 세계 경제의 중심지가 되었다.	영국에서 첫 번째 산업혁명이 발생해 세계 경제의 중심이 300년에 걸쳐 유럽으로 이동했고 이후 미국이 세계 경제의 중심이 되었다.	2000년부터 2025년까지 불과 25년 만에 중국, 인도 그리고 다른 신흥국이 세계 경제의 중심을 다시 원점으로 돌려놓을 것이다.

출처 : 맥킨지 글로벌 연구소

세기에 도시화됐고 남미는 20세기 후반에 도시화가 진행됐다. 인구가 10억 명이 넘는 중국과 인도는 지금 도시화가 진행되고 있다. 중국의 리커창李克强 총리는 "도시화는 단순히 도시인구의 증가나 도시 지역의 팽창에 관한 것이 아니다. 도시화는 산업구조, 고용, 생활환경 그리고 사회보장 측면에서 농촌이 도시 형태로 변하는 것이 중요하다"고 말했다.[13]

많은 중국인에게 이런 변화가 금방 나타날 수는 없다. 예를 들어 친링 산악지역의 타핑 마을의 인구는 103명이다. 시안西安에서 90분 거리에 있는 타핑 마을은 포장도로의 길이가 40여 미터이고 도로를 따라 점토 기와로 지은 집이 수십 채 들어서 있다. 집 담장에는 말리려고 걸어놓은 옥수수를 쉽게 볼 수 있다. 집 안에는 불을 밝히는 전구와 장작을 때는 난로, 시멘트 바닥과 텔레비전이 전부다. 이 마을에서는 28가구가 겨우 생계를 유지하고 있다. 건장한 사람들은 일자리를 찾아 도시로 갔고 나머지는 약초를 캐러 산으로 가거나 콩과 옥수수를 기른다. 아니면 한 달에 15달러 정도의 연금에 의지해 살아간다. 24세의 텅 링당은 "나는 가난하고 부모님은 아프다. 내가 어떻게 행복할 수가 있는가?"라고 반문한다. 초등학교 교육도 받지 못한 텅은 인근 루안 시에 있는 벽돌 공장에서 일하며 하루 12달러를 벌고 있다. 수입이 많지 않기 때문에 결혼은 꿈도 못꾼다. 그는 부모를 돌봐야 하기 때문에 월급을 많이 주는 일자리를 찾아 산골마을을 떠날 수도 없다.[14]

중국에서는 약 4억 명 정도가 이런 환경에서 거주하고 있고 정부는 이들이 도시로 나가 살기를 권장하고 있다. 모건스탠리Morgan Stanley의 중국 전문가 스티븐 로치Steven Roach는 도시화가 넥스트 차이나의 가장 핵심 요소라고 강조한다.[15] 2014년 3월 17일 중국 중앙정부는 농촌 거주자들의 도시 이주에 대응하기 위한 새로운 계획을 발표했다. 중앙정부는 2020년까지 1억 명 이상이 도시로 이주할 것으로 예상하고 있다. 현재의 예상대로라면 2020년이 되면 중국 전체 인구의 60%가 도시에 거주하게 된다.[16] 중국은 가까운 미래에 인구 20만 명 이상의 모든 도시를 철도나 고속도로로 연결하고 인구 50만 명 이상의 도시는 고속철도로 연결하겠다고 발표했다.[17] 중국이 도시화를 추진하는 것처럼 다른 신흥국에서도 도

도시화 비율에 비례하는 1인당 GDP

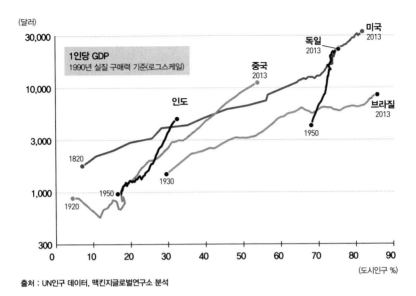

(달러)

1인당 GDP
1990년 실질 구매력 기준(로그스케일)

출처 : UN인구 데이터, 맥킨지글로벌연구소 분석

시화가 진행될 것이다. 2025년이 되면 25억 명의 아시아인이 도
시에 거주하게 될 것이다. 이는 전 세계 도시 거주자의 2명 가운데
1명이 아시아인이라는 뜻이다.[18] 앞으로 10년 안에 중국에서는 현재
미국의 도시 거주 인구인 2억 5,000만 명의 3배 그리고 인도는 2배의
사람들이 도시에 거주하게 될 것이다.

국민은 도시에서 현대 세계를 접하고 세계 경제에 편입되기 때문에
도시화는 중요하다. 도시는 가난한 농민을 더 생산적인 근로자로 변화
시키고 세계 시민과 소비자로 만든다. 현재 진행되고 있는 중국의 도
시화는 7억 명을 가난에서 벗어나게 했다. 이들 대부분은 농민이다. 중
국은 극빈층의 수를 절반으로 줄이겠다는 밀레니엄 개발계획Millenium
Development Goal을 계획보다 5년 앞당겨 달성했다.[19]

2025년 예측되는 세계 200대 도시 중 중국 도시 (46개)

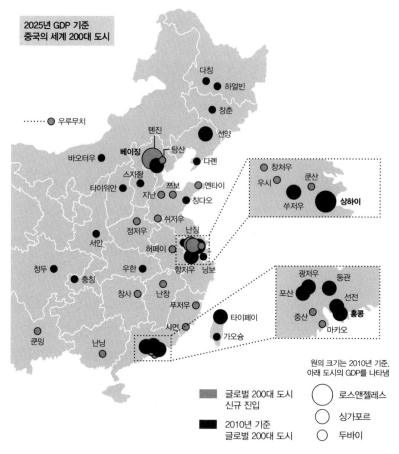

2025년 GDP 기준
중국의 세계 200대 도시

다칭
하얼빈
창춘
선양
우루무치
텐진
베이징 탕산
바오터우 다렌
스자좡
창처우
우시 쿤산
타이위안 쯔보 엔타이
지난 칭다오
쉬저우 쑤저우 상하이
정저우
난징
서안
허페이
청두 우한 항저우 닝보
충칭
창사 난창
푸저우
샤먼 광저우 둥관
타이페이 포산 선전
가오슝 중산 홍콩
쿤밍 난닝 마카오

원의 크기는 2010년 기준,
아래 도시의 GDP를 나타냄

■ 글로벌 200대 도시
신규 진입
로스앤젤레스

■ 2010년 기준
글로벌 200대 도시
싱가포르

두바이

출처 : 맥킨지글로벌연구소분석, 시티스코프 데이터베이스

1990년에서 2025년 사이에 약 30억 명이 하루 가처분소득 10달러 이상의 소비계층으로 변할 것이다. 이들 가운데 대다수는 신흥국의 도시에 거주하고 부모 세대에서는 거의 상상도 못했던 기회를 즐기게 될 것이다.[20] 이렇게 많은 사람들이 세계 경제에 편입된 적은 없었다. 최초

의 영화, 처음 맛보는 패스트푸드, 처음으로 사용하는 인터넷, 생애 첫 건강검진, 첫 번째 은행계좌 등 모든 것이 중요한 도시화의 경험이 될 것이다.

토미 쉬는 상하이 외곽의 농촌에서 성장했고 논에서 개구리를 잡아 팔기도 했다. 그가 자란 마을은 마천루와 공원 쇼핑몰이 밀집된 상하이 최대 금융지구인 루자추이陆家嘴에 흡수되었다. 1990년대 초에 KFC에서 결혼기념일 행사를 치렀던 토미는 지금 베이징에 있는 싱크탱크think tank의 고위 관리가 되었다. 그의 아내는 상장기업의 마케팅 담당 임원이다. 그의 자동차는 혼다 어큐라Acura다. 토미의 집은 1층 건물이지만 이례적인 것은 아니다. 2030년이 되면 신흥국에서만 토미와 같은 새로운 도시 소비자층이 한 해 30조 달러를 쓸 것으로 추정된다. 이는 2010년 12조 달러보다 2배 이상 많은 수치다.[21] 이들은 세계 소비 지출의 절반 정도를 차지할 것으로 예상된다.

도시가 주는 혜택

도시의 좋은 점은 무엇일까? 역사적으로 볼 때 사람들이 농장에서 도시로 일자리를 찾아 이동하는 경우에 일반적으로 생산성이 2배로 증가했다. 후대 세대가 성인이 되면서 소득도 증가한다. 빈민가와 판자촌이 도시 이미지의 일부인 것은 틀림없다. 도시의 빈곤은 현실이고 잠재적으로 위험한 현상이다. 하지만 경제사 연구자들은 지난 수백 년 동안 도시에 사는 사람이 농촌에 사는 사람보다 1.5배에서 3배 정도 생활수준이 높았다고 주장한다.

　도시가 이처럼 강력한 성장엔진이 되는 이유는 여러 가지다. 인구 밀집 지역은 규모의 경제, 노동의 전문화, 지식의 확산 그리고 교역에 의한 생산성 향상을 유발한다. 생산성 향상은 네트워크 효과를 통해 강화된다. 최근의 연구에 따르면 도시의 인구 밀집은 더 많은 사회 경제적 상호작용 기회를 제공하기 때문에 초선형superlinear 생산성 향상을 가져오는 것으로 나타났다. 사람과 기술이 기업을 불러들이고 기업은 일자리를 찾는 농촌 출신 이주민을 끌어들인다. 기업은 비즈니스를 하고 싶거나 도로와 항만 등 서비스를 공유하고 싶은 다른 기업을 유인하고 대학은 인재를 공급한다. 기업은 또 새로운 비즈니스 모델을 만들어낸다. 서부 아프리카의 최대 냉동 유제품 제조업체인 팬 밀크 인터내셔널Fan Milk International은 아크라와 쿠마시 같은 도시에서 성장했다. 팬 밀크는 아프리카의 환경에 맞는 판매 방식을 개척했다. 자전거 판매상은 교통 체증이 심한 거리를 돌아다니면서 냉장 보관이 필요치 않은 작은 용기 제품을 판매한다. 팬 밀크는 손수레와 오토바이도 도입했고 태양열 발전으로 요구르트와 우유를 신선하게 보관할 수 있는 간이매점도 설치했다. 아프리카 7개국에 진출한 팬 밀크의 매출은 1억 6,000만 달러에 이르고 수익률도 매우 높다. 네덜란드의 다논Danone은 2013년에 3억 6,000만 달러를 주고 팬 밀크의 지분 49%를 인수했다.[22]

　도시의 규모는 다른 방식으로 도시 거주자에게 혜택을 준다. 도시는 농촌 지역보다 더 광범위한 교육 체계를 제공하고 기업과 근로자는 사회기반시설과 공공 서비스를 좀 더 저렴하게 이용할 수 있다. 인도의 경우 대도시에서 상수도, 주택, 교육과 같은 서비스 비용이 인구가 적은 농촌 지역보다 30%에서 50% 정도 더 저렴한 것으로 나타났다.[23] 이런 선순환의 고리는 성공한 도시가 더 좋은 사회기반시설과 혁신, 고급 노동력 그리고 경제적 다양성을 제공함으로써 생산성을 더 높일 수 있다는 사실을 입증해주고 있다.

교육 수준의 향상은 경제 발전의 중요한 요인이다. 영국과 미국의 농촌 지역에서 대학을 찾는 것은 어려운 일이 아니다. 하지만 신흥국에서 대학은 오로지 대도시에만 있다. 쿠마시에는 서부 아프리카의 유명한 과학기술대학 가운데 하나인 콰메 은크루마 과학기술대학Kwame Nkrumah University of Science and Technology이 있다. 1950년에 기술학교로 설립된 이 대학은 경영대학, 법과대학, 의과대학을 포함해 6개 단과대학을 갖춘 대학으로 성장했다. 코피 아난 전 유엔 사무총장은 미국으로 가기 전에 1950년대 후반 이곳에서 공부했다. 이 대학에는 가나뿐만 아니라 서부 아프리카의 인재들이 몰려들고 있다.

도시화에 대한 적응

도시는 지난 1,000년 동안 존재해왔다. 유럽, 중동, 아프리카, 남미, 아시아를 여행하는 사람은 중앙 광장, 정부 건물, 성당이나 사원, 시장 등 친숙한 건물과 마주치게 된다. 하지만 오늘날의 급속한 도시화는 도시의 정의를 바꿔놓고 있다. 도시는 예측할 수 없는 방향으로 발전하고 있다. 1950년에 인구 1,000만 명 이상의 도시는 뉴욕과 도쿄뿐이었다. 지금은 인구 1,000만 이상의 도시가 20개가 넘는다.[24] 중국에는 인구 2,000만 명의 상하이와 1,600만 명의 베이징 2곳이 있다. 이 두 도시의 인구를 합치면 네덜란드의 전체 인구와 비슷하다.[25]

신흥국 도시의 경제적 미래는 성장에 관한 기업 경영자의 생각에 근본적 변화를 불러오고 있다. 도시화는 새로운 소비자, 새로운 경제적 기회 그리고 창의적 혁신에 대한 전례 없는 기회를 제공한다. 사회기반시설, 스마트시티 기술 그리고 도시에 필수적인 서비스에 대한 수요가 매우 높다. 수많은 도시의 인재가 세계 노동시장에 편입되고 있다. 이런 신흥국의 도시는 기업이 다양한 비즈니스 모델, 기술, 상품 그리고 전략을 실험할 수 있는 실험실 역할을 한다. 이런 새로운 성장시장을 활용하는 것은 결코 간단하지 않다. 도시 수준의 시장 조사, 우선순위 결정 그리고 위험에 대한 분석이 필요하다. 하지만 기업 경영자는 이런 새로운 도시의 시장을 위험이 아니라 기회로 인식해야 한다. 이것은 단지 의미론의 문제가 아니다. 기회를 활용하기 위해 자원과 인력을 동원하는 방법과 위험에서 보호하는 방법에는 큰 차이가 있다. 이것은 공격과 수비의 차이와 같다.

새로운 경쟁자 파악하기

과거에는 많은 대기업이 선진국과 함께 신흥시장의 거대 도시에 집중하는 방식으로 성공했다. 현재 선진국과 신흥국의 거대 도시는 세계 GDP의 70%를 차지하고 있다. 하지만 2025년이 되면 이 시장은 세계 경제의 30% 정도밖에 되지 않을 것이다. 이는 성장을 추구하는 대기업에게 충분하지 않다.[26] 반대로 2010년과 2015년 사이에 신흥국의 440개 도시들이 세계 GDP 성장의 절반 정도를 차지하게 될 것이다.[27]

하지만 신흥국에서 성장 동력을 가진 도시 중 우리에게 친숙한 곳은 상하이, 뭄바이, 자카르타Jakarta, 상파울루São Paulo, 라고스Lagos 등 20여 곳에 불과하다. 나머지 420여 개 도시는 우리가 잘 모르는 곳이다. 얼마나 많은 사람들이 자신의 전략 레이더에서 수라트Surat, 포산佛山, 포르투알레그리Porto Alegre를 찾아낼 수 있을까? 모두 인구가 400만 명이 넘는 대도시이자 신흥국에서 상당한 비중을 차지하고 있는 경제 도시지만 아마도 이 도시를 아는 사람은 거의 없을 것이다. 서부 인도의 수라트는 인도 섬유 생산의 40%를 담당하고 있다. 중국의 포산은 GDP 기준으로 중국에서 7번째로 큰 도시다. 그리고 포르투알레그리는 브라질에서 4번째로 큰 주인 히우그란지두술Rio Grande do Sul의 주도다. 이 도시들은 빠르게 성장하고 있고 구매력이 있는 소비자층도 증가하고 있다. 3개의 도시는 지금부터 2025년 사이에 스페인의 마드리드, 이탈리아의 밀라노 또는 스위스의 취리히보다 세계 경제에 기여하는 비중이 높아질 것이다.

이런 새로운 환경을 살펴보는 것은 결코 간단하지 않다. 신흥시장의 도시 가운데 상당수가 다른 국가에게는 잘 알려져 있지 않다. 일부 도시의 운영 비용은 자국의 시장보다 비싸다. 소득과 인구구조의 변화 추세는 국가, 도시 그리고 심지어 도시 내부에서도 달라질 것이다. 소득 수준에 따라 상품과 서비스에 대한 소비가 달라지고 있기 때문이다. 최선의 결정을 내리기 위해서 기업은 어떤 도시에 (비슷한 특징을 가진 도시 집단) 초점을 맞출 것인지를 정하는 도시 수준의 심층적 시장 정보를 조사해야 할 것이다.

새로운 서비스 창출

소유권에 대한 생각이 변하고 있다. 이런 변화의 중심은 도시다. 도시 거주자는 가처분 소득이 더 많다. 상당수의 도시에서 거주자, 특히 젊은 세대일수록 자산을 사는 것보다 빌리는 것을 편하게 생각한다. 이런 소유권에 대한 변화는 소비자의 새로운 요구를 간파하는 똑똑한 기업에게 기회를 제공한다.

기술 발전과 빈틈없이 구축된 네트워크 덕분에 도시에서는 유통 서비스와 대중교통 수단이 가장 혁신적 서비스의 본보기가 되었다. 영국의 테스코^{Tesco}가 소유한 한국 유통업체인 홈플러스는 2011년에 서울의 지하철 역사에 세계 최초로 가상 슈퍼마켓을 만들었다. 소비자가 스마트폰 앱을 이용해 지하철 스크린 도어와 벽에 있는 실물 크기의 식료품 사진에 있는 바코드를 스캔하면 당일에 주문한 상품이 집으로 배달된다. 가상 점포 서비스의 인기가 높아지자 홈플러스는 가상 점포를 20개 이상의 버스 정류장으로 확대했다. 미국의 벤처 기업인 인스타카트^{Instacart}는 10개 도시에서 고객에게 하나의 웹사이트를 통해 여러 개의 점포에서 상품을 주문하고 1시간 안에 배달받을 수 있는 서비스를 제공하고 있다. 집카^{Zipcar}와 리프트^{Lyft} 같은 차량 공유 서비스와 우버 같은 교통 서비스는 자동차를 구매하지 않으려는 도시 거주자에게 큰 인기를 얻고 있다.

이런 공유 서비스를 인구가 밀집한 도시를 벗어난 지역에서 제공하는 것은 거의 불가능하다. 하지만 공유 서비스가 선진국에만 있는 것은 아니다. 신흥국의 도시에서도 유사한 서비스가 동네 가게와 지역 사회의 서비스업체를 통해 비공식적인 방법으로 이미 제공되고 있다.

소득이 증가하면서 신흥국의 소비자는 더 좋은 품질의 서비스를 구매하게 될 것이다. 이런 경향은 인도에서도 나타나고 있다. 한 세대 전에는 의사의 왕진이 일상적이었지만 도시가 혼잡해지면서 왕진은 줄어들었다. 오늘날 인도의 포르테아 메디컬Portea Medical은 18개 도시에서 가정 의료 서비스를 제공하고 있다. 포르테아 메디컬은 지리공간정보를 이용해 가장 가까운 곳에 있는 의사를 환자의 집으로 보내주고 의료 정보를 찾아내 이메일 등 전자적 방법으로 전달한다. 또 예측 분석을 이용해 환자의 향후 건강 상태를 분석하고 치료법을 추천해준다.

도시의 인재와 혁신을 활용하라

도시는 교육 수준이 높고 재능 있는 인재를 끌어들인다. 큰 도시가 작은 도시보다 인재를 유인하고 거주하게 하는 능력이 훨씬 더 뛰어나다. 맥킨지의 연구에 따르면 미국과 유럽의 GDP 격차 가운데 4분의 3은 대도시에 거주하는 미국인이 더 많다는 사실로 설명할 수 있다고 한다. 미국의 중간규모 도시조차 유럽의 대도시보다 크다. 농촌 지역과 비교해 대도시가 임금 수준이 더 높고 네트워크 효과도 더 큰 경향이 있기 때문에 도시의 규모는 중요하다. 혁신가와 기업가에게는 인구가 더 많은 도시가 매력적이다. 기업은 파트너, 멘토, 금융기관, 동업자, 잠재적 고객의 네트워크에 대한 접근이 훨씬 더 좋은 곳으로 몰려드는 경향이 있다. 도시는 초선형적 비례 특징을 보인다. 도시의 인구가 2배로 늘 때마다 거주자 한 사람은 평균적으로 15% 더 부유해지고 생산성도 더 높아지며 더 혁신적이 된다.[28]

대도시에서 인재를 찾는 기업은 종종 운영 비용을 걱정한다. 비용 문제는 기업은 도심에 위치하고 고급 인력은 교외에 거주하는 전통적인 도시의 생태계가 뒤바뀌는 최근의 추세 때문에 더욱 복잡해진다. 오늘날 근로자들이 (점점 더 많은 사무직 근로자들이) 도심에 살고 싶어하자 많은 도시에서 도심과 부도심에 주거지를 개발하거나 직주근접형 (직장과 주거가 가까운 것 - 옮긴이) 복합 공간을 개발하고 있다.

비용을 낮추거나 공장이나 창고 같은 시설을 갖추기 위해 도심 밖에 위치한 기업은 대도시의 도심에서 살고 싶어하는 인재를 채용하는 데 어려움을 겪고 있다. 도심에 위치한 기업은 인재에 접근할 기회가 많다. 도시에 있는 대학은 똑똑한 학생이 몰려들면서 더 많은 혜택을 누리고 있다. 이 때문에 기업은 대학 근처에 자리 잡는 것이 더 중요해진다. 2014년 6월에 화이자Pfizer는 MIT가 있는 메사추세츠 동부 케임브리지에 1,000명 규모의 연구개발센터를 신설했다. 피츠버그의 카네기멜론대학의 합동혁신센터는 대학 캠퍼스에 연구개발시설을 설립한 구글Google, 애플, 인텔과 같은 기업을 유치했다.

선진국의 많은 대도시가 기술 기업과 디자인 중심의 소규모 제조업체를 유치하는 혁신지구를 육성하고 있다. 런던의 테크시티TechCity, 시카고의 1871, 워싱턴의 1776 그리고 바르셀로나의 22@는 혁신을 위한 도시의 협력공간이다. 2010년에 설립된 샌프란시스코의 SFMade는 지역 제조업의 부흥을 추구하고 있다. 뉴욕에서는 메이드 인 엔와이씨Made in NYC가 약 7,000개에 가까운 소규모 지역 제조업체를 지원하고 있다. 유럽에서는 디자인 포 매뉴팩처링 포럼Design for Manufacturing Forum 같은 단체가 디자이너, 엔지니어 그리고 제조업체를 로테르담 같은 대도시 주변에 분권화된 저비용 제조업 생태계를 만들기 위한 메이

커 운동maker movement(개인이 일상에서 창의적 만들기를 실천하고 자신의 경험과 지식을 나누고 공유하려는 경향. 최근 시제품 제작과 창업이 용이해지면서 소규모 개인 제조 창업이 확산되고 있음 - 옮긴이)과 연결해주고 있다.

도시를 실험실로 생각하라

도시는 인구학과 정치적 측면에서 민간과 공공 분야의 실험에 최적화된 소우주 같은 곳이다. 학교 개혁이든 무인 자율주행 자동차에 대한 규제든 도시는 농촌에 비해 실험에 더 유리한 환경을 가지고 있다. 민간과 공공 분야의 리더는 진화하는 도시의 수요에 대한 혁신적 해결책을 찾아내기 위해 연구 개발 분야에서 협력을 확대하고 있다. 그 결과 도시는 혁신에서 중요한 협력자가 되고 있다. 전국적인 판매에 앞서 제한된 시장에서 새로운 상품과 서비스를 실험할 필요가 있는 기업에게는 특히 그렇다.

이런 도시 혁신 가운데 일부는 과거의 시설을 재활용하는 새로운 기술에 의해 추진되기도 한다. 오스트리아 텔레콤은 빈Wien의 사용하지 않는 공중전화 부스를 전기차 충전소로 바꿨다. 운전자는 이곳에서 문자 메시지로 충전 비용을 지불할 수 있다. 뉴욕은 시스코Cisco와 시티 24/7과 제휴를 통해 250개 공중전화 부스를 정보를 주고받는 터치스크린으로 변모시켰다.[29] 새로운 기술의 시연부터 마케팅에 이르기까지 도시는 통제 가능한 범위의 다양하고 풍부한 환경에서 새로운 아이디어와 비즈니스 모델을 실험할 수 있는 매력적인 장소다.

도시의 행정가도 이런 혁신적인 실험 프로그램으로 혜택을 받고 있다. 사회기반시설을 예로 들어보자. 페루 리마의 교외에서는 지역 과학기술대학의 엔지니어들이 습기가 많은 해안 공기를 이용해 식수 부족 문제를 해결하는 혁신적인 방법을 개발했다. 엔지니어들은 광고판 위에 공기가 수분 응축기의 차가운 표면에 닿을 때 공기 중의 수증기를 액체로 변화시키는 습기 수집 장치와 정수기를 설치했다. 이 시스템은 하루에 100리터의 깨끗한 물을 생산하는데, 파이프를 통해 장치의 아래 부분에 있는 수도꼭지로 전달된다.[30] 스웨덴의 우메오Umea에서는 어둡고 긴 겨울과 만성적인 햇볕 부족 현상을 해결하기 위해 30개의 버스 정류장에 치료용 자외선 전구를 설치할 우메오 에네르기Umea Energi라는 지역 회사를 설립했다. 이후 버스를 이용하는 승객이 50%가량 증가했다.[31] MIT의 센서블 시티 랩Sensible City Lab은 스마트시티 기술의 잠재력을 잘 보여주고 있다. 이 연구소는 새로운 감지기와 휴대용 전자 기기를 통해 도시와 도시 생활을 연구하고 있다. 센서블 시티 랩은 싱가포르의 새로운 MIT 캠퍼스에서 싱가포르 육상교통국과 긴밀히 협조해 싱가포르 교통기반시설에 대한 통찰력을 제공하는 3가지 쌍방향 앱을 개발했다.[32]

운영의 복잡성을 관리하라

도시로 이전과 확장을 계획하고 있는 기업에게 운영비는 상당히 비싸고 또 급격하게 상승하고 있으며 상당한 부담을 준다. 상하이와 뭄바이 같은 신흥국의 대도시에는 세계에서 가장 비싼 상업용 부동산이 있다. 건물이 가득 들어선 사무지구에서는 기반시설이 금방 포화가 되고 이 때문에 비즈니스의 불확실성과 비용이 증가한다. 남미와 아시아의 일부 도시는 범죄, 환경오염, 무분별한 도시 확장 그리고 교통 체증 때문에 성장 엔진으로서 힘을 잃어가고 있다. 자카르타를 방문하는 사람들은 수용능력 100만 대로 설계된 도로를 150만 대의 차량이 이용하면서 빚어지는 교통 정체에 시달리고 있다. 동남아 최악의 교통 정체 때문에 자카르타에서만 한 해 약 10억 달러의 생산성이 감소하는 것으로 추정된다.[33] 머서Mercer의 연간생활비조사에 따르면, 기업을 운영하기에 가장 비싼 도시는 샌프란시스코나 도쿄가 아니라 앙골라의 루안다Luanda라고 한다. 사무실과 주택의 부족, 부실한 공공 서비스와 공급 체계, 낙후된 비즈니스 기반시설로 기업 운영 비용이 높기 때문이다.[34]

토지 비용에 더해 기업은 신흥국이나 선진국 모두에서 엄격한 도시계획, 토지 이용 규정, 환경 규제와 같은 문제에도 직면해 있다. 이런 규제들은 서비스 기업은 견딜 만한 것일 수도 있지만, 대규모 기계 설비와 토지 그리고 물류기지가 필요한 제조 기업에게는 엄청나게 비싼 비용을 부담해야 하는 요소다. 신흥국의 많은 도시가 여전히 산업활동의 중심지로서 의미 있는 역할을 하고 있지만 상업과 주거 공간에 대한 수요 증가는 산업용 수요를 몰아내고 있다. 뭄바이의 파렐Parel 지역은 100년 넘게 섬유 산업의 중심지였다. 하지만 지난 30년 동안 섬유 공장들은 고급 식당, 고급 사무 공간 그리고 세계 최고층의 주거용 건물이 되는 월드원World One과 같은 호화 아파트와 호텔에 자리를 내주고 있다.

기업은 이런 압박에서 벗어나기 위해 해법을 찾으려고 노력하고 있으며, 새로운 기회를 발견하고 있다. 2014년 3월에 파나소닉Panasonic은 중국에서 공해에 노출된 외국 근로자에 대한 보상으로 보너스를 지급하기로 결정했다.[35] 2014년 7월에 구글은 샌프란시스코 도심에 8층짜리 건물을 매입하고 인근 약 2만 3,000제곱미터를 임대해 사무 공간을 확장했다. 구글은 현재 샌프란시스코 해안지역에 집합적인 사무 공간을 가지고 있다. 인도 IT 산업의 중심지인 방갈로르Bangalore에서는 기업이 불안정한 교통과 전기 공급이 기업활동에 영향을 미치지 않도록 버스와 발전소를 운영하고 있다. 도시 배송 시스템을 안정화시키기 위해 물류 기업은 두 단계의 배송 센터와 실시간 통신 시스템을 장착한 스마트 트럭에 투자해 배송 지연을 최소화하고 예측성을 높이고 있다.

기업은 또 이런 문제에 대한 해법을 찾아내기 위해 시청과 협력하고 있다. 사회기반시설과 물류가 대표적 분야다. 뉴델리에서는 메트로 레일Metro Rail을 건설하기 위해 공공과 민간 분야가 성공적으로 협력했고 싱가포르에서는 민관협력을 통해 상수도 시스템을 현대화했다. 콜롬비아의 메델린Medellin에서는 공공 케이블카 시스템을 개발했고 밴쿠버에서는 35억 달러를 투자해 다양한 교통 프로젝트를 진행했다. 2014년 3월에 쿠마시 정부는 만성적인 교통난을 해결하기 위해 스카이 트레인 건설 계획을 발표했다. 남아프리카공화국의 스탠다드은 행은 1억 7,000만 달러 규모의 스카이 트레인 프로젝트에 투자하고 있다.[36] 기술과 스마트 앱은 대기업과 신생기업이 도시와 협력할 수 있는 또 다른 분야다. 런던교통공사Transport for London는 사용자의 현재 위치를 기준으로 최적의 버스 경로를 제안해주는 버스아이티런던Bus IT London 같은 새로운 앱 개발을 촉진하기 위해 교통 데이터를 공유했다. 넥스트버스Next Bus는 미국과 캐나다의 여러 도시에서 실시간으로 버스 정보를 제공하고 있다. 샌프란시스코 교통국은 기술 기업과 주차 미터 제조사와 협력해 에스에프파크SFPark라는 시스템을 개발했다. 에스에 프파크는 교통 혼잡과 주차 지연을 줄이기 위해 새로운 주차 미터기에 감지기, 모바일 앱 그리고 다이내믹 프라이싱Dynamic Pricing(시장가치에 따라 가격을 자유롭게 변동시키는 것으로, 인터넷을 배경으로 한 신경제 체제에 적합한 새로운 가격정책 – 옮긴이)을 결합한 것이다.

///////////////////////////

기업 경영자가 쿠마시와 수천 개의 신흥국 도시를 수박 겉핥기식으로 살펴보고 자신의 회사는 그렇게 많은 기회를 놓치지는 않았다고 결론내리는 것은 쉽다. 하지만 급격한 변화의 시대에 경제활동의 특정 시기에 대한 간단한 설명은 크게 잘못된 결론으로 이끌 수 있다. 이런 인스타그램Instagram의 시대에는 우리가 찍는 정신적, 재정적 사진에 새로운 필터를 장착해야 한다. 이미지를 이야기로 바꿔주는 신경중추인 우리의 직관을 다시 조정해 쏟아져 들어오는 정보를 명석하게 처리할 수 있어야 한다. 우리가 그려내는 도시의 초상은 그 표면 아래에 있는 역동성과 눈부시게 빛나고 있는 기회를 담아내야 하고 그와 동시에 위험이라는 경고의 불빛은 누그러뜨려야 한다. 도시의 초상화는 앞으로 나아가는 역동성을 보여주어야 한다.

02

파괴적 혁신을 이끄는 힘
: 기술의 속도

영국의 런던은 빅벤, 웨스트민스터 사원, 버킹엄 궁전 그리고 복잡하고 꼬불꼬불한 도로를 돌아다니는 수천 대의 블랙 캡black cab(전통적인 검정색의 런던 택시 - 옮긴이) 등 세계인에 잘 알려진 상징으로 가득한 도시다. 관광객이나 런던 시민 모두에게 블랙 캡은 런던에서 빠트릴 수 없는 경험이다. 런던의 블랙 캡 운전기사들은 자신의 직업, 전통 그리고 기술을 자랑스럽게 생각한다. 블랙 캡 운전기사가 되기 위해서는 6만 개가 넘는 거리 이름을 모두 외워야 하는 '놀리지Knowledge'라는 악명 높은 시험에 합격해야 한다.[1] 블랙 캡 운전기사는 시험에 합격하기 위해 평균적으로 12번 정도 시험을 본다. 하지만 2014년 6월 11일에 블랙 캡 운전기사들의 불만이 폭발했다.[2] 그날 오후 1만 명 이상의 블랙 캡 운전기사가 런던의 상징적인 주요 거리를 점거한 채 대규모 시위를 벌였다. 트라팔가광장, 의회광장 그리고 화이트홀 거리가 모두 마비됐다. 이유는 바로 우버 서비스 때문이었다.[3] 조금 더 정확하게 설명하면 우버와 같은 신생 교통서비스 기업에 대한 런던 시의 대처 방식에 항의하고 있었다. 우버의 비즈니스 모델은 승객과 운전기사를 저렴하고 효율적으로 연결시켜주고 택시의 미터기처럼 작동하는 위치기반 스마트폰 앱에 의존하고 있다. 블랙 캡 운전기사는 런던의 민간차량법에 따르면 개인이 사용하는 차량에는 택시미터기를 설치할 수 없게 돼 있다고 주장했다.[4]

디지털 기술의 발전은 런던 택시 시장의 일부에서 가능성을 발견한 새로운 경쟁자를 등장시켰다.[5] 비록 새로운 기술의 도입을 꺼렸지만 새로운 진입자에 대한 높은 장벽과 경쟁으로부터의 보호 덕분에 블랙 캡 기사들은 돈을 잘 벌 수 있었다. 대부분의 블랙 캡 운전기사는 놀리지 훈련 코스 덕분에 GPS의 필요성을 거의 느끼지 못했고 또한 현금만 받았다. 이런 보호 장벽 덕분에 택시 요금도 비쌌다. 런던의 평균 택시 요금은 약 27파운드(약 3만 8,000원)로 추정된다.[6] 고객이 온라인으로 택시를 부를 수 있는 스마트폰 앱인 헤일로Hailo는 2011년 말에야 도입되었다.[7]

런던의 블랙 캡 운전기사는 유럽 다른 도시의 택시기사와 함께 샌프란시스코에 본사를 둔 우버에 분노를 표출했다. 2009년 이후 우버는 50개 국가 230개 도시로 확장하면서 엄청난 성공을 거두고 있다.[8] 구글 벤처와 사모펀드 회사인 TPG의 지원을 받는 우버는 2014년 6월에 180억 달러의 자금을 모았다.[9] 2012년에 우버가 런던에서 서비스를 시작한 이후 런던은 가장 빠르게 성장하는 시장이 되었다. 2013년 말 기준으로 런던에는 7,000명이 넘는 우버 기사가 활동하고 있다.[10]

자동차를 부를 수 있는 앱이 많이 등장하면서(헤일로, 애디슨 리Addison

Lee, 캐비Kabbee가 우버의 경쟁 앱이다) 런던의 블랙 캡은 정체 상태에 놓였다. 원래 블랙 캡 전용으로 개발된 헤일로가 개인 차량도 이용할 수 있게 바뀌면서 우버의 성공에 호응했다. 많은 블랙 캡 운전기사가 이런 조치를 배신으로 생각했고 헤일로의 사무실을 습격했다.[11] 6월 대규모 시위가 벌어지던 날에 우버는 런던 택시도 우버를 이용하는 것을 환영한다고 발표했다.[12]

한때 존경받고 난공불락이었던 비즈니스 모델이 한순간에 뒤바뀐 사례는 런던의 택시만이 아니다. 기술의 발전은 언제나 현 상태를 바꿔놓았다. 하지만 기술의 변화가 오늘날만큼 큰 규모와 빠른 속도로 그렇게 많은 시장에 걸쳐 진행된 적은 없었다. 디지털 기반의 환경은 비즈니스를 확장하는 추가 비용을 거의 제로 수준으로 낮춰주기 때문에 새로운 비즈니스 모델, 새로운 시장 진출 그리고 개인 대 개인의 거래와 '공유경제sharing economy' 같은 새로운 시장의 등장도 가능하게 됐다. 진입 장벽이 낮아지자 작은 기업들이 수개월 만에 기존의 기업을 따라잡고 생존에 필요한 수익을 내는 것이 가능해졌다. 각 분야를 구분하는 경계는 모호해졌고, 디지털 능력이 종종 기업과 특정 분야의 경제적 가치 변화를 주도하고 있다. 기업은 기술적 변화와 사투를 벌이고 있는 반면, 소비자는 공식적으로 공개된 데이터보다 더 큰 수혜자가 되고 있다. 구글과 마이크로소프트Microsoft Corporation의 빙Bing 그리고 애플의 시리Siri가 제공하는 인터넷 검색 기술을 예로 들어보자. 소비자는 이런 서비스에 기꺼이 많은 비용을 지불했을 것이다. 1980년대까지만 해도 소비자는 전화번호를 찾기 위해 411(미국·영국의 전화번호 안내센터)에 전화를 걸어야 했고 그때마다 비용을 지불했다. 하지만 인터넷 검색은 처음부터 무료였다. 그 결과 GDP와 같은 공식 통계에는 잡히지 않았다. 세계 경제의 '신진대사율metabolic rate'을 높이는 것은 소비자와 기업 그리고 정부에게 깊은 의미가 있다. 기술의 변화가 빨라지면 아이디어, 비즈니스 모델 그리고 시장 포지션의 수명도 줄어든다. 이 때문에 기업의 리더는 정보에 접근하고 관리하는 방법과 경쟁을 정의하고 감시하고 대응하는 방식에 대해 다시 생각해야 한다. 또 기술적 변화의 방향을 살피고 이에 대한 대응 방식을 고민해야 한다. 급격한 기술 변화는 재발명, 성장 그리고 차별화에 대한 중요한 기회를 창출한다.

혁신의 가속화

산업혁명 시대의 첫 기계화에서 컴퓨터 혁명에 이르기까지 기술 혁신은 언제나 역동적인 경제 변화의 근간이었다. 하지만 앞에서 언급한 것처럼 우리는 장기 게임의 후반전에 있기 때문에 상황이 다르다.

역사적인 격변기 사이의 기간은 변화의 규모에 따라 줄어들어왔다. 구텐베르크의 인쇄술에서 최초의 컴퓨터 프린팅에 이르기까지 500년 이상이 걸렸다. 이후 3D 프린터가 개발될 때까지는 단지 30년이 걸렸다. 1764년에 다축 방적기가 발명된 이후 세계 최초의 산업용 로봇인 GM의 유니메이트Unimate가 개발될 때까지 약 200년이 걸렸다.[13] 세계 최초로 가장 진보된 휴먼 로봇이 발명되기까지는 25%의 기간인 50년이 걸렸다. 《기술의 본질The Nature of Technology》의 저자이자 전 스탠

점점 짧아지는 기술 혁신

· 휴대 인터넷

최초의 전화
1876

115년

최초의 웹사이트
1991

16년

최초의 아이폰
2007

· 로봇

하그리브스의 방적기
1764

198년

GM의 유니메이트
1962

48년

구글의 샤프트
2010

· 3D 프린팅

인쇄기
1448

505년

컴퓨터 프린터
1953

31년

3D 프린터
1984

퍼드대학의 경제학 교수인 브라이언 아서Brian Arthur는 "와트의 증기기관이 등장한 1760년대부터 1850년대 이후까지 산업혁명 기간에는 기계의 힘을 이용해 경제가 근육을 기르는 시기였다. 그리고 지금은 신경 체계를 개발하고 있다"고 말했다.[14]

컴퓨터의 처리 능력이 18개월마다 2배로 증가한다는 무어의 법칙은 현대 기술 변화 예측의 근간이 되었다.[15] 기하급수적으로 증가하는 데이터와 함께 더 빠르고 더 강력한 컴퓨터는 무엇이 가능한지에 대한 우리의 생각을 바꿔놓았다. 1990년대에 인간 유전자의 비밀을 푸는 문제는 대규모의 인력을 투입하고 증기로 움직이는 기계 삽을 동원해 오랫동안 작업을 해야 하는 파나마 운하 건설과 비슷한 프로젝트였다. 한 팀의 과학자들이 13년 동안 30억 달러의 연구비를 투입해 인간 유전자의 비밀을 풀어냈다.[16] 수년 안에 몇 시간이면 인간 유전자를 분석할 수 있는 1,000달러짜리 기계가 등장할지도 모른다.[17]

12개의 파괴적 변화란 무엇인가

더 많은 기술적 변화가 더 빠르게 다가오고 있다. 차세대 혁신next big thing에 관한 목록도 매일 길어지고 있다. 이상향에서 재앙에 이르기까지 기술 변화에 대한 다양한 주장과 반박 그리고 혼란이 우리를 헷갈리게 한다. 우리는 이런 주장 가운데 앞으로 수년 안에 현재를 변화시킬 수 있는 12개의 기술 변화를 살펴보고자 한다.[18] 이런 기술 변화는 우리가 잘 아는 것부터 놀라운 것에 이르기까지 범위가 다양하다. 이런 기술의 적용은 2025년까지 1년에 14조 달러에서 33조 달러의 잠재적 경제 가치를 창출할 것으로 보인다.[19] 여기서 말하는 경제적 가치에 대한 측정은 수입, 효율을 통해 절약한 돈, 소비자 잉여 등을 포함한 대략적인 것이다. 12개의 변화는 4개의 큰 범주로 구분된다.

첫째, 사물의 구성요소 변화

2003년에 최초의 인간 게놈 분석을 완성하기까지 13년 동안 30억 달러와 전 세계 과학자가 동원됐다. 급속한 기술의 발전은 유전자 서열 분석의 속도가 무어의 법칙을 앞선다는 것을 뜻한다. 약 10년 후인 2014년 1월에 세계적인 유전자 분석기 제조사인 일루미나Illumina는 1년에 2만 개의 게놈을 분석할 수 있는 1,000달러짜리 슈퍼컴퓨터인 하이세크 엑스텐HiSeq XTen을 공개했다.[20] 유전자 분석 비용의 급격한 하락은 유전자가 어떻게 사람의 특성을 결정하고, 질병을 유발하는 유전자가 어떻게 변이를 일으키는지에 대한 연구를 가속화시키고 있다. 점점 더 저렴해지는 유전자 분석과 빅데이터 분석의 결합은 농업, 식품 그리고 의학의 도움을 받아 신속한 환자 상태의 진단, 표적 치료, 합성 생물학적 방법을 통한 주문형 인체조직의 생산을 가능하게 할 것이다.

재료 과학의 발달은 또 다른 파괴적 혁신이다. 분자 수준에서 물질을 조작하는 기술은 나노 재료를 가능하게 만들었다. 이런 돌파구들은 탄소와 점토 같은 평범한 물질이 뛰어난 반응성, 독특한 전기적 특성, 더 좋은 강도 등 새로운 특성을 갖도록 만들었다. 나노 재료는 약품에서부터 자외선 차단제 그리고 자전거 프레임에 이르기까지 다양한 상품에 활용되고 있다. 지금은 엄청난 강도와 탄성 그리고 자기 회복selfhealing이나 자기 정화self-cleaning 같은 뛰어난 능력을 가지고 있는 새로운 물질이 개발되고 있다. 스마트 물질과 원래 형태로 복원될 수 있는 형상 기억 물질은 우주 공학, 약학, 전자 공학 등 다양한 산업 분야에서 응용되고 있다.

둘째, 에너지의 재발견에 대한 생각의 변화

미국에서 수평 시추와 수압 파쇄를 합친 수압파쇄공법은 거의 모든 사람이 예측하지 못한 셰일 에너지 붐을 일으켰다. 10년도 안 돼 미국에서 천연가스의 가격은 유닛당 12달러에서 4~5달러로 떨어졌다. 가스 공급이 수요를 초과해 가격이 낮게 유지되자 에너지 생산업체들은 노스다코타의 바켄 셰일Bakken Shale처럼 석유 채굴에도 수압파쇄공법을 적용하고 있다. 석탄층 메탄가스와 메탄 클라스레이트를 포함한 다른 에너지원도 개발되고 있다.

비전통적인 화석연료 혁명이 일어나고 있는 동안에도 재생에너지의 생산 비용은 계속 떨어지고 있다. 1990년 이후 태양광 패널의 가격은 1와트에 8달러에서 지금은 10% 수준으로 떨어졌다. 중국과 인도를 포함해 세계 여러 국가들은 풍력과 태양광 발전을 가속화하고 생산량을 늘리는 계획을 공격적으로 추진하고 있다. 2025년이 되면 세계 전체 발전량에서 태양광과 풍력이 차지하는 비중이 현재 2%에서 15~16%로 증가하게 될 것이다. 그리고 연간 이산화탄소 배출량도 최고 12억 톤까지 감소할 것이다.[21]

마지막으로 에너지 저장 기술도 큰 변화를 겪게 될 것이다. 리튬이온 배터리와 연료 전지 같은 기술은 이미 자동차와 소비자 가전제품 등에서 사용하고 있다. 자동차용 리튬이온 배터리팩 가격은 2025년이 되면 1메가와트시^{MWh}당 500달러에서 160달러로 떨어질 것이다. 그리고 전지의 수명도 늘어날 것이다. 에너지 저장 기술의 발전은 전지로 움직이는 자동차의 가격을 경쟁력 있게 만들 것이다. 신뢰도를 높이고 정전을 줄이고 분산 발전이 가능한 전력망에서 에너지 저장장치를 사용하면 전력망의 효율성을 크게 높일 수 있어 전 세계의 전기가 부족한 지역과 외진 곳까지 전기를 공급할 수 있다.[22]

셋째, 인간을 위해 일하는 기계

지난 수십 년 동안 산업 분야는 자동화가 진행되었고 공장의 로봇은 빠르게 발전하고 있다. 과거 세대의 로봇은 인간과 분리되어 한 곳에 고정돼 있었다. 비용도 수십만 달러에 달했고 엔지니어가 며칠 동안 작동 프로그램을 만들어 로봇에 입력해야 했다. 오늘날에는 인공지능, 감지 기술, 통신 기술 등의 발달 덕분에 향상된 인지력, 재주 그리고 지능을 가진 신세대 로봇이 개발되고 있다. 예를 들면 2만 2,000달러짜리 백스터^{Baxter}는 인간과 함께 안전하게 일할 수 있는 다목적 로봇이다. 백스터는 업무에 필요한 동작을 사람이 로봇에게 가르쳐주는 단순한 방식으로 새로운 일상적인 동작을 배울 수 있다. 백스터는 지시 내용을 모두 이해했다는 사실을 알리기 위해 머리를 끄덕이고 두 눈이 있는 얼굴을 이용해 다양한 감정을 표현할 수 있다. 능력이 향상되면서 로봇은 한때 너무 비용이 많이 들고 자동화하기에 어려웠던 일들을 하고 있다. 로봇의 응용 분야는 산업을 넘어 서비스, 로봇 수술 그리고 인간의 능력을 향상시키는 분야까지 확장되고 있다.

무인 자율주행 자동차도 10년 만에 커다란 발전을 이룩한 또 다른 파괴적 기술이다. 2004년에 국방고등기술연구소Defense Advanced Research Projects Agency는 모하비 사막을 가로질러 150마일을 갈 수 있는 첫 번째 무인 자율주행 자동차에 100만 달러의 상금을 지급하는 그랜드 챌린지Grand Challenge를 후원했다. 당시에는 아무도 성공하지 못했다. 가장 성능이 좋은 자동차가 7마일 정도를 달렸을 뿐이다. 10년 후에 구글의 무인 자율주행 자동차는 도시에서 70만 마일 이상을 주행했다. 구글의 무인 자율주행 자동차 가운데 교통사고를 일으킨 경우는 사람이 도요타의 프리우스를 운전할 때 한 번뿐이었다. 오늘날 다양하고 새로운 자동차에는 운전 보조 시스템에 브레이크, 주차, 충돌 방지 등 최신 기술이 적용되고 있다. 규제가 기술의 발전을 따라간다면 2025년이 되면 지상과 하늘에서 무인 운전 혁명이 상당히 진행될 것이다.

　　마지막으로 적층 가공 기술도 또 다른 큰 변화를 불러올 수 있다. 새로운 기술은 아니지만 3D 프린터가 기술의 발전, 새로운 재료의 등장 그리고 가격 하락 등을 통해 점점 더 널리 보급되고 있다. 3D 프린터는 현재 단순한 소비재와 시제품 제작에 자주 사용되고 있다. 3D 프린터는 또 보청기, 치과용 보철 그리고 의수족과 같은 의학과 치과용 제품 제작에도 활용되고 있다. 또 우주선용 부품과 터빈 등 매우 복잡하고 소량인 제품 생산에도 활용되기 시작했다. 새로운 응용 분야도 점점 확대되고 있다. 3D 프린터로 제작된 세계 최초의 자동차인 스트라티Strati는 2014년 11월 시카고에서 생산됐다. 인공 인간 장기는 이미 3D 프린터를 활용해 만들어지고 있다. 인공 장기는 설탕을 기초로 만든 콩팥이나 다른 인체조직의 히드로겔hydrogel(물을 분산매로 하는 겔 - 옮긴이) 골격을 만들고 여기에 환자의 조직에서 분리해낸 줄기 세포를 잉크젯 프린터처럼 뿌리는 방식으로 만들어진다. 앞으로 10년 동안 3D 프린터는 더 널리 사용될 것이다. 소비자와 기업가가 자신의 제품을 프린터로 찍어내기 시작하면서 제조 과정도 '민주화'될 것이다.

넷째, IT의 발전과 활용

모바일 인터넷은 친숙한 기술이다. 모바일 인터넷에 기반을 둔 스마트폰과 태블릿을 사용하는 사람이 이미 10억 명을 넘어서면서 모바일 인터넷은 세상과 소통하고 세상을 인식하는 방식을 급격하게 변화시키고 있다. 사물인터넷Internet of Things의 급속한 성장에 대해 생각해보라. 생산, 기반시설 그리고 헬스 케어에 이르기까지 모든 사물에 데이터 수집, 원격 감시, 의사결정, 제조 공정 최적화 등을 위해 감지기와 작동기가 내장돼 있다. 석회 가마에 설치된 감지기는 운전자에게 최적의 온도를 찾는 방법을 알려준다. 소비재 상품 분야에서는 제조업체에 그들이 만든 상품이 어떻게 활용되고 있는지 알려준다. 교량에 사물인터넷을 접목하면 교량이 시청 담당자에게 유지 보수의 필요성을 스스로 알려준다. 99% 이상의 사물이 아직 네트워크에 연결되지 않아 사물인터넷의 발전 기회는 무궁무진하다.[23]

점점 더 저렴해지고 성능이 좋아지는 모바일 인터넷 기기는 서비스와 노동자의 생산성에서 혁신을 불러오고 그 과정에서 소비자에게 엄청난 잉여를 제공하고 있다. 이런 추세는 스마트폰 기술이 향후 10년 동안 20~30억 명에 이르는 신흥국 소비자를 네트워크의 세계로 끌어들이면서 더욱 강화될 것이다.[24] 클라우드 기술이 이런 정보 기술의 변화를 뒷받침하고 있다. 클라우드 기술은 이미 디지털 세계를 더 단순하고 더 빠르고 더 강력하고 더 효율적으로 만들고 있고 기업이 IT를 운영하는 방법을 변화시키고 있다. 앞으로 수년 안에 클라우드 기술은 자산이 적고 유연하며 이동성이 높고 규모의 확장과 축소가 쉬운 새로운 비즈니스 모델을 만들어낼 것이다. 기계 학습, 인공지능 그리고 인간-기계 상호작용의 발전과 함께 클라우드 기술은 더 많은 분야로 확산될 것이다. 이런 변화는 과거에 사람만 할 수 있었던 일을 컴퓨터가 대신 할 수 있게 해준다. 유명 TV 퀴즈쇼 〈제퍼디!Jeopardy!〉에서 IBM의 슈퍼컴퓨터인 왓슨Watson이 최초로 인간을 이겼고 법률과 뉴스 보도 분야에서는 판례를 자동으로 검색하거나 스포츠 뉴스 기사를 작성하는 소프트웨어가 개발되었다. 지식 노동은 몇 년 전만 해도 우리가 상상할 수 없었던 속도로 자동화되고 있다.

IT를 관통하는 디지털화와 풍부한 데이터

이런 기술적 파괴를 관통하는 공통된 맥락은 디지털화다. 쉽게 설명하면 디지털화는 정보를 1과 0으로 바꿔 기계가 처리하고 전달하고 저장할 수 있도록 하는 것이다. 이런 단순한 개념이 개인용 컴퓨터와 소비자 가전제품 그리고 인터넷이라는 형태로 지난 30년 동안 우리의 삶을 바꿔놓았다. 지금은 디지털화가 새로운 파괴를 뒷받침하고 있다. 디지털화는 정보를 발견하고 전달하고 공유하는 비용을 제로 수준으로 떨어트렸다. 이 과정에서 정보의 홍수가 발생한다. 과거에 정보는 희귀했고 가치가 높았다. 도서관에서 단 몇 주 동안만 책을 빌릴 수 있었던 시절을 생각해보라. 지금은 정보가 어디에나 존재한다. 마이크로소프트의 상품관리 이사인 에론 켈리Eron Kelly는 향후 5년 동안 인류는 과거 5,000년 동안 만들어낸 정보보다 훨씬 더 많은 정보를 생산할 것이라고 말했다.[25] 1엑사바이트exbyte는 미국 의회 도서관보다 4,000배 이상 많은 정보를 담을 수 있는 데이터 분량이다.[26] 2020년이 되면 정보의 양은 4만 엑사바이트 이상으로 증가할 수도 있다. 이는 정보가 2005년 이후 매년 300배씩 증가한다는 이야기다.

디지털화는 우리가 사는 세상을 3가지 측면에서 바꿔놓고 있다. 첫째, 물리적 실체가 있는 상품을 가상으로 변화시키고 있다.[27] 전자책, 뉴스 웹사이트, MP3 파일 그리고 다른 형태의 디지털 미디어들이 LP 레코드, 카세트테이프, CD, DVD 그리고 인쇄 미디어를 대부분 잠식했다. 앞으로 3D 프린팅이 상품의 유통과 판매를 크게 변화시킬 것이다. 미래에는 신발, 보석, 공구와 같은 상품은 구매자가 소비 시점이나 주문 시점에 상품을 프린트할 수 있는 전자 파일을 통해 판매될 수도 있다.

둘째, 디지털화는 우리가 일상적으로 주고받는 정보의 내용을 더 풍부하게 만들고 더 생산적이고 가치 있는 정보로 바꿔준다. 상품의 배송을 추적하기 위해 사용하는 RFID 태그와 소비자에게 상품에 관한 정보를 알려주는 2D 바코드의 활용이 좋은 사례들이다.

셋째, 디지털화는 생산과 거래를 용이하게 만드는 온라인 플랫폼을 만들고 피라미가 상어와 정면 대결할 수 있도록 해준다. 세계 전자상거래의 두 축인 이베이Ebay와 알리바바 같은 온라인 플랫폼은 가장 작은 기업과 개인도 소규모 다국적 기업으로 변신할 수 있도록 도와준다. 전통적 중소기업들 가운데 25% 미만이 수출을 하는 것에 비해 이베이에 등록된 판매자는 90% 이상이 다른 국가로 수출하고 있다.[28]

데이터는 정부와 기업 등 특정 조직을 벗어나 기계가 읽을 수 있는 형태로 자유롭게 공유되어야 한다는 데이터 공개 운동open data 덕분에 데이터 홍수 현상은 점점 더 강력해질 것이다. 캐나다, 인도, 싱가포르 등 40여 개국이 기상 기록, 범죄 기록 그리고 교통 정보에 관한 데이터를 공개하기로 약속했다. 데이터 공개에 관한 요구는 도시 교통에서 개인 건강에 이르는 공공 서비스를 향상시키고 시민의 권리를 증진시킬 잠재력을 가지고 있다. 공개 데이터에 대한 선택적 활용은 매년 3조 달러 이상의 경제적 가치를 생산하는 데 도움을 줄 수 있는 것으로 추정된다. 이는 세계 GDP의 4%에 해당한다.[29]

케냐는 정부 조달 자료를 더 투명하게 공개하면 1년에 10억 달러까지 절약할 수 있다는 희망으로 2011년에 데이터 공개 운동을 시작한 최초의 사하라 사막 이남의 아프리카 국가다. 비탄게 은데모Bitange Ndemo 케냐 정보통신차관은 "우리는 전자 조달 체계로 바꾸고 있다. (…) 우리가 사용하는 필기구는 200실링이 아니라 20실링이 될 것이다"라고 말했다. "하지만 이것이 인력이 필요한 측면을 모두 없앤다는 뜻은 아니다. 데이터를 공개하는 목적은 대중이 알게 하는 것이다."[30] 인도의 푸네Pune 시는 데이터 분석을 활용해 사고 다발 지역을 찾아내고 도시의 교통기반시설을 개선하기 위해 횡단보도가 없는 곳을 파악하고 너무 짧은 교통신호 주기를 분석하는 등 사고 발생의 공통적인 요인을

파괴력 있는 신기술 12개
: 향후 10년 동안 잠재적 파괴력이 큰 12가지 기술

사물의 구성 요소 변화

1. **차세대 유전체학** : 신속하고 저렴한 유전자 염기서열 분석, 첨단 빅데이터 분석, 합성 생물학(유전자 기록)

2. **첨단 신소재** : 탁월한 특성(강도, 무게, 전도성)이나 기능을 가진 소재

인간을 위해 일하는 기계

6. **첨단 로봇** : 업무를 자동화하고 인간의 능력을 향상시키기 위해 감각, 능력, 지능을 갖춘 발달된 로봇의 증가

7. **무인 자율주행 자동차** : 인간이 운전하지 않거나 운전 개입이 거의 필요 없는 운송수단

8. **3D 프린팅** : 디지털 모델을 근거로 소재를 다층으로 인쇄해 사물을 만들어내는 첨가식 제조 기술

에너지에 대한 생각의 변화

3. **에너지 저장장치** : 배터리 등 나중에 사용하기 위해 에너지를 보관, 저장하는 기장치와 시스템

4. **오일과 가스를 탐사하고 복구하는 첨단 기술** : 오일과 가스 추출 과정을 경제적으로 만드는 탐사 발굴 기술

5. **재생가능에너지** : 기후 변화를 최소화하며 전기를 생성시키는 재생에너지 기술

IT의 발전과 활용법

9. **모바일 인터넷** : 인터넷 연결의 확산과 저렴한 모바일 컴퓨팅 능력의 향상

10. **사물인터넷** : 데이터 수집, 감시, 의사결정, 처리 과정의 최적화를 위한 저비용 센서와 작동기 네트워크

11. **클라우드 기술** : 네트워크와 인터넷을 통해 전달되는 소프트웨어 리소스와 컴퓨터 하드웨어의 활용

12. **지식 노동의 자동화** : 미묘한 판단과 비체계적인 명령을 포함한 지적 업무를 실행할 수 있는 지능적 소프트웨어 시스템

제거하고 있다.[31] 2010년 아이티에서 지진이 발생한 이후 설립된 오픈스트리트맵OpenStreetMap 프로젝트는 다양한 곳에서 얻은 데이터를 결합해 정부와 민간 원조기관이 병원과 분배센터 그리고 난민캠프에 물자를 공급하는 데 필요한 정보를 제공했다.[32]

기술 수용이 점점 빨라지고 있다

기술 수용의 가속화가 이루어진 것은 단순히 컴퓨터 처리 속도가 더 빨라졌기 때문이 아니다. 소비자가 기술을 빨리 받아들이기 때문이다. 기술 변화가 빨라지는 새로운 시대에서 가장 두드러진 특성 가운데 하나는 기술에 적응하는 속도가 급격하게 빨라진다는 것이다. 역사적으로 볼 때 새로운 기술은 세계를 지배하는 기술로 발전하는 과정에서 어느 정도의 갈등을 경험했다. 사람들이 새로운 기기를 사용하는 데 익숙해지고 기업이 규모를 키우고 유통경로가 발전하고 소비자가 새로운 기기를 사야 하는 이유가 생길 때까지 어느 정도 시간이 필요하기 때문이다.

알렉산더 그레이엄 벨이 전화기를 발명한 이후 미국 가정의 절반 정도가 전화기를 사용하기까지 50년이 걸렸다. 라디오는 청취자가 5,000만 명에 이르는 데 30년이 걸렸다. 신기술 채택 곡선은 21세기에 더욱 가팔라지고 있다.[33] 미국인의 절반이 스마트폰을 사용하기까지는 불과 5년이 걸렸다. 페이스북은 도입 첫해 사용자가 600만 명에 달했고 그 후 5년 동안 100배로 증가했다.[34] 중국의 텐센트Tencent가 개발한

점점 빨라지는 신기술 수용 속도
: 사용자가 5,000만 명에 이르는 시간

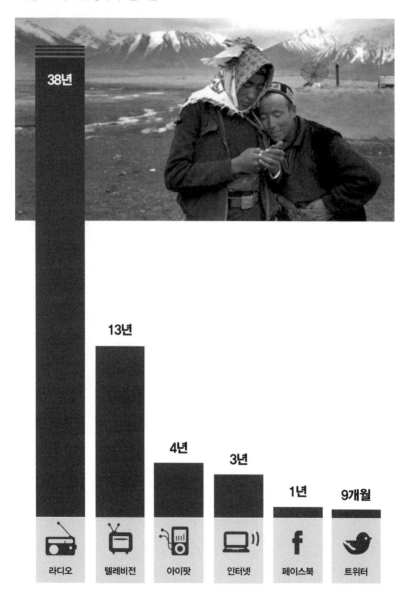

38년

13년

4년

3년

1년

9개월

라디오　　텔레비전　　아이팟　　인터넷　　페이스북　　트위터

출처 : 소셜 이코노믹스 보고서, 맥킨지 글로벌 연구소

모바일 메신저인 위챗WeChat은 채 2년도 안 돼 사용자가 미국 성인 인구보다 많은 3억 명을 돌파했다.[35] 기술을 채택하는 속도가 빨라지면 혁신의 속도로 빨라진다. 아이폰 탄생 2년 후인 2009년에도 개발자들은 15만 개의 응용 프로그램을 만들어냈다.[36] 2014년에는 응용 프로그램 수가 120만 개로 늘었고 사용자들은 750억 개 이상의 응용 프로그램을 다운로드받았다. 이는 전 세계 사람들이 1인당 10개의 응용 프로그램을 다운로드한 셈이다.[37] 디지털 상품에 대한 유통경로로서 인터넷은 장애물이 없다. 유일한 장애물은 소비자의 관심과 호기심이다.

디지털 분야에서 기술 채택 곡선의 형태는 실물 상품과 제조 과정의 특성도 함께 보여주고 있다. 인공지능, 센서, 통신, 시각 기술의 발전 덕분에 향상된 인지력, 작동 능력 그리고 지능을 가진 신세대 산업로봇이 개발되고 있다. 2009년부터 2011년까지 2년 동안 산업 로봇의 판매는 170% 증가했고 2020년에는 연간 매출이 400억 달러(약 45조 원)를 넘어설 것으로 예상된다.[38]

이런 변화의 속도는 점점 더 빨라질 것이다. 점점 더 많은 사람들이 인터넷을 사용하고 네트워크를 통해 연결될수록 혁신의 전파 속도는 빨라질 것이다. 2013년에는 약 25억 명이 인터넷을 사용했지만 2018년에는 40억 명이 인터넷을 사용할 것이다.[39] 지금과 같은 속도로 혁신과 기술이 채택된다면 수억 명의 사람이 새로운 상품과 기술을 사용하는 데 1년도 안 걸릴 것이다. 기술이 훨씬 더 저렴해지고 상품이 쉽게 세계화되면서 혁신과 기술 이용의 속도는 더 빨라질 것이다. 이것이 진정한 의미의 현 상태status quo의 파괴다.

기술 수용의 속도가 중요한 이유

잠재력이 큰 기술과 디지털화 그리고 데이터의 활용에서 얻는 혜택은 엄청나다. 쉽고 빠르게 새로운 비즈니스 모델을 실험할 수 있다는 장점과 수집한 데이터에서 뽑아낼 수 있는 가치에 대해 생각해보라. 아니면 상품과 서비스의 생산 규모를 확대하는 한계비용을 크게 낮출 수 있는 이점도 있다. 지불 시스템, 유통 채널 그리고 기반 소프트웨어의 다양화 덕분에 기업은 그 어느 때보다 세계 곳곳의 고객에게 빠르게 도달할 수 있게 되었다. 또 영업활동뿐만 아니라 상품 마케팅, 가격 그리고 디자인 개선을 위해 데이터에서 얻을 수 있는 통찰력에 대해서도 생각해보라.

하지만 이런 기술의 가치를 화폐로 환산하는 것은 쉽지 않다. 맥킨지 글로벌 연구소의 보고서들은 기술의 시대에는 소비자가 왕이라는 사실을 알려주고 있다. 인터넷에 의해 창출된 가치의 3분의 2는 더 낮은 가격, 생산성 향상 또는 더 많은 선택권과 편리함이라는 형태로 소비자 잉여로 기록된다.[40] 앞서 설명한 잠재적 폭발력이 큰 기술들은 기업에게 기술 수용과 생산을 위한 충분한 수익을 가져다주지만 가장 중요한 가치는 소비자에게 전달될 확률이 높다는 것이다. 이런 변화는 미국의 경제 통계를 보면 알 수 있다. 2013년 7월 31일 미국 상무부 경제분석국US Bureau of Economic Analysis은 사상 처음으로 연구 개발과 소프트웨어를 지적 재산권 상품이라는 새로운 분야로 구분한 GDP 수치를 발표했다. 맥킨지는 구글의 검색 알고리즘이나 아마존의 추천 기능 등 무형자산이 중요한 성장 동인이 되는 점을 감안하면 디지털 자본 digital capital이 세계 전체 GDP 성장의 3분의 1을 차지할 것으로 추정하고 있다.[41]

기업이나 정부 모두 현재의 기술 추세를 따라잡지 못하면 거대한 경제적 기회를 잡지 못할 뿐만 아니라 잠재적 위험에 놓이게 될 것이다. 블랙베리의 몰락에서 알 수 있듯이 디지털화와 기술의 발전은 눈 깜박할 사이에 산업을 뒤바꿔놓을 것이다. 역사적으로 많은 기업이 이런 재앙을 경험했다. 최신 스마트폰을 기다리는 것은 소비자에게 즐거움일 수 있다. 하지만 기업에게 차세대 기술 혁명을 예상하고 대비하는 일은 성공과 실패를 가르는 일이다. 일찍 일어나는 새는 다양한 신기술 가운데 기술적 도박을 감행해야 하는 문제에 직면할 것이다. 예를 들면 적층가공 분야만 다양한 보더라도 기술과 소재가 존재한다. 분말 소재를 이용한 레이저 소결 기술, 플라스틱을 이용한 용융수지압출조형, 그리고 1,000달러짜리 취미용에서 수십 만 달러에 달하는 산업용 3D프린터가 여기에 포함된다. 비록 신기술을 일찍 수용하지 않더라도 당신은 신기술을 활용해야 할지, 그렇다면 언제 어떻게 활용할 것인지를 결정해야 한다. 그리고 신속하게 따라갈 준비를 해야 한다.

기술에 대한 이해는 모든 기업의 경영자에게 필수적 능력이 되었다. 그렇다고 기업가가 프로그래밍 언어나 3D 프린터의 작동법을 배울 필요는 없다. 기술에 밝은 고객이 무엇을 하고 있는지를 파악하는 능력이 훨씬 더 중요하다. 경영자는 직원이 항상 최신 기술을 습득할 수 있도록 체계적인 방법을 개발하고 경영팀과 이사회에 첨단 기술의 발전에 대한 최신 정보를 지속적으로 제공해야 한다. 오랫동안 지속된 기존의 전략 수립 과정도 다시 검토해야 할 필요가 있다. 여기에는 트렌드에 대한 신뢰할 수 있는 모니터링, 다양한 시나리오에 대비한 계획 그리고 잠재적 위험과 경쟁에 관한 과거의 가정에 대한 폐기도 포함된다.

기술적 파괴를 수용한다는 것

미국 동부 명문 아이비리그대학에서는 첫날 수업 시간에 학장이 학생들에게 대개 다음과 같이 경고한다. "좌우를 살펴보라. 내년에 여러분 가운데 한 명은 여기에 있지 않을 것이다."[42] 기업 세계의 상층부에서도 비슷한 일이 벌어지고 있다. 1950년에 S&P 500 기업은 평균적으로 60년 이상 S&P 500 지수에 포함돼 있었다.[43] 2011년엔 S&P 500 지수에 포함되는 평균 기간이 18년으로 줄었고 이런 추세는 심해지고 있다. 현재의 추세가 계속되면 기업의 인수 합병, 신생기업의 급격한 등장과 기존 기업의 잦은 몰락 때문에 2027년이 되면 S&P 500 기업의 75%가 바뀔 것으로 추정된다.[44] 기업은 기업의 우위 유지 기간이 유명한 대학 교수의 임기가 아니라 직업 운동선수의 전성기처럼 변해간다는 사실을 깨닫고 있다. 즉 수십 년이 아니라 수년에 불과하다는 것이다.[45]

다양한 분야, 기능 그리고 시장에 걸쳐 효력을 발휘하는 특효약은 없지만 다음 5가지 원칙을 고수하는 경영자들은 새로운 기준을 따라가고 정상에 머무를 가능성이 높다.

디지털화에 따른 산업 변화

: 곡선상의 기업 위치는 기업과 고객이 디지털화를 수용하는 정도에 따라 정해진다

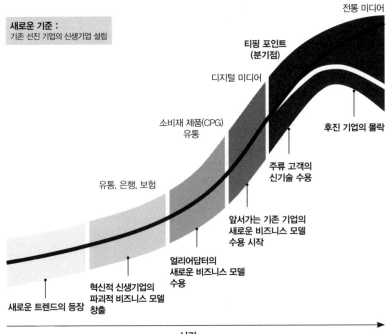

디지털 자본의 최대 활용

많은 기업이 미래의 비즈니스 전략과 기존의 제조 공정을 효율화하는 데 아직 정리되지 않은 데이터가 중요한 역할을 할 수 있다는 사실에 눈을 뜨기 시작했다. 기업은 시장점유율을 높이고, 비용을 절감하고, 생산성을 높이고, 상품과 서비스를 개선하는 등 거의 모든 분야에서 데이터를 활용하고 있다. 유통 기업은 가격의 최적화와 수요를 예측하고 상품 추천과 재고 관리를 개선하기 위해 빅데이터를 활용하고 있다. 제조업체는 맞춤 상품을 생산하고 고객의 요구에 대응하거나 공

급망을 최적화하는 데 빅데이터를 이용한다. 중국 최대의 온라인 유통 업체인 알리바바의 실시간 데이터 룸은 미국 나사NASA의 미션 컨트롤 룸과 비슷하다. 데이터 분석 서비스 분야에 신생기업이 우후죽순처럼 생겨나고 IBM, 마이크로소프트, 오라클, SAP와 같은 대기업은 첨단 데이터 분석을 위한 소프트웨어를 개발하는 기업을 인수하는 데 지난 수년 동안 수십 억 달러를 쏟아부었다.

사실 소비자 행동 및 물류 추적 데이터 등 무형의 디지털 자산은 완전히 새로운 상품과 서비스 개발의 단초가 될 수 있다. 택시 서비스 분야의 우버가 파괴적 서비스의 한 사례다. 우버는 수요가 폭증하는 시기에 일시적 가격 인상surge prices을 결정하는 알고리즘을 이용한다.[46] 또 다른 주문형 차량 공유 서비스 신생기업인 리프트는 수요가 적은 시간에 가격을 낮추기 위해 해피 아워happy hour 요금 방식을 채택하고 있다.[47]

의료 보건 분야도 디지털 자본이 가치를 만들어내는 또 다른 분야다. 데이터 결합, 분석 모형 그리고 의사결정 지지 도구 등 핵심 디지털 자본이 막대한 경제적 가치를 만들어내고 고객의 경험을 향상시키고 복제하기 어려운 능력을 창출하고 있다. 약 500만 명의 미국인이 약물 치료와 신체 이식형 보조장치를 통해 치료할 수 있는 울혈성 심부전을 앓고 있다.[48]

메드트로닉Medtronic은 몸에 이식한 심장 모니터링 장치를 의사가 원거리에서 관찰하고 데이터를 분석할 수 있는 사이트에 연결시키는 케어링크 익스프레스 서비스CareLink Express Service를 업계 최초로 개발해 환자에 대한 서비스의 품질과 효율성을 개선했다. 이 프로그램의 시험

운영기간 동안 환자의 대기 시간은 15분 이하로 줄어들었다.[49] 메드트로닉의 환자 데이터 관리 및 전략 부사장인 켄 리프Ken Riff는 이런 종류의 데이터는 미래의 현금이라고 강조한다.[50]

디지털화의 더 낮은 한계비용을 활용하는 방법

디지털화는 상품과 서비스에 대한 접근, 발견 그리고 유통과 관련된 비용을 크게 줄여준다. 더 효율적인 유통과 더 낮은 진입 장벽은 더 많은 개인, 기업가 그리고 기업이 디지털 시장에 참여하고 새로운 비즈니스 모델을 시험할 수 있도록 해준다. 디지털화는 지리적 장벽도 크게 낮춰 소규모 다국적 기업, 마이크로워크microwork(큰 프로젝트를 컴퓨터와 인터넷에 연결할 수 있으면 수행할 수 있는 작은 단위로 업무를 쪼개는 방식 – 옮긴이) 그리고 마이크로 공급망micro supply-chain 기업의 성장을 촉진시킨다.

세계 최대의 개인 대 개인peer-to-peer 소규모 대출 온라인 플랫폼인 키바Kiva는 주로 신흥국에서 6억 3,000만 달러 이상의 대출을 가능하게 했다.[51] 기업가를 창의적 프로젝트에 관심이 있는 개인과 연결시켜주는 크라우드 펀딩 플랫폼인 킥스타터Kickstarter는 2009년 이후 7만 건의 프로젝트에 대해 14억 달러 이상의 자금을 지원할 수 있도록 도와주었다.[52] 미국의 투자사업 분야에서는 소규모 투자나 개인 투자 자문가들이 빠르게 증가하고 있다. 이들은 소비자에게 투자 자문을 하기 위해 자신에게 필요한 모든 능력을 갖추고 있는 피델리티와 찰스 슈왑Charles Schwab 같은 기업에서 시스템을 구매해 사용하고 있다.[53]

검색, 전자상거래, 소셜미디어 그리고 공유경제와 같은 시장에서 디지털 인프라의 낮은 비용 덕분에 신생기업가들은 거의 무한대로 비즈니스 모델의 개발이 가능해졌다. 최근에 페이스북이 190억 달러를 주고 인수한 모바일 메신저 플랫폼인 왓츠앱은 서비스를 시작한 지 채 5년 도 안 돼 한 달 이용자 수가 5억 명을 돌파했다.[54] 스냅챗Snapchat은 설립 2년 만에 4억 명의 사용자를 확보해 페이스북과 인스타그램의 사진 공유 활동을 앞섰다.[55] 공유경제 분야의 신생기업들은 엄청난 속도로 성장하고 있다. 2013년을 기준으로 일주일에 약 45만 명이 우버 애플리케이션을 이용하고 있고 100만 명 이상의 리프트 사용자들이 차량 공유 서비스를 이용했다.[56]

전통적인 기업도 새로운 시장에 진입해 빠르게 성장하거나 제조 공정과 비용 구조를 최적화하기 위해 한계비용 경제학의 변화로부터 혜택을 받았다. 프랑스 통신사인 프리 모바일Free Mobile은 2012년에 3개월도 안 돼 260만 명의 신규 계약자를 확보해 TV와 신문광고 없이 1년 만에 13%의 시장점유율을 기록했다.[57] 명품 브랜드인 버버리 Burberry는 다양한 채널에서 업계 최고의 고객 경험을 제공한다. 런던 리젠트 거리 121번지에 있는 최고급 매장에서는 세계에서 가장 큰 실내 스크린과 실제 생활 속 디지털 경험을 제공하고 있으며 버버리 상품에는 RFID 칩이 부착돼 있다. 이 작은 칩은 RFID 기능이 있는 거울 앞에 서면 맞춤형 콘텐츠를 보여준다.[58] 고급 백화점인 노드스트롬 Nordstrom은 배송과 재고관리시설을 개발하기 위해 디지털 한계비용의 이점을 처음으로 활용했다. 이후에 노드스트롬은 디지털 투자를 외부로 확대해 강력한 전자상거래 사이트, 모바일 쇼핑앱, 간이 판매대 그리고 각 유통채널에 따라 고객관계를 관리하는 능력을 강화했다.

고객 잉여를 현금화하는 방법

점점 더 저렴해지는 디지털 비즈니스 도구와 빅데이터의 등장에는 재미있고 반직관적인 의미가 있다. 이론적으로 이 2가지는 데이터를 모으고 관리하고 유리하게 활용할 수 있는 기업에 큰 도움이 된다. 하지만 기술의 변화가 가속화되는 시대에 소비자는 여전히 왕과 여왕으로 존재하고 있다. 더 낮은 비용, 더 좋은 상품 그리고 향상된 생활의 질 등 소비자 잉여라고 알려진 인터넷이 창출한 새로운 가치의 3분의 2를 소비자가 차지하고 있다.[59] 소비자가 비디오, 콘텐츠, 게임, 스토리지, 메시지 서비스, 편리성 등 새로운 상품과 서비스를 어떻게 구매하도록 할 것인가가 기업의 과제다.

지금까지 이런 가치를 기업에게 돌려주는 효과적인 수익 모델로 입증된 것은 소수에 불과하다. 이 가운데 하나가 페이스북과 구글 등 거대 기술 기업의 수익 성장을 주도하고 있는 광고 수입이다. 광고를 통한 수익 모델은 여전히 유효하지만 광고 효과를 분석하고 측정하는 능력을 둘러싼 광고주의 기대는 계속 상승하고 있다.

직접 지불과 유료 가입자 방식은 온라인에서 콘텐츠 판매 능력이 향상되고 있다는 점을 반영하고 있다. 이런 비즈니스 모델은 일반적으로 기본 서비스는 무료로 제공하고 광고, 게임 아이템 또는 더 높은 수준의 서비스와 접근권 등에 대해 비용을 부과하는 '프리미엄freemium' 가격 전략을 활용하고 있다. 징가Zynga, 스포티파이Spotify, 링크드인 LinkedIN 그리고 애플이 이런 전략을 채택하고 있다. 예를 들면 링크드인에 가입하는 것은 무료다. 하지만 한 달에 59.99달러를 내고 비즈니스 플러스 계정을 구매해 프리미엄 회원으로 승격하면 누가 자신의 프로필을 보고 있는지 알 수 있고 더 많은 메시지를 보낼 수 있으며 고급 필터를 활용해서 검색할 수 있다.[60]

세 번째 모델은 소비자가 기꺼이 구매하는 콘텐츠나 상품과 서비스의 개발 또는 혁신적인 기업 대 기업 간의 거래 (예를 들면 클라우드 소싱 기업 정보나 외부 데이터 분석 서비스) 등을 통해 빅데이터를 상품화하는 것이다. 예를 들면 링크드인은 전체 매출의 20%가 유료 서비스 가입자에게서 나오고 30%는 마케팅을 통해 그리고 50%는 기업이나 고객에게 인재 관련 정보와 소프트웨어를 판매해 얻고 있다.[61]

더 많은 소비자 잉여를 기업의 수익으로 확보하기 위해서는 지속적인 실험이 필요하다. 전통적인 거래 기반의 전자상거래를 가입자 기반으로 바꾸는 것이 점점 인기를 얻고 있다. 소비자 충성도를 높이고 재구매를 촉진시키려는 노력의 일환으로 기업은 고객과의 관계를 지속하기 위해 다양한 상품을 제공하고 있다. 예를 들면 독일 베를린에 있는 글로시박스Glossybox는 한 달에 21달러를 내는 인터넷 가입자에게 5가지 미용 상품이 들어 있는 미스터리박스 400만 개를 발송했다.[62] 매월 정액 요금제에 가입한 고객에게 면도날과 카트리지를 배송해주는 달러 쉐이브 클럽Dollar Shave Club과 해리스Harry's 같은 회사는 질레트Gillette처럼 오랫동안 시장을 지배해온 기업에 도전하고 있다. 매주 개인에게 건강한 맞춤 간식 박스를 제공하는 영국의 기업인 그레이즈Graze는 2013년에 매출 6,400만 달러로 2배로 성장했다.[63] 미디어 산업에서는 디지털 콘텐츠를 유료화하는 모델이 인기를 얻고 있다. 〈뉴욕 타임스The New York Times〉는 유료 가입자를 위해 디지털 콘텐츠를 생산하는 것뿐 아니라 디지털 콘텐츠와 인쇄 매체를 함께 제공하는 비즈니스 모델로 광고와 신문 구독자 감소를 완화할 수 있었다. CEO인 마크 톰슨Mark Thompson은 이런 공격적인 유료화 정책이 지난 수년 동안 〈뉴욕타임스〉의 가장 중요하고 성공적인 결정이라고 말했다. 〈뉴욕타임스〉는 87만 5,000명의 디지털 신문 가입자를 보유하고 있고 신문 구독료 수입이 광고 수입을 앞지르고 있다.[64] 슬로바키아의 신생기업인 피아노 미디어Piano Media는 대부분의 미디어를 아우르는 콘텐츠 유료화 시스템을 개발했다. 원래 수익 모델에 따르면 피아노 미디어는 사용자가 가입한 기존 사이트에 30%를 주고 다른 미디어 사이트에는 사용자가 머무르는 시간에 따라 수익을 배분한다. 피아노 미디어는 유료 가입자 모델을 주도했고 2012년에 다른 중부 유럽 시장으로 진출하기 전에 언어적으로 고립된 500만 명 규모 시장에서 수익 모델의 개념을 증명했다.[65] 2014년 8월 피아노 미디어는 매출 규모가 자사의 9배에 달하는 미국의 소액 결제와 콘텐츠 유료화 시스템 개발업체인 프레스플러스Press+를 인수함으로써 시장을 확대했다.[66]

사태가 진정될 때까지 기다리지 말라

기술적 격변에 직면하게 되면 신기술에 운명을 걸기보다는 사태가 진정될 때까지 기다리는 것이 인간의 본능이다. 하지만 시간은 적이다. 오늘의 신기술이 내일이면 뒤처진 기술이 될 수 있고 겉보기에 관련이 없어 보이는 인수나 전략적 행동이 산업의 판도를 바꾸기도 한다. 수십 가지의 3D 프린팅 기술 가운데 어느 것이 표준이 될지 알아내는 것은 성공 가능성이 적은 시간 소모적인 일이다. 그런데도 대부분의 기업에서는 이런 소모적인 노력을 일상적인 필수 업무의 일부로 삼고 있다.

대부분의 기존 기업에게 초기 기술에 큰 모험을 거는 것은 위험 수용범위risk appetite, 새로운 투자 장벽 그리고 과거 IT 시스템 때문에 단순한 선택이 아니다. 예를 들면 자동차 보험 분야에서 상당수의 기존 기업은 소규모의 시험용pilot 프로그램에 대한 여러 유용한 데이터를 확보하기 위한 투자는 계속 제한하면서 발 빠른 신규 경쟁자의 진출을 초초하게 지켜보고 있다. 혁신을 수용하는 것은 잠재적으로 기업이 고객의 행동을 관찰하고 가격을 정하고 위험을 평가하는 방식을 바꿔놓을 수 있다. 미용 산업 분야의 기업도 기술의 발전에 허를 찔렸다. 고객이 집에서 편리하게 자신에게 맞는 색조 화장품을 만들 수 있는 3D 프린터인 밍크Mink가 200달러에 출시되면 기존 화장품 기업의 수익은 위협을 받게 될 것이다.[67]

거대 기술 기업은 이런 규칙에서 벗어났기에 두각을 나타낼 수 있었다. 그들은 풍부한 자본력과 최신 혁신에 대한 세밀한 관찰 능력을 활용해 차세대 변화 기술에 대규모로 투자한다. 구글은 모바일 인터넷이 막 시작됐던 2005년에 안드로이드Android를 인수했다.[68] 온라인 비디오 광고의 태동기인 2006년에는 16억 달러를 주고 유튜브You Tube를 사들였다.[69] 안드로이드와 유튜브 인수 모두 기존의 통념을 거부하는 뛰어난 전략임이 입증되었다. 구글의 공동 설립자인 래리 페이지Larry Page는 대중보다 앞서 생각하는 것에 대한 불안감을 드러냈다. 안드로이드 인수 결정에 대해 이야기하면서 그는 나쁜 감정과 죄의식을 느꼈다고 말했다. 그는 "내가 왜 이 일에 시간을 투자하고 있는 것일까? 왜 검색이나 광고 또는 구글의 핵심사업에 시간을 투자하지 않는 것일까? 하지만 결국에는 해야 하는 매우 중요한 일이었다"고 말했다.[70]

다른 분야의 대기업은 활발한 기술 기업과 공생관계를 구축하는 것이 기술 변화에 베팅하는 가장 효과적인 방법이라는 것을 깨달았다. 기술 기업과의 공생관계 유지는 핵심 비즈니스에 대한 위험과 혼란을 최소화하는 동시에 가능성 있는 새로운 상품과 서비스를 전략적으로 활용할지 아니면 그 소유권을 주장할지에 대한 선택권을 제공한다. 기업은 기존의 기업 체계 속에서 연구 환경 조성, 멘토링, 장비 지원 그리고 유망한 기업가에 대한 자금 지원을 제공하는 혁신연구소나 창업 인큐베이터를 통해 공생관계를 지속한다.[71] 2012년에 GE는 첨단 제조업에서 혁신에 집중하는 창업보육기관인 GE개라지GE Garage를 설립했다. GE개라지는 신생기업에게 3D 프린터, 자동화 선반, 레이저 절삭기 등 장비를 제공하고 전문가의 조언과 동업자를 연결시켜주는 작업실이다. 2014년에 GE는 GE개라지 개념을 전 세계로 확대했다. 가장 최근의 설립된 GE개라지는 아프리카 나이지리아의 수도 라고스에 있다.[72] 2013년에 알리안츠Alliantz는 구글과 공동으로 첫 번째 디지털 액셀러레이터Digital Accelerator를 설립했다. 독일 뮌헨에 있는 디지털 액셀러레이터는 빅데이터가 새로운 보험 상품 개발과 비즈니스 모델에 대한 자금 지원에 어떻게 도움을 줄 수 있는지를 연구하고 있다.[73]

인재, 조직 그리고 투자를 위한 기술을 생각하라

일부 기업에서는 최고디지털책임자CDO, Chief Digital Officer를 임명하고 조직 전체에 걸쳐 그 역할을 증대시키는 방법으로 기술에 관한 사고 방식을 체계적으로 수립했다. 2008년에 델Dell 출신인 소나 초울라Sona Chawla는 미국의 대형 약국 체인 월그린Walgreens의 전자상거래 부사장으로 취임했다. 2년 후에 그녀는 전자상거래 담당 사장으로 승진했고 2013년에는 CEO에게 직접 보고하는 디지털 부문과 마케팅 부분의 사장이 되었다.[74] 초울라의 지휘 아래 월그린은 2011년에 드러그스토어닷컴drugstore.com을 인수했고 미국에서 가장 인기 있는 모바일 건강 관련 앱을 개발했다. 이 앱을 이용하면 고객은 바코드를 스캔하는 방식으로 처방된 약을 다시 조제받을 수 있고 개인의 진료 약속도 알려준다.[75] 오늘날 월그린의 온라인 처방전 재조제의 40%가 이 앱을 통해 이뤄지고 있으며 다채널 고객multichannel customers의 씀씀이는 오프라인 고객보다 3.5배 정도 많다.[76]

다른 기업은 팀을 운영하기 위해 신생기업을 인수하는 준고용quasi-hire 방식을 이용하거나 유망한 트렌드를 따라가고 지적 재산권과 유능한 인재 그리고 기술 획득을 가속화하기 위해 제휴관계를 맺었다. 야후는 텀블러Tumbler 설립자인 데이비드 카프David Karp를 영입하기 위해 텀블러에 10억 달러를 제시했다.[77] 2014년 5월에 월마트는 실리콘밸리의 소프트웨어 기업인 애드케미Adchemy를 3억 달러에 인수했고 6명의 팀원은 사내 기술팀인 월마트 랩스Walmart Labs에 통합시켰다.[78] 27개국에 1,300개의 매장을 가지고 있는 화장품 유통업체인 세포라Sephora는 2013년에 매장의 쇼핑 경험을 개선하고 경쟁자가 새로운 기술에 접근하지 못하도록 디지털 기술 기업인 센트사Scentsa를 인수했다.[79]

독일의 미디어 재벌인 악셀 슈프링거Axel Springer는 투자라는 측면에서 기술과 디지털화를 수용했다. 2014년에 슈프링거는 지역 신문과 여성 잡지 그리고 TV 잡지를 매각하고 3개의 디지털 핵심 사업인 유료 콘텐츠, 디지털 광고 그리고 온라인 안내 광고에 대규모 투자를 단행했다.[80] 슈프링거는 또 베를린에 기반을 둔 악셀 슈프링거 플러그 앤 드 플레이Axel Springer Plug and Play라는 창업보육 조직도 개설했다. 2013 년에 슈프링거는 제너럴 애틀랜틱General Atlantic이라는 사모펀드 회사와 조인트 벤처를 설립하고 디지털 광고에 총력을 기울이고 있다.[81] 사내 벤처인 악셀 슈프링거 벤처스Axel Springer Ventures는 가격 비교 사이트, 고 객 충성도를 높이는 쇼핑 앱 개발을 위해 신생기업과 초기 단계 투자 펀드에 투자하고 있다.[82]

///////////////////////////

이런 노력들 가운데 어느 것도 급격한 기술 변화의 시대에 기업의 성공을 보장해주지 못한다. 따라서 비즈니스 모델과 전략들이 금방 쓸 모없어지는 세계에 대비해야 하는 경영자는 끊임없이 기업을 혁신하 는 방법에 대해 생각해야 한다.

03

모두 늙어버린 사회
: 고령화의 역설

로봇이 바닥을 청소하는 것은 특별한 일이 아니다. 일본에서 로봇은 집사의 일, 가정 의료 서비스 도우미 그리고 동반자의 역할을 하기 위해 빠르게 발전하고 있다. 일본의 나라奈良 과학기술연구소와 배럿 테크놀로지Barrett Technology의 연구원들은 컴퓨터 지능을 활용해 사람이 재킷과 셔츠 그리고 잠옷을 입고 벗는 것을 도와주는 로봇 팔을 개발해 냈다. 오사카大阪府에 있는 ART와 브이스톤Vstone이 디자인한 휴머노이드 로봇인 로보비-알3Robovie-R3는 영화 〈스타워즈Star Wars〉의 알투디투 R2-D2가 살아나온 것 같다. 로보비-알3는 시속 2.5킬로미터로 손님을 따라다니고, 노인의 손을 잡고 인파 속을 헤쳐나가거나 쇼핑백을 들고 다닌다.[1]

처음 도쿄를 방문한 사람들이 도쿄가 미래의 도시처럼 보인다고 말하는 것은 특별한 일이 아니다. 프리우스를 생산하는 도요타豊田 시에 있는 매우 효율적인 공장처럼 일본의 공장에서 로봇 장비는 오래전부터 인간을 대신해왔다. 하지만 로보비-알3와 다른 최근의 로봇들은 산업 생산이 아니라 현실적이고 급박한 인간의 욕구를 만족시키기 위해 만들어졌다. 일본은 평균 연령 46세이고 65세 이상이 전체 인구의 24%를 차지하는 세계 최고령 국가다.[2] 낮은 이주민 유입과 1.4명에 불과한 출산율에 더해 증가하는 고령 인구를 부양할 사람이 충분하지 못한 것도 문제다.[3] 도요타 시의 공무원은 언론과의 인터뷰에서 일본이 이런 인구학적 문제에 어떻게 대처할 것인지에 대한 질문에 "로봇이 우리를 돌봐줄 것"이라고 대답했다.[4]

세계의 경제 전문가들은 지속적인 성장을 바라며, 활동적인 젊은 지구의 이미지를 그리고 싶어한다. 사실 세계의 상당히 많은 지역이 젊고 활동적이다. 평균 나이가 22.6세인 파키스탄은 인구 전체의 55%가 25세 이하다.[5] 사하라 남쪽의 아프리카 지역은 전체 인구의 40% 이상이 15세 이하다.[6] 거의 모든 소비재와 서비스 기업은 증가하는 젊은 소비자를 활용하는 방법에 대해 고민하고 있다.

하지만 이 동전에는 뒷면이 있다. 오늘날 세계에서 두드러진 변화지만 가장 간과하고 있는 트렌드 변화 추세 가운데 하나인 고령화다. 제2차 세계대전 이후 세계는 점점 더 젊어졌고 선진국이나 후진국이나 상관없이 모든 국가에서 인구가 증가했다. 백신의 개발, 유아 사망률의 감소 그리고 대규모 전쟁의 부재 등이 선순환의 고리를 만들었다. 세계 인구가 계속 증가하면서 생산가능인구도 빠르게 늘어 경제 성장을 촉진했다. 인구학적 잉여는 막대한 배당금을 지불해주었다. 인구 증가는 상품과 서비스에 대한 수요 증가, 더 많은 주택, 더 많은 학교를 필요로 했고 이것은 다시 더 많은 일자리를 만들고 세수 증가를 불러왔

세계적인 출산율 하락 현상

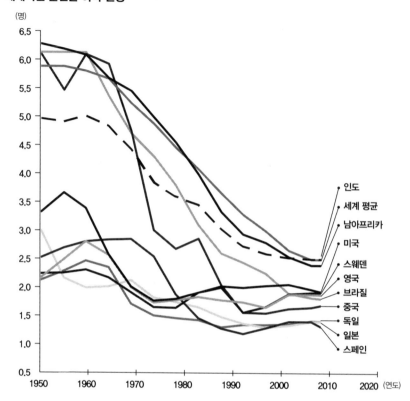

(명)

주 : 출산율은 한 가상의 여성 집단이 일생 동안 사망하지 않은 경우, 총 가임 기간 동안 출산하는 자녀의 평균 수를 말한다. 여성 한 명당 자녀의 수라고 표현한다.

출처 : UN 인구데이터, 맥킨지 글로벌 연구소 분석

다. 기술이 증폭기 역할을 하면서 모든 사람들의 생산성도 향상됐다.

오늘날 세계는 점점 고령화되고 있으며, 장기적 전망은 현실이 되고 있다. 많은 선진국과 세계 최대의 개발도상국인 중국에서 사람의 수명이 늘어나는 반면 자녀의 수는 점점 적어지고 있다. 베이비붐 세대는 늙어가고 은퇴를 앞둔 반면 출산율은 급격하게 하락하고 있다. 이런 추세는 변곡점에 다다르고 있다. 향후 50년 안의 어떤 시점에 아프리카를 제외한 대부분의 세계에서 현대 역사상 처음으로 인구가 정체 상태에 도달할 확률이 높다.[7] 세계 대부분의 국가가 급격한 인구 고령화, 노동력의 고령화 그리고 정부 사회보장 프로그램의 확대 문제를 겪게 될 것이다. 이런 측면에서 이미 인구가 감소하는 일본은 우리의 미래처럼 보인다. 이런 변화는 소비자, 고객, 근로자 그리고 이해 당사자로서 노인에 대한 우리의 사고방식을 바꾸기 위한 직관의 재조정을 필요로 한다.

경제 성장과 출산율 하락의 관계

세계 각국의 경험에 따르면 국가가 부유해지면 국민의 출산율은 하락한다. 경제가 발전하면서 국민이 자발적인 산아제한을 할 가능성이 높아지기 때문이다. 여성이 더 많은 선택권을 갖게 되고 부모도 더 이상 자녀를 경제적 필요로 생각하지 않는다. 높은 유아 사망률에 대한 대비책으로 많은 자식을 원하는 가정도 줄어든다. 일반적으로 국가가 더 부유해지면 여성이 일생 동안 출산하는 아이의 수도 감소한다. 예를 들면 독일 여성이 가임기간 동안 출산한 아이의 수인 총 출산율은 1.4명인 반면 니제르, 소말리아, 말리 같은 국가에서는 6명이 넘는다.[8] 최근의 연구에 따르면 이런 출산율 추세는 이민자가 많은 일부 소득이 높은 국가나 (예를 들어 영국은 출산율이 1.96이다) 가정이 육아와 일을 병행할 수 있는 정책을 실행하는 국가에서 제한적으로 역행하고 있다.

하지만 출산율이 하락하는 장기적 추세는 유지될 가능성이 높다.[9]

　30년 전에는 세계 인구의 일부에 해당하는 몇몇 국가만 세대교체에 필요한 출산율을 밑돌았다. 세대교체를 통한 인구 유지에 필요한 여성 1명의 출산율은 선진국의 경우 2.1명이고 개발도상국에서는 2.5명으로 나타났다.[10] 1970년에 멕시코와 사우디아라비아의 여성 1인당 출산율은 7명을 기록했고 인도와 브라질, 인도네시아는 5명을 기록하는 등 개도국에서 인구 증가는 출산이 주도했다.[11] 출산율이 낮은 선진국에서는 이민이 인구 증가의 주 원인이었다. 1960년대부터 2012년 사이에 영국 전체 인구에서 이주민 자녀가 차지하는 비중은 3%에서 12%로 4배 증가했다. 같은 기간 미국에서는 이주민 자녀가 6%에서 14%로 2배 이상 증가했고 캐나다와 프랑스에서는 0.5배 증가했다.[12] 하지만 2014년에는 경제 발전 덕분에 세계 인구의 60%가 출산율이 인구 유지 비율보다 낮은 국가에 살고 있다.[13] 여기에는 대부분의 선진국과 중국(1.5명), 브라질(1.8명), 러시아(1.6명) 베트남(1.8명)과 같은 일부 개발도상국가도 포함된다.[14] 순유입 이민도 세계 19개 경제 대국 가운데 멕시코를 제외한 18개국에서 감소할 것으로 예상된다.[15]

　2006년 알폰소 쿠아론Alfonso Cuaron 감독의 〈칠드런 오브 맨Children of Men〉은 아이의 출산이 거의 불가능하거나 기적인 암울한 미래를 그렸다. 상황이 그 정도는 아니지만 거의 모든 유럽 국가에서 출산율은 세대교체 비율 이하로 떨어졌다. 유럽연합 전체적으로 2040년까지 인구는 5% 정도 증가한 다음 감소할 것으로 예상된다.[16] 유럽위원회는 매우 낮은 인구 증가율을 기록하고 있는 독일의 경우 2060년이 되면 인구가 19% 감소할 것으로 추정하고 있다.[17] 독일의 생산가능인구는

90
—
91

급속하게 증가하고 있는 세계 인구의 노인 비율
: 연령층에 따른 세계 인구(1950–2050년), %

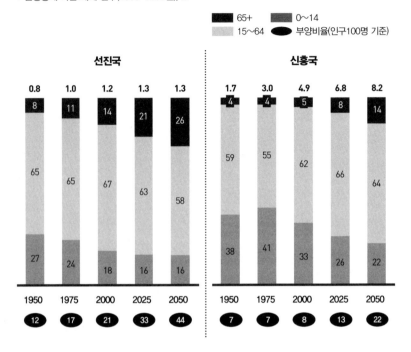

범례:
- 65+
- 0~14
- 15~64
- 부양비율(인구100명 기준)

선진국

1950	1975	2000	2025	2050
0.8	1.0	1.2	1.3	1.3
8	11	14	21	26
65	65	67	63	58
27	24	18	16	16
12	17	21	33	44

신흥국

1950	1975	2000	2025	2050
1.7	3.0	4.9	6.8	8.2
4	4	5	8	14
59	55	62	66	64
38	41	33	26	22
7	7	8	13	22

주 : 노인인구 부양비율 = 15~64세 생산가능인구에 대한 65세 이상 인구 비율
출처 : UN 인구데이터, 맥킨지 글로벌 연구소 분석

2010년에 5,400만 명에서 2060년에는 3,600만 명으로 감소할 것으로
예상된다.[18]

독일은 러시아, 터키, 아프리카 등에서 이주민을 받아들여 인구 감소
속도를 늦출 수 있었다. 하지만 모든 국가가 새로운 이주민을 받아들일
수 있는 문화와 경제력을 가지고 있는 것은 아니다. 출산율이 낮은 여
러 유럽 국가들은 젊은이들이 돈을 벌기 위해 다른 곳으로 떠나면서 이
미 심각한 인재유출 사태를 경험하고 있다. 발트 해와 흑해를 둘러싼
유럽 국가들은 이미 인구가 감소하고 있고 앞으로 수십 년 안에 유령

도시로 변할 수 있다. 불가리아의 인구는 2060년이면 27% 정도 감소할 것으로 예상되고 라트비아, 리투아니아, 루마니아의 인구도 비슷한 정도로 감소할 가능성이 높다.[19] 그러나 영국은 예외다. 영국은 2060년이 되면 이민 가정의 높은 출산율과 상대적으로 높은 이주민 비율 때문에 독일을 제치고 유럽연합에서 가장 인구가 많은 국가가 될 수도 있다. 인구가 줄어드는 것은 단지 유럽만의 문제는 아니다. 아프리카를 제외한 모든 대륙에서 인구 증가의 정점은 이미 지났다. 연간 평균 인구 증가율은 1964년부터 2012년까지 1.43%에서 향후 50년 동안에는 0.25%까지 떨어질 수도 있다. 이런 추세는 세계의 경제와 정치에 상당한 영향력을 미칠 것이다.[20]

인구 고령화가 시작되었다

두드러지지만 주목받지 못하는 트렌드 변화 시대의 특징은 추세를 바꾸는 요인이 훨씬 빠르고 큰 규모로 변화를 만들어내고 증폭하는 방향으로 작용한다는 것이다. 우리는 이미 도시화와 기술적 변화를 통해 이런 사실을 경험했다. 이런 역동성은 인구학적 측면에서도 동일하다. 출산율이 전반적으로 하락하는 동시에 평균 기대수명은 늘어나고 있다. 다시 말하면 상대적으로 새로운 사람들은 태어나지 않는 반면 이미 수십 년 전에 태어난 사람들이 훨씬 더 오래 산다는 것이다. 세계적인 기대수명 증가는 제2차 세계대전 이후 가장 희망적인 소식 가운데 하나다. 전 세계의 평균 기대수명은 1950~1955년에는 47세였지만 지

이민과 정책의 변화가 없다면 노동력은 급격하게 감소
: 절대 노동력 감소가 예상되는 국가들

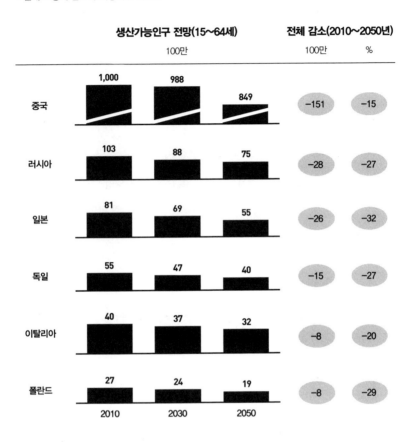

	생산가능인구 전망(15~64세)			전체 감소(2010~2050년)	
	100만			100만	%
중국	1,000	988	849	-151	-15
러시아	103	88	75	-28	-27
일본	81	69	55	-26	-32
독일	55	47	40	-15	-27
이탈리아	40	37	32	-8	-20
폴란드	27	24	19	-8	-29
	2010	2030	2050		

출처 : UN 인구데이터, 맥킨지 글로벌 연구소 분석

금은 69세로 늘어났다. 앞으로 20~30년 후인 2045년과 2050년 사이에는 76세까지 살 것으로 예상된다.[21]

간단히 설명하면 인구학적 구성이 반대로 뒤바뀌었다. 1950년에 선진국은 15세 이하의 어린이가 60세 이상의 노인보다 2배 이상 많았다. 2013년에는 노인이 16~21% 격차로 어린이보다 많은 것으로 나타났다. 이런 추세로 미루어볼 때 2050년이 되면 선진국에서는 노인 인구가 어린이 인구의 2배가 될 것이다.[22] 2014년에 신용평가기관인 무디스Moody's는 65세 이상 노인이 전체 인구의 20% 이상을 차지하는 초고령국가가 독일, 이탈리아, 일본 3개 나라에서 2020년에는 13개로, 2030년에는 34개 국가로 증가할 것이라고 예측했다.[23]

이런 인구 변화는 단지 선진국에서만 발생하는 것이 아니다. 중국은 현재 세계에서 인구가 가장 많은 국가이자 떠오르는 경제 대국이다. 매우 더운 봄날에 여러 무리의 졸업생이 모자를 쓰고 가운을 입은 채 우한의 경치 좋은 곳에서 사진을 찍고 있다. 우한에는 수십 개의 고등교육기관이 있고 학생 수가 120만 명에 달하는 내륙의 교육도시다.[24] 하지만 서로 다른 이유로 우한과 중국의 다른 지역은 유럽과 비슷한 인구학적 문제를 겪고 있다. 중국의 평균 연령은 37세로 미국과 비슷한 수준이다.[25] 전체 중국 인구에서 55세 이상의 비율은 현재의 26%에서 오는 2030년에는 43%로 증가할 전망이다.[26] 중국은 향후 다가올 고령화의 추세를 '4:2:1 문제'라고 부르고 있다. 지금의 성인 자녀 1명이 2명의 부모와 4명의 조부모를 모셔야 한다는 의미다. 2040년이 되면 중국에서는 전 세계 모든 선진국의 치매환자를 합친 것보다 더 많은 치매환자가 발생할 것이다.[27] 노동집약적 업무를 담당하는 수많은 근로자로 구성된 세계의 공장이 시간이 흐르면서 세계의 양로원으로 전락한다는 뜻이다.

순수한 인구 변화 외에도 기술의 발전이 고령화 추세를 강화시킬 것이다. 새로운 기술이 사람을 더 건강하고 오래 살게 만들면서 앞으로 10년 동안 평균 기대수명은 크게 늘어날 것으로 예상된다. 예를 들면 염기서열 분석 기술, 빅데이터 분석 그리고 유기체를 변형할 수 있는 기술이 결합된 차세대 유전체학genomics 덕분에 생물학에 대한 인간의 통제력이 더욱 커질 것이다. 또 유전체학의 발전은 현재 1년에 2,600만 명의 생명을 빼앗아가는 암과 심장 질환을 치료하는 데도 도움을 줄 것이다.[28] 암 전문가에 따르면 유전체학 기반의 진단과 치료 덕분에 2025년에는 환자의 수명이 6개월에서 2년 정도 더 늘어날 것으로 추정된다.[29] 여기에 더해 책상 위의 작은 기계들이 유전자 분석을 의사의 일상 업무로 만들고 3D 프린터를 통해 의사는 생물학적 구조물이나 인공 장기를 만들 수 있게 될 것이다. 마지막으로 소재 과학의 발달은 약물 투여를 위한 나노물질의 개발로 이어질 것이다.

노동인구의 감소와 고령화가 미치는 영향
:

출산율 감소, 인구 증가율 둔화 그리고 인구의 고령화는 미래의 노동력에 심각한 영향을 미칠 것이다. 신규 노동력의 시장 진입 속도는 점점 느려질 것이다. 그리고 나이 든 사람들은 지금보다 더 장기간 일을 해야 할 수도 있다. 그 결과 노동인구의 정의 자체도 현재의 20세에서 64세까지에서 65세 이상의 인구까지 포함하는 것으로 바뀔지도 모른다.

"당신의 마음이 항상 즐겁기를, 항상 당신의 노래를 들을 수 있기를, 그리고 언제나 젊음을 유지하기를 바랍니다."

최근에 노벨문학상을 수상한 밥 딜런Bob Dylan의 〈포에버 영Forever Young〉의 노래 가사다. 믿기 어렵겠지만 탁한 목소리를 가진 음유 시인

밥 딜런은 1941년생(2016년 현재 76세)이다. 그는 아직도 세계를 돌아다니면서 공연을 한다. 2014년 7월 70세가 된 할아버지 믹 재거Mick Jagger는 아직도 가죽 바지를 입고 무대를 활보한다. 야구선수 제이미 모이어Jamie Moyer는 49세까지 투수로 활약했다. 미국 대법원의 판사들은 80대까지 일한다. 이들의 평균 나이는 64세다.[30] 앞으로 다가오는 시대에는 유명인이나 높은 지위의 직업만이 아니라 평범한 직업에서도 이런 현상이 보편화될 것이다.

그 이유가 무엇일까? 현재의 추세와 정의를 토대로 세계의 노동인구 성장률은 1990년에서 2010년 사이 연간 1.4%에서 2030년에는 연간 1%로 감소할 것이다.[31] 1964년에 생산가능인구(15세~64세)는 전체 인구의 58%를 차지했고 2012년에는 68%로 증가하면서 정점에 이르렀다.[32] 하지만 앞으로 50년 동안 생산가능인구는 61%로 하락하는 반면 전체 인구에서 65세 이상 노인 인구의 비율은 2012년 9%에서 23%로 증가할 것이다.[33] 중국의 경우 전체 인구의 70%가 생산가능인구로 세계 최고 수준을 기록하고 있다. 하지만 2013년 1월 중국 통계국은 2012년의 생산가능인구가 실제로는 감소했다고 발표했다. 또 중국 인구가 고령화되면서 근로자 인구의 비율은 2030년이 되면 67%로 하락할 것이라고 밝혔다. 우리는 선진국에서는 2030년까지 3,000만명의 근로자가 증가할 것으로 예상하고 있다. 이는 2010년보다 6% 증가한 것이다.[34] 무디스는 2015년에서 2030년 사이에 세계의 생산가능인구가 2001년부터 2015년 사이 증가율의 절반에 불과할 것으로 예측하고 있다.[35] 생산가능인구 증가는 대부분 미국, 영국 그리고 캐나다 등 소수 국가에서 발생할 것이다.

기대수명의 증가와 낮은 투자수익률은 고령 근로자의 은퇴 시기가 늦어진다는 의미다. 일하는 사람은 줄고 연금을 받는 사람은 증가하는 인구구조 때문에 정부는 은퇴 나이를 높일 수밖에 없는 압박을 받게 될 것이다. 그래서 세계적으로 노동인구 가운데 55세 이상의 고령 근로자의 비중이 2014년의 14%에서 2030년에는 22%로 증가할 것으로 예측된다. 노동인구의 고령화는 선진국과 중국에서 급격하게 진행될 것이다. 고령 근로자의 비율은 선진국과 중국이 각각 27%와 31%까지 증가할 것이다.[36]

구조적 변화가 필요하다

이런 인구구조 변화는 이미 오래전부터 예측된 것이지만 세계 각국은 지금 고령화 문제와 씨름하고 있다. 가족 보조금으로 1년에 2,650억 달러를 사용하는 독일은 출산율을 높이기 위한 문화적 태도 변화에 상당한 어려움을 겪고 있다.[37] 한 연구에 따르면 중국의 낮은 출산율은 정상으로 회복된다 하더라도 단기간에는 어려울 것으로 예상된다.[38] 북유럽 국가와 일본, 러시아를 포함한 많은 국가의 경우 효과적으로 인구구조를 변화시킬 수 있는 방법인 이민이 문화적으로나 사회적으로 문제가 되고 있다. 노동인구의 감소와 고령화는 현대 역사에서 전례가 없을 뿐만 아니라 우리 모두에게 큰 영향을 미칠 것이다. 은퇴예정 인구가 생산가능인구보다 2배 이상 빠른 속도로 증가할 것이다. 이 때문에 점점 더 적은 근로자가 노인 인구를 부양하게 될 것이다.[39] 앞으로 20년 동안 전체 은퇴자 수는 3억 6,000만 명에 이를 것으로 예측된다.[40] 예상 은퇴자 가운데 약 40%는 선진국과 중국에서 나올 것이다. 이들 가운데 약 3,800만 명은 숙련된 기술을 가진 대졸 근로자다.[41] 고령화 추세는 연금펀드에 압박이 될 뿐만 아니라 세계적으로 저축에도 영향을 미쳐 새로운 재정 문제를 일으킬 것이다.[42] 2013년 S&P 보고서에 따르면 정책적 변화가 없을 경우 인구 고령화와 관련된 지출 때문에 선진국의 평균 정부 부채 증가는 현재 40% 이하에서 2050년에는 GDP의 190%로 증가할 것으로 나타났다.[43] 현재 연금 부족 문제로 일리노이 주에서 벌어지고 있는 미국의 주 정부와 시 정부 사이의 갈등은 앞으로 벌어질 더 큰 갈등의 전초전에 불과하다.

사회보장과 연금 체계를 갖추고 있는 국가에서도 비용이 문제가 되고 있다. OECD 연구에 따르면 30개 선진국에서 남성의 평균 연금 수령 나이가 1950년대 초 64.3세에서 1990년대 초에는 62.5세로 2년 정도 젊어진 것으로 나타났다.[44] 여성의 경우 같은 기간 평균 연금 수령 나이는 62.9세에서 61세로 하락했다. 하지만 이런 추세는 바뀌었다. 1990년대 중반 이후 14개국이 남성의 평균 연금 수령 나이를 상향 조정했거나 높일 계획을 가지고 있다. 그리고 18개국이 여성의 연금 수령 나이도 높였거나 높일 계획이다. 향후 40년 동안 OECD 국가의 절반 정도가 연금 수령 나이를 높일 계획이다. 하지만 OECD의 지적처럼 평균 기대수명도 높아지고 있기 때문에 이런 대책은 단지 현상 유지를 위한 것일 뿐이다. 영국의 연금 개혁을 위한 터너 위원회The United Kingdom's Turner commission는 국가 연금의 수령 나이를 70세로 올릴 것을 제안했다.[45]

전직 직원에 대한 은퇴기간을 연장하는 문제에 직면한 민간기업은 확정급여형defined-benefit 연금 체계를 변경하고 있다. 선진국은 1980년에 시작해서 2000년대에 가속화되고 있는 확정기여형defined-contribution 연금 체계로 이동하고 있다.* 1980년에서 2008년 사이에 확정급여형 연금에 가입한 근로자 비율이 32%에서 20%로 하락했다. 그리고 2013년에는 16%로 급락했다. 반면 확정기여형 연금에 가입한 근로자 비율은 1980년 8%에서 2013년에는 42%로 증가했다.[46] 많은 기업에서 확정급여형 연금을 동결했고 대부분의 다른 조직도 향후 수년 안에 확정급여형 연금을 동결하거나 계약을 해지할 것으로 예상된다.[47]

많은 노인이 재정적 압박 때문에 은퇴에 대한 태도를 바꾸고 있다. 미국에서 50세 이상 사람에 대한 조사 결과 응답자의 약 3분의 1이 은퇴 이후에도 급여를 받는 일을 해야 할 가능성이 매우 높다고 대답했고 28%는 그럴 가능성이 어느 정도 높다고 답한 것으로 나타났다. 하지만 5명 가운데 1명은 은퇴 나이가 되기도 전에 직장에서 이미 나이에 따른 차별을 경험했다고 답했다. 그리고 은퇴 이후에 일자리를 찾았던 사람들 가운데 상당수는 취업이 어렵다고 응답했다.[48]

---

*확정급여형 연금은 기업주가 은퇴한 직원에게 은퇴 시점 급여의 일정 부분을 평생 동안 지급하는 것이다. 반대로 확정기여형 연금은 기업주가 근로자의 연간 급여의 일정 부분을 퇴직연금 계좌로 납입하는 것이다. 확정급여형과 확정기여형 연금은 각각의 다양한 특징이 있지만 근본적으로 확정급여형 연금은 재정적인 위험을 고용주나 연금 관리자에게 전가하는 반면 확정기여형은 근로자가 책임지는 것이다.

어린이 대비 증가하는 은퇴자 비율(1950~2050년)
: 어린이 10명당 은퇴자 수

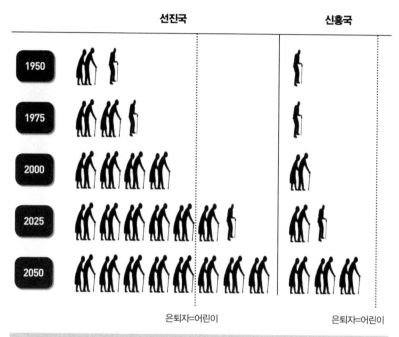

주 : 어린이에 대한 은퇴자 비율=15세 미만 어린이에 대한 65세 이상 인구 비율

출처 : UN 인구데이터, 맥킨지 글로벌 연구소 분석

고령화에 적응하는 기업

경영자 입장에서는 직원과 고객의 고령화 추세를 손 놓고 지켜볼 수만은 없다. 새로운 현실에 대한 적응은 기업의 운영 방식, 고객, 직원 그리고 이해 당사자를 관리하는 방식에서 일부 근본적인 변화가 필요하다. 의료산업은 이런 인구 변화의 전면에 서 있다. HCA^{Hospital}

Corporation of America 같은 기업에게 고령화는 양날의 칼이다. 노인의료보험 수혜자의 증가와 늙어서 생기는 일반적인 건강 문제로 고통 받는 미국인의 증가는 165개 종합병원과 113개 독립적 병원에서 수익을 늘려줄 것이다. 하지만 고령화 추세가 계속될수록 숙련된 전문 인력은 회사를 나가게 될 것이다. 은퇴하는 간호사는 적어도 35년의 노하우를 가지고 있다. 이런 경험은 응급 상황에서 매우 중요하다. HCA는 유연근무제를 도입하면 고령 근로자를 더 장기간 근무하게 할 수 있다는 사실을 알게 되었다. 그래서 간호사는 필요할 때면 언제든지 풀타임 근무를 하지 않을 수도 있다. 풀타임 근무에서 오는 장시간 근무와 스트레스를 피하면서 계속해서 돈을 벌 수 있기 때문이다.[49]

고령 근로자에 대한 대응책

고용주는 오랫동안 젊은 인력에 집중했다. 20대 후반의 실리콘밸리 경영자들조차 자신의 전성기가 지났다고 느끼곤 한다. 근로자가 나이 들수록 급여는 점점 많아진다. 그래서 구조조정 시기에 가장 먼저 해고되기도 한다. 하지만 고령화 사회에서 고용주는 이런 직관을 바꿔야 한다. 고령 근로자를 고비용 대상자가 아닌 자산과 자원으로 인식해야 한다. 고용주는 인재의 바다에서 가장 인재가 많은 곳과 깊은 곳에서 물고기를 잡고 싶어한다. 인구구조가 변하면서 숙련되고 교육 수준이 높고 재능 있고 경험이 많은 사람은 깊은 바다에 몰려 있다.

역사적으로 볼 때 고용주와 근로자의 사고방식은 흑과 백처럼 완전히 달랐다. 근로자는 더 이상 회사를 위해 일할 수 없을 때까지 매일 사무실에서 직원으로 일한다. 고용주는 고용의 조건을 지시하는 데 익숙한 반면 노동조합은 정규직 직원을 대신해 협상하는 데 익숙하다. 하지만 기술, 가상공간의 근무, 인구구조 변화는 이런 패러다임을 바꿔 놓을 수 있다. 고령 근로자와 정규직에 매력을 느끼지 못하는 근로자를 끌어들이기 위해 기업은 더 적극적으로 고령화의 그늘에 대응해야 한다. 고령 근로자에게 매력적인 몇 가지 정책이 직원과 기업의 유대 관계를 강화하는 데 도움이 될 수 있다.

일본에서 나이에 근거한 퇴직 프로그램을 운영하고 있는 도요타 자동차는 퇴직 근로자가 도요타 본사나 계열사에서 일자리를 찾을 수 있게 도와주는 재고용 프로그램을 도입했다. 도요타 자동차는 이 프로그램을 통해 퇴직자의 절반을 재고용하고 있다. 이를 통해 기업은 생산의 유연성을 유지하고 숙련노동자의 기술과 경험을 보유할 수 있다. 이에 대한 반대급부로 퇴직한 직원은 일정한 소득과 사회적 교류 그리고 비정규직으로 자신의 기술을 계속해서 활용하는 기회를 얻게 된다.[50]

이런 정책은 나이 든 직원의 기술 활용과 제약 극복에 적합한 경력 개발에 점점 더 중요해지고 있다. 프랑스에서 악사Axa는 일반 직원들, 특히 나이 든 직원들을 대상으로 사내에서 전직을 권장하는 캡 메티에 Cap Metiers 프로그램을 도입했다. 악사는 고객과 직접 대면하지 않는 부서의 직원이 직무를 바꾸고 싶어하면 일자리를 보장하고 직업 훈련을 시킨다. 상당수의 고령 직원을 포함해 직원의 30%가 이 프로그램의 초기 몇 년 동안 직무를 바꿨다. 해마다 55세 이상의 직원 수를 5% 늘리기로 결정한 전자 시스템 회사인 탈레스Thales는 45세 이상 직원에게 체계적인 경력 검토를 통해 경력 계발을 도와주는 통합 정책을 도입했다. 탈레스는 이를 통해 직업 훈련과 멘토를 개발하고 일과 은퇴 사이

의 전환을 관리하고 있다.[51]

또 다른 중요한 정책은 고령 근로자의 유지와 역할의 재정의 그리고 최신 기술을 습득하도록 도와주는 구체적인 훈련 프로그램을 제공하는 것이다. 영국의 에너지 기업인 브리티시 가스British Gas는 교육과 견습 프로그램에 참여할 수 있는 나이 제한을 없앴다. 그 이후 견습생과 훈련생의 평균 나이가 올라갔고 57세의 훈련생도 참가했다. 브리티시 가스는 또 고령의 직원이 젊은 직원의 멘토로 활동할 것을 적극 권장하고, 고령의 근로자와 멘토를 지원하기 위해 사내 관행도 탄력적으로 적용하고 있다.[52]

베이비붐 세대가 늙어가면서 노동력 부족을 걱정하는 미국의 일부 기업은 고령 근로자가 겨울에 미국의 북동부와 중서부에서 플로리다와 남서부로 이동하는 이주 패턴에 맞게 인적 자원의 수급을 조정했다. 미국의 대형 약국 체인인 CVSconsumer value store 헬스 노무 담당 이사인 스티브 윙Steve Wing은 나이 든 근로자를 채용하고 유지하는 방법을 배우지 않으면 사업을 할 수 없다는 사실을 깨달았다고 말했다. 그래서 CVS헬스는 뉴잉글랜드의 약사, 사진 관리자 그리고 화장품 판매원이 겨울에는 플로리다의 매장에서 일할 수 있도록 하는 스노우버드 프로그램Snowbird Program을 개발했다. 스노우버드 프로그램은 만족도가 높아 해마다 1,000명 이상의 직원이 참가하고 있다. CVS헬스의 고령 근로자 유지 비율이 동종업계의 평균보다 30% 이상 높은 것은 결코 놀라운 일이 아니다.[53]

고령 인구에 대한 마케팅

고객과 접촉하는 기업은 25세에서 54세 사이의 소비자에게 관심이 많다. 기업의 전략가들은 소비자가 젊어서 선호도를 형성하기 시작할 때 이들을 붙잡을 세밀한 계획을 수립하고 소득과 소비가 정점에 이를 때까지 그 선호도를 유지하려고 노력한다. 하지만 소비자가 50대에 이르면 관심이 없어진다. 하지만 미래에는 나이 든 소비자가 시장의 상당 부분을 차지하고 더 오랫동안 구매력 있는 소비자가 될 것이다. 더 많은 고령 근로자가 더 오래 일하게 되면 그들의 가처분 소득이 더 늘어날 확률이 높다. 이런 고령 소비자의 선호도와 요구가 변하면서 기업도 기존의 시각을 바꿔야 이들의 욕구를 충족시킬 수 있다.

예를 들면 은퇴라는 어려운 시기를 앞두고 있는 사람은 비용에 대한 관심이 많아진다. 프랑스에서 50~54세 가구의 연간 구매력과 70~74세 가구의 연간 구매력 차이는 평균 1만 8,000유로다. 2030년에는 구매력 격차가 2만 2,000유로로 증가할 것으로 보인다.[54] 나이 든 소비자는 구매 전략을 바꿔야 하는 상황에 직면해 있다. 현직 근로자는 온라인에서 유명 상표의 상품을 싸게 사는 것에 관심이 많은 반면 은퇴자는 슈퍼마켓의 자체 상표 상품을 구매함으로써 가치를 추구하는 경향이 있다.[55]

또한 나이 든 소비자는 은퇴를 하게 되면 집, 외식, 그리고 옷에 대한 지출을 줄이는 대신 집에서 해먹는 음식, 의료비 그리고 가전제품에 대한 지출이 증가한다. 노인 소비자가 자유롭게 이동하고 독립적으로 살 수 있는 욕구를 충족시키는 상품과 건강에 관심이 많다는 점은 특히 중요하다. 노인 소비자의 욕구를 충족시켜주는 상품과 서비스 시장은 빠르게 성장할 것이다. 예를 들면 덴마크의 다논은 최근에 스페인에서 골밀도를 높여주는 '덴시아Densia'라는 제품을 출시했다. 다논은 프랑스 등 다른 유럽 시장에도 덴시아를 출시할 계획이다.[56]

새로운 세대가 빠르게 성장하는 시장에서 살아남기 위해서는 과거의 접근법에 의존하기보다는 이들의 욕구를 충족시키는 일이 중요해질 것이다. 중국처럼 빠르게 성장하는 국가에서는 이런 전략이 특히 중요하다. 현재의 인구구조 변화 추세가 지속되면 중국은 지금부터 2020년 사이에 1억 2,500만 명의 새로운 고령 소비자가 생겨날 것이다. 이들의 소비 행태는 문화 혁명을 경험하고 꼭 필요하지 않은 상품에 거의 돈을 쓰지 않는 (예를 들면 이들은 의류에 소득의 단 7%만을 사용한다) 지금의 은퇴 세대와는 다를 것이다. 사실 최근 중국의 소비자 조사에 따르면 2020년이 되면 나이 든 세대가 될 45~54세의 중국 소비자의 소비 행태는 기본 생활비 외에 재량 지출discretionary spending(기초 생활비 외의 지출 - 옮긴이)을 많이 하는 34~45세 사이의 소비자와 더 유사한 것으로 나타났다. 기업은 나이 든 소비자가 무엇을 원하는지 다시 생각해볼 필요가 있다.[57]

전통적 가족구조의 해체는 공동체와 디지털 연결성을 추구하는 노인에게 큰 영향을 미칠 것이다. 온라인 플랫폼과 다양한 혁신이 혼자 사는 노인의 소외 문제에 대처할 수 있을 것이다. 엘더트렉스ElderTreks는 공동체 의식에 대한 욕구를 활용해 노인에게 휴가 여행을 제안하고 있다.[58] 인도의 토머스쿡Thomas Cook은 60세 이상의 부유한 인도 여행자를 대상으로 편리한 교통, 여유 있는 일정 그리고 특별한 음식을 갖춘 '실버 브레이크스Silver Breaks'라는 여행 상품을 출시했다.[59] 나이 든 고객이 노트북과 스마트폰 등 기술에 더 익숙해지면서 노인층이 기술 분야의 중요한 성장 동력이 될 것이다. 싱가포르의 이동통신 회사인 싱텔Sing Tel은 오래된 아이폰을 기부받아 노인 사용자를 위한 앱을 설치하고 1년 동안 통화와 데이터를 후원하는 '프로젝트 실버라인Project Silverline'을 개발해 고령화 추세에 대응했다.[60]

제품에 대한 인지도를 높이려는 광고 전략도 이런 추세에 맞게 바뀔 필요가 있다. 노인 고객을 상대로 한 이해하기 쉬운 광고는 심야 TV 토크쇼 농담의 단골 메뉴였다. 박수 소리로 켜고 끄는 전등, 성인용 기저귀, 역모기지 상품은 1970년대 코미디 〈해피 데이즈Happy Days〉에서 항상 긍정적이고 쿨한 성격의 폰즈 역을 했던 헨리 윙클러 같은 노인 스타를 광고 모델로 기용했다. 하지만 추세 변화를 눈치 챈 기업은 점점 더 정교하고 미묘한 암시를 포함한 마케팅 전략을 활용하고 있다.

2007년에 유니레버의 도브Dove는 54~63세의 여성 소비자를 대상으로 한 체취 제거제, 모발 제품 그리고 피부용품의 상표인 프로 에이지Pro-Age를 출시했다. 이 제품의 광고에는 흰 머리와 주름 그리고 검버섯이 있는 나이 든 나체 모델을 출연시켰다. 이 광고 가운데 하나는 유튜브에서 250만 번이나 조회됐다.[61] 고령화되는 베이비붐 세대의 욕구와 노인 브랜드라는 이미지 문제에 대응하기 위해 킴벌리 클라크Kimberly Clark는 2011년부터 2013년까지 요실금 제품 브랜드인 디펜드Depend의 이미지를 개선하는 광고를 만들었다. 이 광고에는 요실금 증상을 기꺼이 이야기하고 디펜드가 활동적인 생활에 얼마나 적합한지를 보여주는 유명인이 출연했다. 광고 모델에는 여배우 리사 린나Lisa Rinna와 프로 미식축구 선수 등 젊고 전혀 예상치 못한 유명인사도 포함돼 있었다.[62]

노인을 위한 상품과 서비스
:

똑똑한 마케팅 책임자는 소비자의 인구구조 변화와 다른 중요한 특성에 따라 핵심 시장을 세분해왔다. 세계적으로 기업, 비영리단체 그리고 공공기관이 실버 세대에 적합한 상품과 서비스를 개발하고 평생 동안 지속되는 고객의 가치에 관해 혁신적 방법으로 고민하고 있다. 젊은이가 기업의 주요 고객인 것은 변함없지만 앞으로는 노인도 점점 더 대접을 받아야 한다.

도시와 사회복지에 대한 계획도 노인 고객을 염두에 두고 다시 생각해야 할 것이다. 조만간 공동생활 공간, 개조된 아파트, 편리한 의료서비스, 전기 골프 카트를 타고 이동이 가능한 사회기반시설 등이 갖추어진 주택 개발이 대세가 될 것이다. 1980년대 이후 고령화가 국가적 문제가 된 싱가포르에서는 '시티 포 올 에이지City for All Age' 같은 프로젝트와 결합된 대중교통과 주택 정책이 노인 인구에 적합한 지역사회를 만들고 있다.[63] 젊은 인구가 많은 것으로 알려진 인도에서조차 고령화 문제가 불거지고 있다. 인도에는 이미 60세 이상의 인구가 1억 명을 넘는다. 유엔은 2050년에는 인도의 노인 인구가 3억 명을 넘어설 것으로 예측하고 있다.[64] 2011년에는 작지만 빠르게 성장하는 노인지역사회를 목표로 한 기업의 모임인 인도 노인생활협회Association of Senior

Living in India가 처음으로 설립됐다.[65] 타타 하우징Tata Housing과 맥스 인디아 그룹Max India Group 같은 부동산 개발업체는 노인을 위한 주거 단지 개발 계획을 발표했다.

유통, 의료, 기술, 금융, 레저 관련 기업은 실버 시장을 위한 맞춤 서비스와 상품을 개발하는 데 앞장서고 있다. 이 분야에서는 일본이 선도적 역할을 하고 있다. 쇼핑몰은 대개 10대와 젊은이에게 맞춰 설계한다. 하지만 2012년에 유통 대기업인 이온Aeon은 치바千葉 현의 후나바시船橋에 노인을 위한 쇼핑몰을 개장했다. 이것은 이온이 소유한 157개의 쇼핑몰 가운데 상당수의 쇼핑몰에 1조 1,800억 달러의 구매력을 가진 실버 소비자를 끌어들이기 위한 최초의 노력이었다.[66] 이 쇼핑몰의 에스컬레이터는 보통의 속도보다 느리게 움직이며, 건강검진을 받을 수 있고 큰 글자로 표시된 가격표가 붙어 있는 식품을 살 수 있다. 단지 새로운 친구를 만나고 싶은 사람을 위해 '비긴스 파트너 프로그램Begins Partner program'이라는 데이트 서비스도 제공하고 있다. 쇼핑몰을 개장하는 날에 5,000명이 대기했던 이유 가운데 하나가 바로 이 프로그램 때문이었을 수도 있다.[67]

은행에서도 노인 친화적 맞춤 상품과 서비스가 일반화되고 있다. 전화, 온라인, 현금인출기, 터치로 작동하는 기기가 고객의 시력, 청력 그리고 접근성에 맞게 개선되고 있다. 캐나다의 경우 TD 캐나다 신탁TD Canada Trust은 실버 고객이 쉽게 인터넷을 사용하고 문자와 소리 크기를 조정하거나 즉각적인 도움을 받을 수 있도록 TV 리모콘과 비슷한 툴바를 개발했다. 브라질의 브라데스코 은행Banco Bradesco은 청각 장애가 있는 고객을 위한 전화를 제공하고 있다. 독일의 도이치방크Deutsche

Bank는 자동 현금입출금기에 실버 세대 및 장애가 있는 고객이 이용에 불편함이 없도록 점자와 음성 안내 기능을 내장했다.[68] 고령화 맞춤 투자, 건망증이나 치매 고객을 위한 사기 예방 서비스가 앞으로 10년 안에 중요한 서비스로 자리 잡을 가능성이 높다.

2013년에 아마존은 영양, 건강, 운동, 의료, 개인용품 등을 취급하는 '50 플러스 액티브 앤드 헬시 리빙 스토어50+Active and Healthy Living Store'를 개설했다. 아마존은 50세 이상 고객에게 활동적이고 건강한 생활에 필요한 수십만 가지의 상품을 쉽게 찾을 수 있는 곳을 제공하기 위해서라고 밝혔다.[69] 영국의 사가Saga는 보험과 여행에서 건강과 데이트에 이르는 다양한 요구를 충족시키기 위해 50대 이상 소비자를 위한 전용 상품과 서비스를 만들었다. 2014년 말에 사가는 270만 명의 고객을 확보하고 시가총액이 17억 파운드(약 2조 3,000억 원)에 달하는 회사가 되었다.[70] 이스라엘의 코그니피트CogniFit는 노인이 인지 능력을 평가할 수 있도록 도와주는 두뇌 훈련 프로그램을 개발해 개인화된 두뇌 훈련을 제공하고 있다. 이 프로그램은 모바일 앱을 통해 전 세계로 빠르게 확산되고 있다.[71]

기술 분야에서 일본의 후지츠는 실버 세대에 초점을 맞추고 광범위한 혁신을 추진해왔다. 2013년에 후지츠는 '라쿠라쿠Raku-Raku'라고 불리는 2세대 노인용 스마트폰을 출시했다. 라쿠라쿠는 안드로이드 스마트폰으로 노인이 사용하기 쉽게 만들어졌다. 터치스크린은 버튼과 비슷하고 스크롤은 위아래 방향만 가능하며 문자와 아이콘은 이중초점 안경 없이도 선명하게 볼 수 있도록 큼직하다. 라쿠라쿠는 상대방의 통화 음성 속도를 늦출 수도 있다. 2011년에 2,000만 대 이상의 판매 실적을 올린 후지츠는 프랑스 등 다른 국가에서도 현지 제휴를 통해 라쿠라쿠를 생산했다.[72] 후지츠는 또 2014년에 노인이 어디로 가고 있는지를 알 수 있고 위치 추적이 가능한 내비게이션 시스템이 내장된 지팡이를 시제품으로 만들었다. 미래의 지팡이는 심장 박동과 체온을 관찰하고 필요할 경우에 도움을 요청하는 기능도 갖추게 될 것이다.[73]

이 지팡이는 아직 완성된 것은 아니지만 강력한 상징성을 가지고 있다. 지팡이는 대부분의 소비자가 평생 동안 피하고 싶어하는 수동적인 도구다. 지팡이가 육체의 쇠약을 의미하기 때문이다. 하지만 시장의 변화와 발전을 따라가는 기술은 우리의 사고방식을 바꿔놓았다. 지팡이 기술은 예방적이고 매우 유용하며 오명을 씌우지 않고 힘을 준다. 다시 말해 이 지팡이에는 능력이 있다.

///////////////////////

마케팅, 상품 그리고 서비스를 실버 세대에 맞추는 것 외에도 기업과 조직은 새로운 상품을 개발하고 혁신을 추진해야 한다. 스티브 잡스는 자신이 소비자에게 상품을 보여줄 때까지 소비자는 자신이 무엇을 원하는지 모른다고 말했다. 긴급한 소비자의 욕구에 대한 대응이 종종 상품 개발에서 의미 있는 혁신을 주도하기도 한다. 노인을 위한 상품의 이미지를 근본적으로 바꾸기 위한 인적·금융 자본의 활용은 상당히 큰 실버 배당금을 받게 될 가능성이 높다.

04

현실이 된 나비 효과
: 글로벌 커넥션의 확대

    상하이의 마구잡이식 확산은 과거, 현재, 미래 세계화의 단면을 보여준다. 황푸黃浦강은 19세기에 열강이 건축한 보자르 양식Beaux-Arts의 기업 본사가 밀집된 제방을 지나 반달 모양의 곡선을 그리며 흐르고 있다. 30년 전 만해도 논이 가득했던 강 동쪽의 푸둥浦東은 현대적인 금융 중심지로 변했다. 휘황찬란한 마천루는 엄청난 규모의 자금이 중국으로 들어오고 나가는 관문의 역할을 하는 거대한 금융기관(ICBC, HSBC, 시티그룹, 도이치방크)의 사옥이다. 이곳부터 자기부상열차가 관광객과 비즈니스 종사자를 푸둥국제공항까지 30여 킬로미터 거리를 7분 만에 실어 나른다. 2013년에는 4,720만 명의 승객이 푸둥국제공항을 통해 중국에 입국했다.[1] 바지선이 여전히 상하이 부두 사이를 왕복하지만 진짜 하역 작업은 거대한 양산洋山항에서 벌어지고 있다. 30여 킬로미터에 이르는 둥하이대교東海大橋를 통해 본토와 연결된 세계에서 가장 바쁜 항구인 양산항은 2013년에 3,200만 개의 컨테이너를 운송했

다. 이는 2004년 물동량의 2배가 넘는 양이다.[2]

상하이의 교역은 미국이나 유럽으로 나가는 공산품과 달러와 유로의 교환처럼 단순하지 않다. 상하이의 모든 공항과 항구를 통해 상품과 서비스가 사람들이 주목할 만한 규모와 속도로 오고 간다. 석유는 콩고에서 수입하고 오토바이는 베트남으로 수출한다. 그리고 관광객은 비행기를 타고 파리로 향하고 투자금은 은행을 통해 중국 내륙의 공장으로 흘러 들어가며 뉴욕의 채권을 사기 위해 펀드 자금이 흘러나간다. 이런 활발한 역동성은 글로벌 커넥션의 복잡성, 강도, 속도의 상징이자 사람, 상품, 서비스, 자본 그리고 정보의 흐름을 보여주는 것이다.

이런 추세는 지난 수십 년 동안 강화됐다. 세계와 연관성은 언제나 성장과 함께 증가했다. 하지만 장기적인 추세는 가속화되고 있다. 20세기에 상품은 믿을 수 있는 경로를 통해 종종 느린 속도로 한곳에서 다른 곳으로 이동했다. 21세기에는 상품, 사람 그리고 정보가 종종 소리의 속도로, 때로는 빛의 속도로 빠르게 이동한다. 두 번째 세계화의 물결 속에서 상품, 서비스, 금융 그리고 사람의 국가 간 이동은 급속하게 증가하고 확산되고 있다. 신흥국의 번영과 인터넷과 디지털 기술의 확산에 의해 증폭된 이런 이동은 게임의 본질을 바꿔놓고 있다. 해마다 더 많은 상품, 서비스, 사람, 정보 그리고 자본이 한곳에서 다른 곳으로 이동한다. 이런 상품과 서비스의 이동은 매년 세계 GDP를 15~25% 정도 증가시킨다. 이런 추세가 계속된다면 2025년에는 물자, 사람, 서비스 등의 이동 규모가 3배로 증가할 것이다.[3]

이런 추세를 앉아서 지켜보기만 할 국가와 기업은 별로 없다. 로열 더치 셸Royal Dutch Shell의 북극 프로젝트를 맡고 있는 수석 부사장인 앤 피카드Ann Pickard는 "나는 세계가 훨씬 더 서로 연결돼 있다고 생각한다. 우리는 알래스카에서 원유를 개발하면서 노르웨이와 그린란드도 생각하고 있다. 상호연관성은 절대적으로 중요해지고 있다"고 말했다.[4] 세계 경제의 그물망은 그 어느 때보다 복잡하게 얽혀 있다. 사물, 사람, 돈의 흐름은 기회와 잠재적 위험을 모두 가져다준다. 기업은 그 어느 때보다 더 많은 새로운 고객에게 다가갈 수 있고 새로운 자금을 활용할 수 있으며 새로운 공급과 수요의 원천을 찾을 수 있다. 하지만 세계의 상호연관성이 더 커지면서 국가와 산업 전반에 충격을 전파할 수 있는 경로도 많아졌다. 그 결과 일본의 지진, 우크라이나의 정치 위기 그리고 그리스의 재정 파탄 등 멀리 떨어진 곳에서 발생한 충격이 전 세계에 즉각적인 영향을 미치고 있다. 충격을 받지 않고 이런 흐름을 이용하기 위해서는 앞에서 언급한 상호연관성이 기업에 어떤 영향을 미치는지를 알아보고 당신의 직관을 어떻게 변화시키는지 알아야 한다.

세계화의 새로운 물결, 상품과 서비스 교역

교역의 성장은 컨테이너 수송과 교통 연계망의 생산성이 높아지면서 더 가속화됐다. 오늘날에는 일련의 새로운 기술과 네트워크의 발달이 이런 추세를 더 확산시키고 있다. 신흥국에서의 소비자와 기업의 성장은 세계화 과정을 강화하고 더 심화시키고 있다. 공급 체계가 더 복잡해지고 지리적으로 더 확대되면서 전 세계로 이동하는 상품과 서비스의 양도 전례 없는 속도와 규모로 증가하고 있다. 1944년 이후 처음으로 2009년에 세계 경제가 역성장했지만 세계 경제의 연계성과 교역 물자의 규모는 세계 경제 전체보다 더 빠르게 성장해왔다.[5]

- 1980년과 2012년 사이에 전체 교역 상품의 가치는 연평균 7% 성장한 반면 서비스 교역은 연간 8% 증가했다.[6]
- 같은 기간 동안 공급망의 급격한 확대 덕분에 상품의 흐름은 1조 8,000억 달러에서 17조 8,000억 달러로 10배 정도 증가하면서 세계 전체 GDP의 24%를 차지했다.[7]
- 국제 통신 비용의 하락과 여행의 증가에 힘입어 세계 서비스 교역은 2001년과 2012년 사이에 1조 5,000억 달러에서 4조 4,000억 달러로 3배 가까이 증가해 세계 GDP의 6%를 차지했다.[8]
- 2011년에 상품과 서비스의 세계 교역 규모는 2008년 수준을 넘어섰다. 오늘날 세계는 그 어느 때보다 교역에 집중하고 있다. 2012년 상품과 서비스의 국제 이동 규모는 26조 달러에 달해 세계 GDP의 36%를 기록했다. 이는 1990년 세계 GDP에서 차지하는 비중의 1.5배 수준이다.[9]

국제 교역은 단순히 양적으로만 증가한 것이 아니다. 삼각주로 흘러가는 강처럼 범위도 확대되었다. 1990년에 모든 상품의 이동 가운데 절반은 선진국 사이에서 발생했다. 일본에서 생산된 도요타의 셀리카 Celica가 미국으로 운송되는 것이 전형적인 선진국 간의 교역이었다. 하지만 2012년에는 선진국 사이의 교역은 세계 모든 상품 이동의 28%를 차지하는 것으로 나타났다.[10]

1990년 이후 아시아가 가장 큰 교역 지역으로 성장하면서 교역 경로는 미국과 서유럽의 교역 중심지에서 세계적인 교역망으로 발전했다. 신흥국은 현재 모든 상품 이동의 40%를 차지하고 있고 이 가운데 60%는 남남 교역으로 알려진 신흥국 사이의 교역이다. 1990년에 남남 교역은 세계 상품 교역의 6%에 불과했다. 하지만 2012년에는 24%로 증가했다.[11] 콩고에서 생산된 석유가 중국으로 운송되거나 브라질 농장에서 생산된 콩이 말레이시아로 수출되고 인도의 의약품을 알제리가 수입하는 것이 좋은 사례다. 중국과 아프리카의 상호 교역은 2000년 100억 달러에서 2012년에는 2,000억 달러로 폭발적으로 증가했다.[12] 신흥국의 국민소득이 증가하면서 신흥국 사이의 교역 규모는 지속적으로 증가할 것이다. 이에 따라 왕성한 소비력을 가진 소비자가 증가하고 기업활동도 활발해질 것이다.

중요한 추세 변화 시기에 기술은 과거에는 대기업의 전유물이었던 교역을 모든 종류의 기업들, 심지어 개인도 참여할 수 있는 활동으로 바꿔놓았다. 이베이나 알리바바와 같은 온라인 플랫폼은 생산과 국제 교역을 촉진시킨다. 이베이의 판매자 가운데 90% 이상이 수출을 하는 반면 전통적인 중소기업 가운데 수출을 하는 곳은 25%가 채 안 된다.[13] 교역 대상 물품도 변하고 있다. 과거에는 제조 비용이 낮은 곳에서 생산된 노동집약적 상품과 자원이 풍부한 국가의 원자재가 세계 교역의 대부분을 차지했다.

오늘날은 약품, 반도체, 항공기 등 지식집약적 상품의 교역이 전 세계 교역의 50%를 차지하고 있다. 지식집약적 상품의 교역은 의류나 장난감 등 노동집약적 상품보다 30% 더 빠르게 성장하고 있다.[14] 20년 전에 전형적인 교역 상품은 3달러짜리 티셔츠였다. 하지만 지금은 30센트짜리 알약이나 3달러짜리 전자책 또는 300달러짜리 아이폰이 전형적인 교역 상품이다.

금융의 이동

지난 수십 년 동안 석유는 전 세계로 운송되는 액체 형태의 중요한 상품이었다. 오늘날에는 급격한 돈의 이동이 석유의 운송을 무색하게 하고 있다. 금융은 교역을 가능하게 하고 자본의 이동은 그 자체가 하나의 현상이 되었다. 거대한 규모의 돈과 신용을 전송하는 것은 석유나 신발을 운반하는 것보다 쉽다. 전자화폐는 유조선이나 컨테이너 선박에 실을 필요가 없다. 그래서 1990년 이후 금융의 세계화가 교역의 세계화보다 훨씬 빠르게 진행됐다는 사실은 그리 놀라운 일이 아니다. 1980년에서 2007년 사이에 연간 국제 자본의 이동은 5,000억 달러에서 최고 12조 달러로 23배 증가했다. 이 같은 증가는 유럽의 통화 단일화와 교역의 통합이 상당 부분 공헌했다.[15] 이런 흐름은 금융위기의 여파로 2008년에 크게 감소했다가 다시 회복됐다. 2012년에 자본 이동은 1990년의 5배 수준인 4조 6,000억 달러로 추정됐다.[16]

물리적인 상품의 교역처럼 자본의 이동도 더 다양하고 복잡해지고 있다. 민간 자본 이동의 오랜 수혜자였던 개발도상국은 현재 세계 외국인 직접투자의 새로운 투자자로 떠오르고 있다. 국제적인 투자 자산의 네트워크는 규모와 범위 측면에서 많이 성장했다. 예를 들면 과거 포르투갈의 식민지였던 앙골라는 100억~150억 유로를 포르투갈의

점점 더 복잡해지는 교역의 형태와 확대되는 교역 경로
: 각 지역 사이의 전체 교역 흐름[1]

········· 500억 ~ 1,000억 달러   ▬▬ 1,000억 ~ 5,000억 달러
▬▬▬ 5,000억 달러 이상   ⬤ 세계 교역에서 차지하는 비중 %

1990년   미국과 서유럽이 세계교역 흐름의 주요 중심이었다.

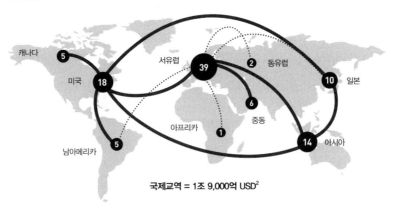

국제교역 = 1조 9,000억 USD[2]

2013년   아시아와 중동이 중요 교역국으로 등장하면서 교역의 흐름은 정교한 연결망이 되었다

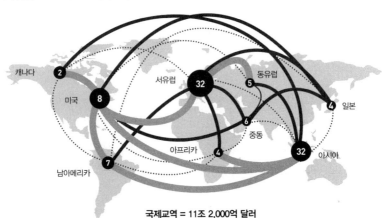

국제교역 = 11조 2,000억 달러

1. 상품만 포함한 금액
2. 한 지역에 있는 국가 사이의 교역은 비포함. 국제교역을 포함하면 2009년의 전체 교역은 18조 3,000만 달러다. 2013
   년의 전체 교역 가치는 2010년 8월까지의 자료를 근거로 분석한 추정치. 2011년 2월과 2014년 5월에 각각 업데이트

출처 : 글로벌 인사이트 – 세계 교역 서비스, 맥킨지 글로벌 연구소 분석

미디어, 은행, 이동통신, 에너지 등 발전 가능성이 높은 분야의 자산에 투자했다.[17] 인도의 아웃소싱 대기업인 인포시스Infosys의 공동 창업자 시불랄Shibulal의 투자사무소는 미국 시애틀 지역에 700채가 넘는 아파트를 사들였다.[18] 2014년 5월 중국의 낙농기업인 브라이트 푸드Bright Foods는 이스라엘의 낙농기업인 트누바Tnuva의 주식 과반을 사들이기 위해 10억 달러를 지불했다.[19] 신흥국에서 흘러나오는 투자자금의 규모는 1990년 세계 전체의 7%에서 2012년에는 38%로 증가했다.[20]

자본시장은 돈이 단 몇 초 만에 세계를 돌아다니는 중요한 국제 경기장이다. 하지만 오늘날 중요한 선수들은 뉴욕, 런던, 도쿄와 같은 전통적인 금융 중심지에만 몰려 있지 않다. 이들은 아부다비, 뭄바이 그리고 리우데자네이루에도 있다. 미국과 서유럽 가구의 자산은 2000년에서 2010년 사이에 연간 평균 3~4% 정도 증가한 반면 신흥국에서 가구의 자산은 훨씬 더 빨리 증가했다. 예를 들면 중동과 북아프리카 가구의 자산은 연간 23% 증가했고 중국 가구의 자산은 16% 증가했다. 신흥국 가구의 전체 자산은 아직도 선진국보다 훨씬 적지만 점점 선진국을 따라잡고 있다.[21]

금융 분야에서 세계화 추세는 2008년 경기침체와 그 여파로 심각하게 약화됐다. 2012년에 국가 사이의 자본 이동은 2007년 정점과 비교해 60% 하락했다.[22] 하지만 장기적 측면에서 금융의 세계화 추세는 여전하다. 세계의 금융과 은행 시스템이 복원되고 자본금도 증가했다. 규제도 효율적으로 작동하고 국제적인 공조도 강화되었다. 이에 따라 금융 시스템도 효과적으로 재정립되면서 금융의 세계화도 곧 시작될 것이다.

연결되는 사람들

사람들도 국제적으로 점점 더 연계되고 있다. 전 세계적으로 여행하고 일하고 공부하는 사람들은 지난 수백 년 동안 꾸준히 증가했지만 최근 수십 년 사이에 폭발적으로 증가했다. 사람들이 도시로 이동하고 소득이 높아지자 해외로 이민을 가거나 여행하는 것이 훨씬 더 쉬워졌다. 유엔 경제사회국에 따르면 자신이 태어난 국가가 아닌 다른 곳에서 사는 해외 이주민은 1960년 7,500만 명에서 2013년에는 2억 3,200만 명으로 증가했다.[23] 21세기 첫 10년 동안 해외 이주 비율은 1990년대보다 2배 더 많았다. 해외 이민의 새로운 특징 가운데 하나는 개발도상국 사이의 이민이 개발도상국과 선진국 사이의 이민보다 훨씬 더 빠르게 증가하고 있다는 것이다. 노동시장도 세계화되고 있다. 노동시장의 세계화는 소득과 기술의 차이에 따라 달라진다.

1994년부터 2006년 사이에 미국에서 일하는 외국 출신의 과학자와 기술자의 비율은 2배 증가했다. 실리콘밸리의 경우 신생기업의 절반 이상이 외국 출신의 과학자와 기술자를 고용하고 있다. 이 가운데 4분의 1은 인도와 중국 출신이다.[24] 2012년 이후 루마니아에 사는 의사의 30%가 더 많은 돈을 벌기 위해 영국, 독일, 프랑스 같은 더 부유한 유럽 국가로 이주했다.[25] 13만 명 이상의 방글라데시 근로자가 중동의 부국 가운데 하나인 카타르에서 일하고 있다. 이들 가운데 상당수는 2022년 월드컵 관련시설을 건설하는 곳에서 일하고 있다.[26] 전 〈뉴욕타임스〉 특파원인 하워드 프렌치Howard French는 자신의 책《아프리카, 중국의 두 번째 대륙China's Second Continent》에서 지난 20년 동안 약 100만 명의 중국인이 아프리카 대륙으로 이주했다고 주장했다. 남미의 경우 상대적으로 더 부유한 칠레, 아르헨티나, 브라질 같은 남부 국가가 북미에서 미국처럼 인력을 끌어들이는 자석의 역할을 하고 있다. 아르헨티나의 부에노스아이레스의 경우, 택시기사의 대부분과 거의 모든 과일과 야채 노점상은 볼리비아 사람이다. 국제이민기구의 조사에 따르면, 아르헨티나에 거주하는 볼리비아인이 2001년 이후 48% 증가했고 파라과이와 페루 사람은 훨씬 더 빠르게 증가하고 있는 것으로 나타났다.[27]

사람의 이동이 증가하는 것은 단지 비즈니스 때문이 아니다. 전 세계적으로 관광객도 기하급수적으로 증가해왔다. 1950년에는 해외여행 관광객이 2,500만 명에 불과했지만 2013년에는 10억 명으로 증가했다. 관광객의 증가는 단지 그들이 쓰는 돈을 넘어서는 문화와 지식의 교류 때문에 그 효과가 엄청나다. 세계 관광 산업의 GDP는 2조 달러에 이르고 1억 명 이상이 관광 산업에 종사하는 것으로 추정된다.[28] 2013년 기준으로 1억 1,000만 명 이상의 미국인이 해외여행을 하기 위해 여권을 소지하고 있다고 한다.[29] 이는 2000년의 2배가 넘는 수치다. 2020년이 되면 1억 명 이상의 중국인이 해외여행에 나설 것으로 예상된다.[30] 파리의 라파예트 백화점에는 중국에서 들어오는 쇼핑객에 대응하기 위한 아시아 담당 부서가 별도로 있다. 미국 콜로라도 주의 스키 리조트인 바일 마운틴의 정상에는 멕시코에서 온 사람들에게 블랙 다이아몬드 슬로프에서 스키 타는 방법을 가르쳐주는 호주인 강사를 쉽게 찾아볼 수 있다.

유학생도 점점 증가하고 있다. 현재 미국에서는 75만 명의 외국인 학생이 공부를 하고 있는데 이는 2006년보다 20만 명이나 증가한 것이다. 유학생 가운데 25%는 중국인이다.[31] 시카고 외곽의 작은 인문대학인 레이크 포리스트 칼리지Lake Forest College의 경우, 2015년 신입생 410명 가운데 15%인 63명이 33개 국가 출신의 유학생이다. 스티븐 슈트Steven Schutt 총장은 신입생 유치를 위해 매년 일정 기간을 뉴욕과 보스턴뿐 아니라 상하이와 베이징에서 보낸다. 그는 미국 교육은 해외 유학생 유치에 좋은 브랜드라고 강조한다.[32]

데이터와 커뮤니케이션의 이동 속도

⋮

최근 가장 눈에 띄는 변화는 아마도 정보의 유통 속도일 것이다. 세계 인구의 3분의 2 이상이 휴대전화를 사용하고 그 비율도 빠르게 증가하고 있다. 싱가포르국립대학 리콴유공공정책대학원의 키쇼어 마부바니Kishore Mahbubani 학장은 "오늘날에는 사람보다 휴대전화가 더 많다. (…) 스카이프 같은 인터넷 서비스를 통해 추가 비용 없이 세계 거의 모든 지역에서 통화할 수 있다. 이는 사람들이 인류 역사상 전례 없는 수준으로 연결돼 있다는 뜻이다"라고 말했다.[33] 지구의 3분의 1이 인터넷으로 연결돼 있다. 회원 가입자가 13억 5,000만 명이 넘는 페이스북 커뮤니티는 세계 최대 인구 대국 중국과 맞먹는다. 전 세계의 한 달 온라인 트래픽은 2000년 84페타바이트에서 2012년에는 500배인 4만 페타바이트로 증가했다. 국제전화도 지난 10년 동안 2배로 늘었고 스카이프 사용 시간도 2008년 이후 500% 이상 증가했다.[34]

이런 연결성은 이미 세계에 엄청난 영향력을 미쳤고 개발도상국에서 그 영향력이 훨씬 더 커지고 있다. 인터넷과 관련된 소비와 지출은 현재 전 세계 농업이나 에너지 분야보다 더 크다.[35] 2005년을 기준으로 경제 발전 가능성이 높은 30개국의 휴대전화 가입자 수가 전 세계 가입자 수의 53%를 차지했다. 2010년에는 이 비율이 75%로 증가했다. 2015년에는 전 세계 인터넷 사용자 27억 명 가운데 16억 명이 30개 유망 발전국가 국민일 것이다.[36]

인구가 많은 지역은 인터넷 보급을 통해 많은 것을 얻을 수 있다. 아프리카에서 휴대전화 가입자는 2001년 2,500만 명에서 2012년에는 7억 2,000만 명으로 급격하게 증가했다.[37] 인터넷 보급률이 늘면서 아프리카 사람들의 시장과 서비스에 대한 접근성이 크게 향상되었다. 휴대전화가 GDP에 미치는 영향력은 선진국이 3배로 크다. 하지만 아프리카의 인터넷 보급률은 뒤떨어져 있고 아프리카 국가에서 GDP에 대한 인터넷의 공헌도는 다른 신흥국의 절반인 평균 1.1%에 불과하다.[38] 아프리카 대륙의 인터넷 보급률이 16%에 불과하지만 아프리카의 도시 거주자 가운데 25%는 매일 인터넷이나 휴대전화를 사용하고 있다. 케냐의 경우 국민의 47%가 인터넷을 사용하고 있고 세네갈은 34%가 인터넷을 이용하고 있다.[39] 이런 인터넷 사용 비율에 따른 경제적 기회의 격차는 엄청나다. 2025년이 되면 아프리카의 인터넷 사용 인구는 4배로 증가해 6억 명에 이를 것이다. 스마트폰 사용자도 5배 증가한 3억 6,000만 명으로 증가해 연간 GDP에 대한 인터넷의 공헌도는 3,000억 달러에 이를 것으로 예상된다.[40] 독일의 디지털 인큐베이터인 로켓 인터넷Rocket Internet은 중동과 아프리카에서 전자상거래 신생기업을 개발하기 위해 2013년에 남아프리카 공화국의 이동통신 사업자인

MTN과 4억 달러의 투자 계약을 체결했다.[41] 이 합작 투자를 통해 로켓 인터넷은 엄청난 수의 새로운 고객에 대한 접근권을 확보하고 다른 지역에서 입증된 비즈니스 모델의 도입을 가속화할 수 있게 되었다. 아프리카에서 로켓의 성공 사례에는 아마존을 모델로 개발한 주미아Jumia 전자상거래 플랫폼, 헤일로와 비슷한 택시 앱 이지택시Easy Taxi, 자동차 광고인 카무디Carmudi 그리고 조바고Jovago 호텔 예약 시스템 등이 포함돼 있다.[42]

교역이 중요한 이유

인력, 자본, 데이터 등의 세계적 이동이 증가하고 다양화되는 것은 여러 측면에서 기업에게 상당히 중요한 의미를 가진다.

첫째, 연결과 교류가 증가할수록 더 잘살게 된다. 일부 기업과 근로자는 연결성이 증가하면서 일자리를 잃었지만 이런 흐름에 참여함으로써 국가와 도시 그리고 기업이 얻는 이득이 더 크다는 전통적인 경제 이론은 여전히 유효하다. 전 세계에 걸친 고객, 협력업체 그리고 인재 풀을 가지고 있는 다국적 기업은 경제 성장과 생산성 향상에 큰 공헌을 하고 있다. 2008년 금융위기 이전에 다국적 기업의 비중은 전체 미국 기업 가운데 1%에도 못 미쳤다. 하지만 이들은 총 수익의 25%를 차지했고 생산성 향상의 41% 그리고 민간 부분 연구 개발 투자의 75%를 담당했다.[43]

국가의 경우 세계 경제와의 연계성도 중요하다. 사람, 자본, 데이터의 세계적 이동으로 해마다 세계 GDP의 15~25%에 해당하는 2,500~4,500억 달러 정도의 가치를 증가시키고 참여 국가의 경제 성장도 더욱 촉진시킨다. 세계 경제와 가장 연계성이 높은 국가는 가장 고립된 국가보다 최고 40% 정도의 GDP 성장을 기대할 수 있다.[44] 독일은 2012년에 세계 경제와 연계성이 가장 높은 국가였다.[45] 대체적으로 선진국이 연계성 높은 국가 목록의 상위권을 독차지해왔지만 지난 20년 동안 일부 신흥국도 상당하게 약진했다. 예를 들면 인도와 브라질은 세계 서비스 산업에 대한 참여(인도)와 원자재와 금융 분야에 대한 참여(브라질)로 각각 15위와 16위를 차지했다. 중국은 상품과 금융 분야에 대한 참여로 5단계가 상승했다. 모로코는 세계 경제와 연계성 순위에서 26단계가 올라 가장 빠르게 상승한 국가가 되었다.[46]

둘째, 세계 경제와 연계성은 게임의 규칙을 새로 쓰고 경쟁의 구도를 바꾸는 중요한 요인이다. 세계 교역의 새로운 판도 변화는 많은 기업에게 새로운 진입로를 제공해준다. 신흥국의 대기업은 점점 더 위협적인 경쟁자가 되고 있다. 전통적인 산업 분야의 경계도 흐려지고 있다. 중소기업과 신생기업도 짧은 시간에 세계적인 기업이 될 수 있다. 과거에는 선진국의 다국적 기업이 서로 경쟁하는 구도였지만 오늘날에는 전 세계 모든 국가와 전혀 예상치 못한 분야의 개인과 모든 형태의 기업이 경쟁 상대가 될 수 있다. 다시 말하면 어떤 한 기업이 수백만 명이 사용하는 플랫폼과 데이터를 가지고 있다면 거의 모든 분야에서 매력적인 사업기회를 찾을 수 있다.

셋째, 사람, 금융, 상품, 자본의 세계적인 이동은 기업에게 자산을 생산적인 방향으로 활용하는 새로운 기회를 제공한다. 미국의 GE가 아프리카에서 했던 것처럼 대기업은 현금 자산을 동원해 새로운 시장을 열 수 있는 프로젝트와 자금을 제공할 수 있다. GE의 경우 아프리카는 2013년에 52억 달러의 수익을 가져다준 가장 성장성이 높은 지역 가운데 하나였다. GE는 2014년에 '가나 1000 프로젝트Ghana 1000 project'에 5억 달러를 지원하는 밀레니엄 챌린지 코퍼레이션과 제휴관계를 맺었

점점 더 복잡해지는 교역의 형태와 확대되는 교역 경로
: 세계 경제 연계지수 2012년[1] 참여 비율

참여 비율(일부 국가)
■ 1-10 ▧ 11-25 ■ 26-50 □ >50

순위	이동					순위 변화 (1995-2012)[2]
	상품	서비스	금융	사람	데이터와 통신	
1. 독일						+1
2. 홍콩					N/A	-
3. 미국						-1
4. 싱가포르						+1
5. 영국						-1
9. 러시아						-
16. 사우디아라비아						+19
20. 한국						-
21. 일본						-1
25. 중국						+5
30. 인디아						+16
43. 브라질						+15
47. 아르헨티나						-6
49. 남아프리카						+4
53. 모로코						+26

1. 사람의 이동을 나타내는 이민 데이터는 2010년도 자료 : 데이터와 통신의 흐름 분석은 2013년 국제 인터넷 트래픽 데이터. 전체 국가의 자료를 원하면 〈Global flows in a digital age: How trade, finance, people, and data connect the world economy〉 보고서를 다운로드 받을 것
2. 1995년의 기록이 없는 데이터와 통신 흐름은 계산에서 제외

출처: IHS Economics and Country Risk, 텔레지오그래피(TeleGeography), UN 상품무역통계 자료, 세계발전지표, 세계은행, 세계무역기구, 맥킨지 글로벌 연구소 분석

다. 가나 1000 프로젝트는 서부 가나에 밀레니엄 챌린지 코퍼레이션이 건설하고 있는 1기가와트 규모의 발전소다.[47]

유형 자산의 활용에 더해 기업은 지식, 능력, 데이터 등 세계 경제 흐름에 참여할 수 있도록 도와주는 무형의 자산도 활용할 수 있다. 일부 기업은 자선 목적으로 무형의 자산을 활용하기도 한다. 코카콜라 Coca-Cola는 탄자니아에서 에이즈 약품의 저장과 배송을 관리하기 위해 사하라 이남 아프리카에서 자사의 유통 노하우를 활용했다. 코카콜라의 CEO 무타 켄트Muhtar Kent는 "우리는 트럭, 물류기지나 오토바이를 빌려주는 것이 아니라 우리의 전문 기술을 제공하고 있다"고 말했다.[48]

마지막으로 연계성이 더 높아진 세계는 예상치 못한 새로운 결과를 낳는다. 수십 년 전에는 그리스 같은 작은 국가의 부도는 세계 금융 레이더에 나타나지도 않았다. 사실 그리스는 19세기에 독립한 이후 지금까지 거의 절반 동안 빚을 갚지 못한 채 살았다.[49] 하지만 통화의 단일화와 금융 분야의 통합이 강화되면서 그리스의 재정 문제는 독일, 프랑스 그리고 영국의 은행을 위협하게 되었다. 이와 비슷하게 자연재해나 고립된 것처럼 보이는 지정학적 갈등은 전 세계 기업의 공급망이나 시장에 대한 접근을 제한할 수 있다. 원자재 가격도 흥미로운 새로운 형태를 보여주고 있다. 원자재 가격과 석유 가격 사이의 상관관계는 1970년대 오일쇼크 이후 그 어느 때보다 긴밀해졌다. 1980년대와 1990년대에 옥수수, 밀, 소고기, 목재 등의 가격은 오일 가격과 거의 상관관계가 없었다. 목재는 오히려 반대의 상관관계가 있었다. 지금은 원자재 가격과 오일 가격이 같은 방향으로 움직이고 있다. 이런 현상은 여러 가지 요인으로 설명할 수 있다. 중국과 같은 신흥국에서의 자원 수요 증가, 일부 자원이(석유) 다른 자원(곡물)의 원가 구성요인이 된다는 사실 그리고 자원 사이의 대체를 가능하게 만드는 기술의 등장이 좋은 사례다(사탕수수 에탄올과 석유). 상관관계의 증가, 수요의 증가, 공급의 제한 등이 복합적으로 작용하면서 앞으로는 원자재 가격의 변동성이 더 높아질 것이다.

이런 변화가 가져오는 기회와 위기가 불러오는 문제에 가장 기민하게 대처하는 기업이 유리한 위치를 점하게 될 것이다. 매년 자본을 재분배하는 등 재빠르게 대처하는 기업은 더 낮은 위험 속에서 높은 성과를 거두고 있다. 맥킨지가 1,600개 이상 기업의 자료를 분석한 결과 해마다 자본을 재배분하는 가장 민첩한 상위 30% 기업의 총 주주수익률은 그렇지 않은 기업보다 30% 높은 것으로 나타났다.[50]

자동차 산업 분야는 기업의 민첩성을 볼 수 있는 분야다. 최근 몇 년 동안 폭스바겐Volkswagen은 동일한 조립생산 라인에서 다양한 차종을 생산할 수 있는 유연성을 제공하는 통합모듈구조modular architecture를 도입했다.[51] BMW는 한 공장에서 다른 공장으로 이동이 가능한 로봇인 모비셀Mobi-Cell을 활용해 자산의 민첩성을 최대화했다. 도요타는 생산라인과 자동차 모델 간의 공정을 표준화해 유연성을 대폭 개선했다. 다른 산업 분야도 정보를 공유하고 납품업체와 긴밀히 협조하는 방식으로 추세 변화에 기민하게 대처하려고 노력하고 있다. 고성능 진공펌프 제조업체인 헬릭스Helix는 제조 공정을 이른바 하위 공정subprocess으로 나누고 각각의 하위 공정을 협력업체와 공유하고 있다. 미국의 한 대형 유통업체는 통합 IT 시스템을 통해 판매 시점에 납품업체와 자료를 공유하고 있다. 그래서 납품업체는 실시간 배송 과정을 알 수 있다.[52]

통합된 세계에 적응하는 법

:

대부분의 경영자들은 지난 몇 년 동안 세계적인 관점에서 생각했다. 하지만 선진국의 기존 다국적 기업은 신흥국의 신생기업이 공격적으로 확장하고 있는 신흥시장을 상당히 과소평가해왔다. 세계 경제의 상호연결성이 증가에 따라 기업도 다시 직관을 수립해야 한다. 기업은 세계 시장으로 확장을 더 빨리 계획하고 새로운 시장에 맞춰 비즈니스 모델을 수정하고 인재를 개발해야 한다. 그리고 점점 더 상호연결성이 높아지는 세계 경제에서 충격과 변동성에 대비해야 한다. 세계적인 공급 체계에서 비용효과에 집중하는 기업은 가치사슬이 어떻게 진화하는지에 관해 생각해봐야 한다. 즉 누가 가치사슬에 참여하는지, 어느 지역이 중요한 역할을 할 수 있는지 그리고 가치사슬을 통해 어떻게 가치가 움직일 수 있는지를 파악해야 한다.

약 100년 전에 전기의 발명이 세계 산업국가의 발전을 최대로 끌어올리는 중요한 요인이 됐던 것처럼 세계 경제의 흐름에서 나오는 경제적 에너지도 비슷한 잠재력을 제공하고 있다. 기존의 기업은 새로운 시대에 창업 비용 하락에 따라 등장하는 일련의 새로운 경쟁에 대비할 필요가 있다. 이 과정에서 나타나는 새로운 기회를 잡기 위해서 경영자는 기업의 지위 정립, 디지털 플랫폼 활용, 경쟁의 본질 그리고 잠재적 충격에 대한 전망 등에 대해 다시 생각해야 한다.

예상치 못한 참가자에 대비하라

세계 경제의 흐름을 활용하기 위해 기업은 자사의 지위를 현명하게 정립해야 한다. 여기에서도 기술 혁명은 규모와 연령에 관계없이 어떤 기업이든 세계화될 수 있는 기회를 제공한다. 신생기업도 온라인 플랫폼을 이용해 오데스크의 글로벌 인재, 킥스타트와 키바의 자금 그리고 이베이와 아마존과 같은 공급자를 활용할 수 있다. 우리는 이렇게 빠르게 세계화하는 능력을 타고난 기업을 소규모 다국적 기업이라고 부른 바 있다. 사실상 모든 기술 기업은 처음부터 국제적인 연관성을 가지고 있다. 예를 들면 베를린에 본부를 둔 신생 소규모 다국적 기업인 솔라 브러시Solar Brush는 태양광 패널을 청소하는 가벼운 로봇을 개발했다. 이 기업은 칠레에 사무실이 있고 워싱턴에서 사업 계획을 설명하고 미국과 중동 지역의 고객을 대상으로 활동하고 있다.[53] 네덜란드 기업가가 자금을 지원한 셰이프웨이Shapeway는 뉴욕에 본부를 두고 전 세계 고객에게 3D 프린팅 서비스와 3D로 프린트된 디자인을 판매하고 있다.[54]

즉각적으로 세계 경제에 통합되는 현상은 기술과 디지털 분야에만 국한된 것은 아니다. 제조업과 같은 전통적인 산업 분야에서도 예전에는 거대 다국적 기업만이 가능했던 다국적 생산기지와 국제적 영업망을 갖춘 소규모 기업이 등장하고 있다. 영국의 경우, 많은 중소 기술 기업들이 저비용과 유리한 경제적 입지를 갖춘 다양한 공장을 운영하며 전 세계의 고객에게 서비스를 제공하고 있다. 최고급 스피커를 만들어 1억 파운드의 매출을 올린 영국의 바우어스 앤드 윌킨스Bowers&Wilkins는 원래 상품보다 훨씬 싼 저가형 스피커를 만들기 위해 중국에 공장을 지었다.[55] 전자 장비와 군수용 장비를 만드는 콜브리Colbree는 영국과 타이에 생산공장을 두고 있다. 콜브리의 총지배인 로버트 클락Robert Clark은 "타이에 공장을 두는 것은 아시아 지역에서 가능한 저비용 혜택을 원하는 고객 확보에 큰 도움이 되었다. 하지만 동시에 고객들은 우리가 영국에서 최첨단 생산 기술을 유지하기를 바란다"고 말했다.[56]

이런 새로운 시장참여자들은 선진국에만 있는 것이 아니다. 빠르게 성장하는 개발도상국에서 매년 14만 3,000개의 인터넷 관련 기업이 탄생하고 있다.[57] 아이보리코스트, 케냐, 이집트 그리고 모로코에서 영업을 하고 있는 나이지리아 전자상거래 기업인 주미아는 2013년에 아프리카 기업으로는 최초로 월드 리테일 어워드World Retail Award가 주관하는 올해의 최고 유통 신기업상을 받았다.[58] 케냐에서 출발한 모바일 결제 서비스인 엠페사M-pesa는 아프리카 전역에서 전통적인 은행과 지불 및 이체 서비스 기업을 위협하고 있다.

새로운 세계 생태계와 디지털 생태계를 건설하라

디지털 플랫폼은 기업이 자국에서 멀리 떨어진 시장의 고객에게 과거보다 더 빠르게 접근하고 더 많은 수익을 내게 해준다. 세계적인 공급 체계에서 혁신 네트워크에 이르기까지 국제적 생태계 건설을 통해 기업은 이런 기회를 활용할 수 있다.

많은 기업이 공급자, 유통업체 그리고 애프터서비스업체를 하나의 네트워크로 구축하기 위해 상호연결성과 디지털 플랫폼을 활용하고 있다. 단지 부품을 조달하는 것이 아니라 생산 유휴시간을 줄이는 사전 유지보수와 좀 더 효율적으로 부품을 공급하기 위한 것이기도 하다. 보잉의 새로운 서비스 부서인 보잉 엣지Boeing Edge는 전통적인 항공장비 공급업체에서 '디지털 에어라인'과 유사한 기업으로의 변신을 추구하고 있다. 보잉 엣지는 항공 산업이 만들어내는 엄청난 규모의 데이터를 활용해 통합정보 플랫폼을 구축하려고 한다. 항공기, 승객, 보수정비, 영업 직원 그리고 납품업체에서 발생하는 데이터를 실시간으로 연결함으로써 보잉은 항공사가 효율, 수익 그리고 환경적인 측면에서 성과를 최대화할 수 있다고 믿는다.[59] 그리고 보잉과 에어버스 같은 항공사가 개별 부품에 대한 디지털 추적 시스템을 추진하면서 후지츠와 IBM 등은 RFID와 상품과 서비스를 추적하는 다른 자동 지능 시스템을 통해 항공 생태계의 일부가 되고 있다.

기업은 또 잠재적 파트너를 찾고 고객, 공급자 그리고 자본가와 연결하거나 대중으로부터 아이디어를 얻기 위해 디지털 플랫폼을 활용하고 있다. 개인 예술가들이 다양한 작품을 파는 온라인 시장인 엣시Etsy는 3,000만 명의 판매자와 구매자를 연결시켜 21세기 디지털 생태계의 본보기가 되고 있다. 엣시는 최근에 예술가들을 위한 크라우드 펀딩을 돕기 위해 키바와 협력관계를 맺었다. 구매자와 판매자를 연결시켜주는 디지털 포털을 제공하는 것 외에도 엣시는 기업가 교육을 제공하고 디자이너와 공급자를 연결시켜준다. 2013년에 엣시는 2012년보다 50% 증가한 13억 5,000만 달러 이상의 매출을 기록했다.[60]

제약회사인 아스트라제네카AstraZenaca는 2014년에 영국 의학연구위원회, 미국 보건연구소, 스웨덴, 독일, 타이완, 캐나다 등의 유사한 연구소의 학자와 연구원을 연결시키는 것을 목표로 하는 디지털 오픈 혁신 플랫폼을 만들었다.[61] 유니레버와 P&G 등 소비재 기업은 종종 소비자를 신상품 개발에 참여시킨다. 유니레버의 챌린지즈 앤드 원츠Challenges and Wants라는 디지털 포털은 지속 발전 가능한 세탁용품에서 포장 개선까지 다양한 주제에 관한 혁신가와 제휴관계를 개발하는 도구가 되고 있다.[62] 그리고 독일 장비 제조사인 보쉬Bosch는 전동 공구, 신소재와 바닥재, 자동차 부품시장에서 개인과 연구원을 연결시키기 위해 혁신 포털을 이용하고 있다.[63]

세계 교역의 흐름 속에서 위치를 활용하라

특정한 종류의 교역 중심지가 된 도시나 국가는 경쟁우위를 점하고 있다. 이런 중심지를 이용하는 기업도 혜택을 누릴 수 있을 것이다. 사람의 이동이 가장 많은 미국을 예로 들어보자.[64] 일반적으로 미국에 본사를 두면 세계 각국의 인재를 유치하기에 유리하다. 이미 세계적인 산업의 중심지에 자리 잡은 기업은 (금융의 중심지인 뉴욕, 에너지의 중심지인 휴스턴, 연예 산업의 중심지인 로스앤젤레스) 특히 인재 유치에 유리하다. 예를 들어 실리콘밸리에서 외국인 투자자의 영향력은 상당히 크다. 실리콘밸리의 첨단 기술 기업 가운데 3분의 1에서 2분의 1 정도는 창업자가 외국 출신이다. 실리콘밸리의 거주자 가운데 36%는 외국에서 태어났다. 이는 미국 전체 평균인 13%보다 3배 가까이 높다. 실리콘밸리의 성인 가운데 46%는 최소 학사 학위를 가지고 있다. 이는 미국 평균인 29%보다 높다. 외국인 인재들은 미국의 대학에서 개발된 중요한 과학 기술을 실리콘밸리의 기업에게 제공했다. 외국인 인재가 없었다면 실리콘밸리는 성장하기 힘들었을 것이다.[65]

독일의 프랑크푸르트는 또 다른 사례다. 프랑크푸르트는 데이터와 정보 이동 분야에서 최고를 기록하고 있다. 또 유럽 전체 인터넷 트래픽의 3분의 1을 담당하는 독일 상업 인터넷 익스체인지German Commercial Internet Exchange(인터넷 익스체인지는 서로 다른 인터넷 서비스 제공업체들 사이에 상호접속 서비스를 제공하는 기관 – 옮긴이)가 위치하고 있다.[66] 프랑크푸르트에는 SAP와 시만텍Symantec 등 5,000개의 소프트웨어 기업이 있고 금융 서비스와 게임 개발 등 광대역 인터넷 서비스의 혜택을 받을 수 있는 산업의 중심지다. 역설적이지만 빠른 의사소통이 가능한 지역에서조차 기업은 다른 기업과 물리적으로 가까운 지역에 인력 중심의 업무를 배치하는 장점을 깨닫고 있다. 20세기 후반에 미국에서는 많은 기업이 교외의 넓은 지역에 자신만의 독립적인 사옥을 건설했다. 하지만 기업 본사를 고립된 지역에 두는 것은 종종 비생산적이고 도시와의 통합에서 점점 더 멀어지는 것이다.

당신의 회사가 중요한 산업 중심지에 위치하고 있지 않다면 회사 이전을 검토해봐야 할 것이다. 서구의 다국적 기업은 이미 아시아의 상품과 서비스 금융의 중심지인 싱가포르로 조직의 일부를 이전했다. 싱가포르는 GDP에 비해 가장 많은 아시아 지역 본부가 있는 곳이다. 중국 외의 아시아 국가에 있는 외국 대기업 자회사의 절반 정도가 싱가포르에 위치하고 있다.[67] P&G는 2012년에 아시아 지역의 성장을 염두에 두고 미용과 아기용품 부분을 미국 신시내티에서 싱가포르로 이전했다.[68] 유니레버는 2013년에 새로운 최첨단 리더십개발센터를 싱가포르에 설립했다. 싱가포르 리더십개발센터는 영국 외 지역에 최초로 설립된 교육센터다.[69] 2009년에 롤스로이스Rolls-Royce는 아시아가 운송 산업의 중심지로 부상하는 것을 고려해 해양 산업 부분을 런던에서 싱가포르로 이전했다.[70]

상호연계된 세계에서는 빠르게 움직여라

세계와 상호연계성 증대는 기회, 위험, 변동성에 대한 사고방식과 변화에 빠르게 대응하는 방법에 대해 다시 생각해봐야 한다는것을 의미한다. 한편으로는 상호연계된 세계는 위험을 분산시키고 안정성을 강화시키는 기회를 제공할 것이다. 밀접하게 연결된 세계에서 필리핀이나 코스타리카에서 24시간 영어로 응대하는 고객서비스센터를 운영하는 것은 훨씬 더 쉽다. 하지만 급격한 변화도 사업 다각화와 정리해고를 가능하게 만든 똑같은 경로를 통해 훨씬 더 빠르게 세계로 전파될 수 있다. 고통이 인체의 신경조직을 통해 전파되는 것처럼 시장의 충격도 금융시장과 상품시장을 통해 그 어느 때보다 빠른 속도로 확산될 수 있다. 공급 체계가 그 어느 때보다 복잡하고 길게 연결돼 있고 모든 형태의 교역관계가 전 세계에 걸쳐 퍼져 있기 때문에 이들은 훨씬 더 쉽게 훼손된다. 상품의 품질 문제, 공급 체계의 문제, 자연 재해나 인재가 예상치 못하거나 통제할 수 없는 방식으로 기업에 커다란 영향을 미칠 수 있다. 듀폰DuPont의 최고경영자인 엘런 쿨먼Ellen Kullman은 "최근에 경제적 변동성과 일본의 지진 해일과 같은 자연재해 등 부정적 결과를 초래하는 일들이 그 어느 때보다 자주 발생하고 있다. 세계가 너무 밀접하게 연관돼 있어 피드백 고리feedback loops가 더욱 강력해지고 있다"고 말했다.[71]

과거에 기업은 덩치를 키우고 기존에 입증된 강점에 의존하고 핵심 역량에 집중하는 방법으로 커다란 변화를 비켜가려고 노력했다. 하지만 지금은 민첩성이 점점 더 중요해지고 있다. 문제에 빠르게 대응하는 민첩성은 변화가 가속화되는 시대에 성공을 위한 중요한 자질이다. 갑작스런 위기에 대비하고 빠르게 대응하는 능력에 투자하는 기업은 중요한 경쟁력을 확보하게 될 것이다. 2011년 3월 일본 대지진으로 7개의 공장이 타격을 받은 후지츠반도체는 한 달도 지나지 않아 생산 능력을 회복했다. 이런 빠른 복구는 2008년 이와테岩手県 현 지진 이후에 후지츠가 생산공정을 바꿨기 때문에 가능했다. 후지츠의 새로운 비상 대응책에는 재해가 발생했을 때 전기, 물 그리고 다른 생산 요소를 빠르게 복구하는 방법이 포함돼 있다. 후지츠는 또 각 공장의 생산공정을 이중으로 설치해 피해를 입지 않은 공장이 피해 공장을 대신할 수 있도록 했다.[72]

자본시장의 특성을 규정하는 극단적 사건들로 인해 높아지는 외부 환경의 변동성

S&P 500 지수의 가격 변화가 평균에서 3 표준편차를 넘는 날의 수

1년에 3 표준편차를 넘는 날의 평균 수

출처: S&P, 맥킨지 글로벌 연구소 분석

기업이 세계와 연계되어 있어 발생하는 기회와 위험에 기민하게 대응하는 방법을 개발하는 것은 국가보다 쉽다. 하지만 국가도 대응책을 마련해야 한다. 점점 더 많은 국가가 세계 교역 체제에 편입될수록 국가의 경제 성장도 더 빨라진다. 전 세계적으로 발생하는 충격에 대한 노출을 줄이기 위해 일부 국가에서는 취약성 보완용으로 체계적 위기 경감대책을 실행하기 시작했다.

탄자니아는 최근에 교역국을 다양화해 선진국 의존도를 낮췄다. 탄자니아는 한때 농산품 수출을 선진국에게 지나치게 의존했다. 하지만 탄자니아는 최근에 금융시장 자유화, 생산 다각화, 제조기지 건설 그리고 중국과 인도 등 신흥국으로 수출을 촉진하는 것을 목표로 하는 개혁을 추진했다. 그 결과 아시아와 아프리카 국가로 수출하는 비중이 2000년대 초반 30%에서 현재는 60%로 증가했다. 선진국이 깊은 경기침체의 수렁에 빠졌던 2009년에 탄자니아는 6%의 경제 성장을 기록했다.[73]

///////////////////////////

세계와의 연계성 증대는 정보 기술처럼 우리가 활용해야 할 도구이자 고려해야 하는 불가피한 요인이다. 세계화의 흐름을 이해하고 익사하지 않고 그 파도에 올라타기 위한 공동의 노력을 하는 것이 중요하다. 현명한 계획, 변화하려는 의지, 그리고 비즈니스를 실행하고 관리하는 새로운 방식에 대한 개방적 사고가 세계를 휩쓸고 있는 변화의 힘을 이용하는 데 가장 중요한 특성이 될 것이다.

제2부

낯선 신세계가 온다

05

세계 경제를 이끄는
새로운 소비자의 등장

잉글랜드 남서부의 스트리트Street라는 작은 도시에 있는 클라크스 빌리지Clarks Village 쇼핑센터에 대해 들어본 사람은 많지 않을 것이다. 이곳이 반드시 방문해야 하는 쇼핑 목적지 가운데 하나로 손꼽힌다는 사실을 아는 사람은 더 적을 것이다. 그리고 신흥국의 소비붐과 이 도시를 연결시키는 사람은 아무도 없을 것이다. 하지만 스트리트의 역사와 최근의 방문객 추이를 보면 신흥국이 (특히 중국이) 서머싯Somerset 농촌 지역의 작은 도시에 놀라운 영향력을 미치고 있다는 사실을 알게 된다.

19세기에 스트리트의 가장 유명한 퀘이커 가문인 클라크스Clarks와 신발 공장은 스트리트의 생명줄이었다. 클라크스 상표가 국제적인 인지도를 얻게 되면서 스트리트는 번영했고 산업혁명과 두 차례의 세계대전에도 큰 타격을 입지 않고 살아남았다. 하지만 20세기 후반 아시아에서 등장한 저비용 제조업은 견뎌내지 못했다.[1] 중국과 베트남에서 생산된 신발의 품질이 향상되면서 클라크스는 경쟁력을 유지하기 위해 해외로 생산시설을 이전했다. 2005년에는 영국 내의 클라크스 신발 공장은 모두 문을 닫았다.[2] 스트리트의 공장 건물은 1993년에 개장한 디자이너 아웃렛 쇼핑센터인 클라크스 빌리지로 개조되었다.[3]

20년이 흘러 95개 상점과 1,000명의 직원이 일하고 매년 400만 명이 방문하는 이 쇼핑센터는 스트리트의 새로운 생명줄이 되었다. 번화가의 많은 고급 상점들이 최근의 불황으로 고생하는 시기에 클라크스 빌리지는 호황을 누리고 있다.[4] 클라크스 빌리지가 호황인 이유는 신흥시장의 소비자 때문이다. 중국의 관광객은 영국 전역에 걸쳐 소매, 레저, 서비스 산업 분야에서 점점 더 중요한 소득원이 되었다. 중국 관광객은 2013년에 영국 경제에 8억 780만 달러를 기여했다.[5] 콘월Cornwall과 데번Devon으로 가는 특이한 관광경로에 위치한 클라크스 빌리지는 관광버스와 부가세 상담 서비스를 제공하고 있다. 클라크스 빌리지는 가격에 민감한 영국 쇼핑객을 유치하는 것은 물론 중국에서 비싼 가격에 팔리는 특정 상표를 알고 있는 중국 관광객을 끌어들이고 있다. 클라크스 빌리지의 매니저는 클라크스 빌리지의 목표는 잉글랜드의 남서부 지역을 방문하는 국제 관광객이 반드시 들러야 하는 곳이 되는 것이라고 말했다.[6] 재미있게도 중국인 관광객은 클라크스 신발 박물관으로 몰려들고 있고 스트리트 번영의 강력한 힘이 되고 있다.[7] 클라크스 신발은 중국에서 선풍적인 인기를 끌고 있다. 런던의 차이나 홀리데이China Holidays의 이사인 스테퍼니 청Stephanie Cheng은 중국에서 클라크스 신발의 품질과 디자인이 유명하다고 말한다.[8]

소득이 늘어나는 사람들

20년 전에 중국이나 신흥국의 쇼핑객이 스트리트의 경제를 견인한다는 생각은 상상도 할 수 없는 일이었다. 지난 수백 년 동안 일상적 기본 생필품을 제외한 다른 곳에 소비할 여력을 가지고 있는 사람들은 세계 인구의 1% 미만이었다. 1990년까지만 해도 개발도상국 인구의 43%가 하루에 1.25달러 미만을 버는 극빈층이었고 전 세계 인구 5명 가운데 1명만이 하루에 10달러 이상의 소득을 올렸다. 1인당 하루 10달러의 소득은 가구가 소비계층의 문턱에 도달해 선택적 소비재를 구매할 수 있는 최소 수준이다.[9] 이런 소비자는 대부분 북미, 서유럽, 일본에 살고 있었다.

지난 20년 동안 신흥국에서 산업화, 기술 발전 그리고 도시화가 확대되면서 수십 억 명의 소득이 향상됐고, 7억 명이 빈곤에서 벗어났으며, 12억 명이 새로운 소비계층으로 부상했다.[10] 사회적 관점에서 볼 때 이런 수준의 빈곤 타파는 20세기 가장 위대한 의학적 업적으로 평가받는 소아마비 근절로 목숨을 건진 사람보다 더 많은 사람을 가난과 기아 관련 질병에서 구제했다.[11] 시장의 관점에서 보면 이것은 세계 소비계층의 중심이 엄청난 소비력과 함께 동쪽과 남쪽으로 이동한다는 의미다. 2025년에는 18억 명의 새로운 소비계층이 추가로 생겨나 전체 소비계층은 42억 명으로 증가할 것으로 예상된다. 2012년에 세계 인구가 70억 명을 돌파하면서 이런 추정은 이미 현실화되었다. 하지만 향후 35년 안에 추가될 새로운 30억 명의 새로운 소비계층은 더 의미 있는 이정표가 될 것이다.[12] 이것은 1960년대 중반의 세계 인구가 새

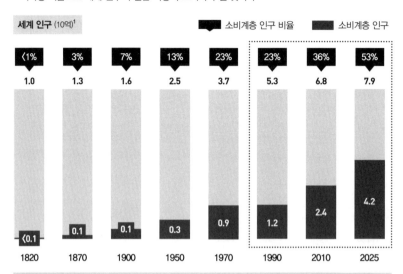

1990년에서 2025년 사이 소비계층에 합류할 30억 명
: 역사상 처음으로 세계 인구의 절반 이상이 소비자가 될 것이다

세계 인구 (10억)[1]   ■ 소비계층 인구 비율   ■ 소비계층 인구

| 〈1% | 3% | 7% | 13% | 23% | 23% | 36% | 53% |

| 1.0 | 1.3 | 1.6 | 2.5 | 3.7 | 5.3 | 6.8 | 7.9 |

| | | | | 0.9 | 1.2 | 2.4 | 4.2 |
| 〈0.1 | 0.1 | 0.1 | 0.3 | | | | |

| 1820 | 1870 | 1900 | 1950 | 1970 | 1990 | 2010 | 2025 |

1. 1820년에서 1990년까지 역사적 수치는 호미 카라스의 추산, 2010년에서 2025년 사이는 맥킨지 글로벌 연구소 추산
2. 구매력 평가 기준 하루 가처분 소득이 10달러 이상 인구, 구매력 평가 기준 하루 가처분 소득이 10달러 미만 인구

출처: 호미 카라스(Homi Kharas), 앵거스 매디슨(Angus Maddison), 맥킨지 글로벌 연구소 시티스코프 데이터베이스

로운 소비자가 된다는 의미다.[13] 도이치방크의 세계 전략가인 산지브 사니얼Sanjeeve Sanyal은 "앞으로 20년 동안의 진짜 이야기는 신흥국 국민이 중산층으로 변하는 것이 될 것이다. 다른 신흥국도 비슷한 변화를 경험하고 있지만 아시아가 이런 변화의 중심이 될 것이다"고 강조하고 있다.[14]

소비 전환점의 도래

지난 수년 동안 소득이 증가하면서 소비계층도 늘었다. 우리는 신

흥국 신세대 소비자 계층의 지출이 압도적인 영향력을 발휘하는 전환점에 도달했다. 2030년에 연 소득 2만 달러 이상인 6억 명의 사람들이 전 세계 시장의 60%를 차지하는 신흥국에 살게 될 것이다. 이들은 전자제품과 자동차 분야 소비에서 훨씬 큰 비중을 차지하게 될 것이다. 중국, 인도, 브라질, 멕시코, 러시아, 터키, 인도네시아 등 7개 시장은 앞으로 10년 동안 세계 GDP 성장의 절반 정도를 담당하게 될 것이다.[15]

인구가 10억 명 이상인 중국과 인도는 이런 현상의 중심에 서게 될 것이다. 기술적 발전 과정에서 인터넷과 이동통신을 이용하는 신흥국의 수백만 명이 소비를 촉진할 것이다. 인도의 경우 1985년에 평균 가구 소득 가운데 35%를 차지했던 재량 지출 비중이 2005년에는 52%로 증가했고 2025년에는 70%에 이를 것으로 예상된다.[16] 중국에서는 1980년대 중반 이후 태어난 신세대 소비자인 G2 세대가 경제에서 중요한 역할을 할 것이다. 이들의 부모는 물질적 부족함을 경험했고 경제적 안정에 관심이 많지만 G2 세대 소비자는 상대적으로 풍요로움을 누리면서 성장했다. 이들은 기꺼이 더 많은 돈을 주고 최고급 상품을 사고 새로운 기술을 경험하고 싶어하며 가격 정보를 얻기 위해 인터넷에 의존한다.

이런 소비 변화에 힘입어 중국은 2022년이 되면 전자제품과 스마트폰 소비에서 미국을 앞지를 것으로 보인다. 변화의 속도는 엄청나다. 2007년에 중국에서는 1,000만 대의 평면 스크린 TV가 팔렸다. 5년 뒤인 2012년에는 5,000만대가 판매됐고 이는 미국과 캐나다를 합친 것보다 많았다.[17] 중국인은 고가품 시장으로 이동하고 있다. 중국은 이미 자동차 부분의 모든 매출에서 세계 최대 시장인 미국을 앞질렀고 2016

년에는 최고급 자동차 매출에서도 미국을 앞서게 될 것이다.[18] 테슬라
Tesla 자동차는 이미 고가의 전기 자동차를 중국에 수출하고 있다.[19] 돈
을 더 주고 고급 제품을 사는 것은 중국 소비의 중요한 부분이 되고 있
다. 일부 사치품의 경우 신흥시장 소비자가 가장 빠르게 성장하고 있다.
프랑스의 미용제품 회사인 록시땅L'Occitane이 파리의 유로넥스트Euronext
가 아닌 홍콩에서 2010년 기업공개 행사를 한 것도 이 때문이다.[20]

신흥시장의 경제 성장률이 둔화되는 기간이나 성장의 부침이 있을

신흥국의 중간규모 도시에서 나타나는 새로운 소비자

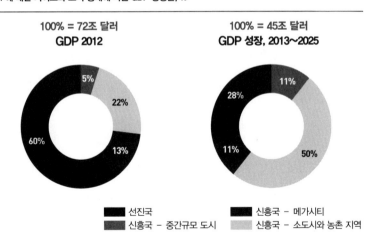

중국의 도시
6개 메가시티 : 상하이, 베이징, 충칭, 톈진, 광저우, 신전
236개 중간규모 도시 : 하얼빈, 란저우, 친황다오

*GDP에 대한 기여도와 도시 형태에 따른 GDP 성장률, %

100% = 72조 달러
GDP 2012

5%
22%
60%
13%

100% = 45조 달러
GDP 성장, 2013~2025

11%
28%
11%
50%

■ 선진국 ■ 신흥국 - 메가시티
■ 신흥국 - 중간규모 도시 ▨ 신흥국 - 소도시와 농촌 지역

1. 메가시티는 1,000만 또는 그 이상이 거주하는 대도시. 중간규모 도시는 15만 명에서 1,000만 명 미만이 거주하는 도시
2. 2007년 실질 환율은 시장 환율. 2025년 실질 환율은 각 국가의 1인당 GDP 성장률 차이를 미국 달러와 비교해 추정

출처: 맥킨지 글로벌 연구소, 시티스코프 데이터베이스

지 모르지만 우리는 이런 추세가 적어도 2025년까지는 계속될 것으로 예상하고 있다. 사실 비관적 시나리오 입장에서 보더라도 신흥국이 선진국을 앞설 것으로 믿고 있다. 신흥국에서 연간 소비는 2025년이 되면 30조 달러에 이를 것이다.[21] 인구 1,000만 이상인 20개의 메가시티를 포함해 약 440개의 신흥국 도시들은 지금부터 2025년 사이에 새로운 GDP 성장의 절반을 차지하게 될 것이다.[22]

소비자에게 혜택을 주는 기술

인터넷의 확산은 새로운 소비자가 네트워크를 통해 연결된다는 것을 뜻한다. 중국에는 이미 6억 명의 인터넷 사용자가 있고 이는 세계 인터넷 사용자의 20%에 해당한다.[23] 인터넷을 사용하는 브라질 인구의 25% 이상이 트위터 계정을 가지고 있고 브라질은 세계에서 두 번째로 트위터를 많이 사용하는 국가가 되었다.[24] 인도에서는 소비자가 전통적인 기술 발전의 궤도를 건너뛰고 있다. 멀리 떨어진 마을까지 유선 랜을 보급하려면 시간이 걸릴 것이다. 하지만 인도에서는 이미 9억 명이 휴대전화를 사용하고 있다.[25] 문자를 읽거나 쓸지 모르는 3억 명의 인도인을 활용하고 싶은 욕망은 음성으로 작동하는 웹사이트와 서비스 개발을 촉진하고 있다.[26] 1억 명의 인도 페이스북 사용자 가운데 80% 이상이 휴대 기기를 통해 페이스북에 접속하고 있다.[27]

2013년에 우리는 중국 전자상거래 시장에서 세계 최초의 사건 2가지를 목격했다. 첫째는 2003년 이후 연간 100% 이상 놀라운 속도로 성장하는 중국의 전자상거래 시장이 미국을 앞질러 3,000억 달러 규모의 세계 최대 전자상거래 시장이 됐다는 것이다.[28] 2020년에 중국의 전자상거래 시장은 현재의 미국, 일본, 영국, 독일 그리고 프랑스를 합친 것만큼 커질 것이다. 둘째, 이미 서론에서 언급한 것처럼 2014년 11월 11일 독신자의 날에 알리바바는 93억 달러가 넘는 매출을 기록했다. 이는 하루 매출로는 세계 최고 기록으로 2013년 미국의 블랙 프라이데이Black Friday와 사이버 먼데이 기간의 온라인 매출을 합한 것보다 많다.

종종 과소평가되거나 계량화하기 어려운 놀라운 사건이 발생하면 새로운 파괴적 기술이 만든 가치의 대부분은 소비자에게 돌아간다. 무료 정보, 앱, 온라인 서비스, 저가 상품, 더 많은 정보에 대한 접근권, 통신에 대한 낮은 장벽 등이 수십 억 명의 생활을 풍요하게 만들 것이다. 현재 우리가 GDP를 측정하는 방법으로 이 혜택을 측정할 수 없다. 다른 한편으로 기존 기업은 일시적으로 부당한 대우를 받을지도 모른다. 그래서 새롭게 창출된 소비자 잉여를 상품화하지 못할 것이다.

기술적 파괴는 역사적으로 파괴자나 피파괴자 모두에게 손해가 되는 게임이었다. 애플의 아이튠즈와 디지털 음원 판매에 대해 생각해보라. 2003년에 아이튠즈의 등장 이후 미국에서 CD 등 음반 판매량은 118억 달러에서 2012년에는 인플레이션 조정을 거치고도 71억 달러로 감소했다. 음악 산업의 수익도 절반 이상 하락했다. 혜택은 소비자에게 돌아갔다.[29]

어떻게 대응할 것인가

우리는 매우 큰 숫자를 다루고 있다. 그리고 엄청난 성장 이야기에 압도당하기도 쉽다. 하지만 30조 달러에 이르는 소비 기회는 그 규모만큼이나 세분화돼 있다. 새로운 성장시장은 규모와 발전 단계에 따라 나타나고 새로운 고객도 다양한 문화적 배경과 인종에 걸쳐 있다. 소비자의 취향과 선호도는 끊임없이 변한다. 대부분의 경우 상호연결성과 기술이 서로를 증폭시키면서 변화는 가속화된다. 새로운 시장이 성장하면서 상품의 다양성, 가격, 마케팅 그리고 유통경로에 따라 작은 시장으로 세분화된다.

노련한 경영자도 변화의 속도와 규모에 주눅이 들 정도다. 그래서 많은 경영자가 기존 전략의 편견에 사로잡힌다. 성공한 사례도 많다. 우리는 지난 수년 동안 유니레버와 같은 신흥시장의 내부자에 대한 이야기를 많이 들어왔다. 유니레버는 인도 소비재 시장에서 큰 성공을 거두었고 남아프리카 기업인 사브밀러SAB Miller는 세계 최대의 맥주 회사 가운데 하나로 성장했다. 하지만 실패한 기업도 많다. 야후와 아마존은 중국에서 크게 실패했다. 인도는 다른 곳에서 성공한 기업에게도 만만치 않는 나라다.

이런 새로운 환경에서 성공하기 위해 기업 경영자들은 자신의 직관을 재정립해야 한다. 과거의 세계 확장 모형에 따르면 자국 시장을 석권한 대기업은 본사에서 수만 킬로미터 떨어진 외국에서도 동일한 방법으로 성공할 수 있었다. 하지만 빠르게 성장하는 새로운 시장에서 소비자의 마음을 얻는 것은 자원의 재분배, 역량의 변화 그리고 다양

새로운 소비자로 향하는 길을 열어주는 기술

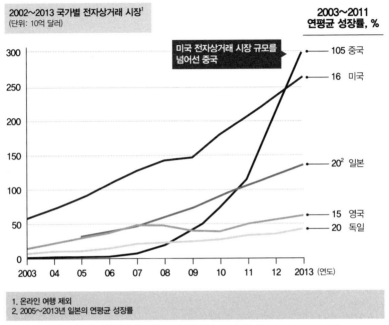

2002~2013 국가별 전자상거래 시장[1]
(단위: 10억 달러)

2003~2011
연평균 성장률, %

미국 전자상거래 시장 규모를
넘어선 중국

105 중국

16 미국

20[2] 일본

15 영국

20 독일

2003 04 05 06 07 08 09 10 11 12 2013 (연도)

1. 온라인 여행 제외
2. 2005~2013년 일본의 연평균 성장률

출처: 유로 모니터, 포레스터, 미국 인구통계국, 일본 경제통상산업부, 아이리서치, 맥킨지 글로벌 연구소 분석

한 측면에서 영업활동에 대한 재평가가 필요하다. 새로운 신흥시장은 선진국 시장에서 옮겨온 상품과 서비스를 그대로 수용하는 거대하고 동질적인 시장이 아니다. 소비자도 단순히 기존 상품의 저가형을 원하는 것이 아니다. 새로운 기회를 탐색하는 과정에서 경영자들은 기다리면서 지켜볼 시간적 여유가 없다. 상품 분야에 따라 70%에서 100%에 이를 정도로 신흥시장에서 성장은 종종 폭발적인 경우도 있다. 경영자들은 규모와 속도 측면에서 신속하게 새로운 성장시장에 자원을 재분배하고 전혀 다른 차원에서 위험과 다양성을 관리하는 방법을 배워야 한다. 이런 다양한 신흥시장에서 승리하는 기업들은 다음과 같은 4가

지 특성을 공통적으로 가지고 있다.

- 기업은 지역이나 국가가 아니라 도시와 도심 클러스터 관점에서 새로운 기회에 대해 생각할 것이다. 그리고 기업의 자본과 인력을 이에 따라 재분배할 것이다.
- 기업은 지역의 취향과 욕구를 충족시키기 위해 상품을 현지화하고 가격을 정할 것이다. 그리고 전 상품에 걸쳐 가격 경쟁력을 확보하고 기준 소매가격을 결정하기 위해 더 빠르고 저렴한 공급 체계와 혁신적 비즈니스 모델을 개발할 것이다.
- 기업은 시장에 대한 다양한 경로를 개발하고 통제할 것이다. 상표와 마케팅 그리고 판매 전략에 대해 다시 생각할 것이다.
- 기업은 새로운 변화를 반영하기 위해 조직 구조, 인재 전략 그리고 영업활동을 대대적으로 개편할 것이다.

도시와 도심 클러스터에 집중하라

전 세계의 소비는 신흥국의 도시를 향한 전례 없는 힘의 이동을 경험하고 있다. 상하이, 상파울루, 모스크바 등 인구 1,000만 이상의 메가시티의 지속적인 성장이 이런 변화를 주도하고 있다. 하지만 앞으로 실질적인 급격한 소비의 증가는 루안다, 하얼빈哈爾濱, 푸에블라Puebla 그리고 쿠마시 등 400 여 개의 중간 규모 도시에서 나올 것이다. 이 도시들은 2025년이 되면 미국의 GDP에 맞먹는 GDP를 생산하게 될 것이다.[30] 중국의 경우 동부의 메가시티에서부터 내륙의 중간규모 도시(인구 20만에서 1,000만 명의 도시)에 이르기까지 소비 가구의 비중 변화가 이미 두드러지게 나타나고 있다. 2002년에 중국 도시 중산층의 13%가 내륙 지대에 살았고 87%는 동부 해안 지역에 거주했다. 2022년이 되면 내륙 도시의 중산층 비중은 44%까지 증가할 것이다.[31]

새로 성장하는 도시에서 소비자 구성은 매우 다양해질 것이다. 인도에는 20개의 공식 언어가 있고 수백 개의 방언이 존재하며 4개의 중요한 종교적 전통이 있다. 아프리카 대륙의 53개국의 사람들은 2,000여 개의 언어와 지역 방언을 사용한다. 같은 국가의 인접한 도시가 서로 다른 언어를 사용할 수도 있다.[32]

예를 들면 많은 세계적 기업들은 상파울루에서 브라질 소비자에 대해 조사하는 실수를 저지르고 있다. 상파울루가 201마일(약 320킬로미터) 떨어진 파라나 주의 주도인 쿠리치바Curitiba보다 4,771마일(약 7,600킬로미터) 떨어진 뉴욕과 문화적으로 공통점이 많다는 사실을 알지 못하기 때문이다.

도시 규모는 서로 비슷하지만 약 100킬로미터 정도 떨어진 중국 남부의 광저우廣州와 선전深圳 두 도시를 예로 들어보자. 광저우 시민은 대부분 광둥어를 사용한다. 반면 선전의 경우 80% 이상의 주민이 북경어를 사용한다. 이런 차이는 비즈니스 측면에서 큰 의미가 있다.

세계적인 유명 상표에 노출된 항저우杭州와 원저우溫州 같은 해안 도시의 고급차 구매자들은 자신의 사회적 지위에 맞는 자동차를 찾는다. 이들은 사회적 지위와 관련된 광고에 우호적으로 반응한다. 하지만 타이위안太原과 시안 등 내륙 도시의 자동차 구매자들은 자동차 회사의 광고를 확인하기 위해 사람들의 입소문이나 매장에서 직접 확인한다.[33]

30조 달러 규모의 새로운 시장의 미세한 차이점과 신흥국의 급속한 도시화 현상을 감안할 때 차세대 시장에 대한 답은 도시와 도심 클러스터urban clusters(주거, 상업, 비주거용으로 개발된, 인구밀집도가 높은 지역 - 옮긴이)에서 찾을 수 있을 것이다. 소비재 분야에서 노인 세대를 겨냥하고 있는 기업은 상하이와 베이징을 가장 매력적인 시장으로 생각할 것이다. 이와 반대로 어린이 식품을 판매하는 기업은 베이비붐을 경험하고 있고 소득이 충분한 가구가 밀집한 아프리카 대도시에서 기회를 발견하게 될 것이다. 중저가 의류 측면에서 살펴보면 10대 성장 도시 가운데 9곳이 신흥국에서 나올 것이다. 충칭重慶, 광저우, 선전 같은 도시가 중저가 의류 분야에서는 성장도시다. 하지만 고급 의류의 경우 상트페테르부르크, 모스크바, 서울 그리고 싱가포르 등 4개의 신흥시장을 제외한 나머지는 모두 선진국의 시장이 될 것이다.[34]

많은 경영자들은 신흥국의 메가시티에 있는 소매시장에서 치열하게 경쟁하는 대신 빠르게 성장하는 중간규모 도시에서 더 좋은 기회를 발견하게 될 것이다. 브라질의 경우 상파울루 주의 GDP는 아르헨티나 국가의 GDP보다 많다. 경쟁의 강도가 높다 보니 판매 이익도 낮다. 브라질 시장에 대한 새로운 진입자의 경우, 초기에 운영 계획을 설립하기가 어렵지만, 인구가 많고 소득이 높지 않은 브라질 북부의 살바도르Salvador 같은 발전하는 도시가 더 좋은 기회를 제공할 수도 있다.[35] 살바도르는 2015년까지 2.4배 성장할 것으로 예상되기 때문이다. 이것은 새로운 생각은 아니다. 월마트는 경쟁이 치열한 대도시 시장을 피하고 서비스가 충분하지 못한 도시를 찾아내는 전략으로 미국 최대의 유통 기업으로 성장했다.

언제 행동에 나설 것인가를 예측하는 것은 어디에서 경쟁할 것인가를 선택하는 것만큼 중요하다. 신흥시장에서 성장이 직선적인 경우는 거의 없다. 특정 상품이나 특정 분야의 수요는 일반적으로 S 곡선을 따른다. 소비가 증가하기 시작하고 소비자가 상품을 사기에 충분한 자금이 확보되면 판매가 폭발적으로 증가하는 핫 존hot zone에 진입한다. 1인당 GDP가 더 높은 수준에서 시장은 더 포화되고 성장 속도가 느려지는 칠 아웃 존chill out zone으로 들어서는 경향이 있다. 나이지리아의 음료시장을 예로 들어보자. 와리Warri, 베닌시티Benin City 그리고 포트하커트Port Harcourt는 이미 음료 시장의 핫 존에 진입한 반면 라고스, 이바단Ibadan, 아부자Abuja 같은 도시는 도약 지점을 향해 나가고 있다. 상품 분야와 현지 시장의 역동성을 이해함으로써 기업은 상품이 핫 존에 진입하기 직전인 이상적 시점에 시장 진입 시점을 결정할 수 있고 그 결과 도시에서 가장 빠른 성장 단계의 혜택을 누릴 수 있다.[36]

성장과 비용 사이의 균형을 이해하고 대처하는 것은 복잡하다. 시장에 진입하는 한 가지 방법은 소비자를 세분화하는 방식과 유사하게 새로운 성장시장에 있는 도시를 세분화하고 집단으로 묶는 것이다. 사회기반시설과 소매시장 환경은 물론 인구구조, 사회적, 경제적 그리고 문화적인 공통점이 있는 작은 도시들은 도심 클러스터를 형성하고 모든 기업활동 분야에서 있어서 규모의 효율성을 제공할 수 있다. 그리고 시장 확대보다 시장 심화에 초점을 맞추고 클러스터에 따라 확장 계획을 조정할 수 있을 것이다.

지역적으로 생각하고 세계적으로 행동하라

언제, 어디에 집중해야 하는지를 아는 것만으로는 충분하지 않다.

새로운 시장에서 가능성을 확인하고 영업의 최적화를 달성하기 위해 상품과 서비스를 어떻게 얼마나 현지화할 것인지를 결정해야 한다.

앞으로 10년 동안 등장할 새로운 소비자의 욕구, 선호도 그리고 소비행태는 상품의 카테고리, 지리 그리고 분야에 따라 매우 다양할 것이다. 어떤 트렌드는 세계적으로 공통적이기는 하지만 '글로벌 소비자global consumer'는 존재하지 않는다. LG전자가 브라질에서 판매하는 냉장고는 냉동실이 크고 인도에서 판매하는 제품은 야채를 넣는 보관함이 더 크다. 네슬레Nestlé가 중국에서 판매하는 인스턴트커피는 다른 나라에서 파는 제품보다 더 달다.[37]

소비자의 욕구와 선호도 그리고 소비자 세분화에 대한 깊은 이해는 경영자를 차별화할 것이다. 기업은 운영의 효율성과 현지화 사이의 균형을 맞추는 상품 전략을 수립해야 할 것이다. 최근에는 많은 기업이 피라미드의 저변에 있는 소비자와 그 반대편에 있는 돈을 잘 쓰고 고급 제품을 좋아하는 신흥 부자로 구성된 양극화된 신흥시장 고객의 특징을 완전히 이해했다. 하지만 고객 욕구의 점진적 확산과 정교해진 데이터와 데이터 분석 기술을 감안하면 이는 유일한 전략적 대안이나 가장 적합한 필수적 대안도 아니다. 그보다는 소비자의 입장에서 시장을 이해하려고 노력하는 것이 중요하다. 현지의 취향과 선호도에 대한 세심한 이해는 인도의 프리토레이Frito-Lay 그리고 중국 시장에서 팅이Tingyi 와 리글리Wringley 같은 소비재 기업의 비약적 성장이 가능하도록 했다.

• 프리토레이는 1990년에 인도에 진출한 이후 스낵시장의 40% 이상을 점유해왔다. 어떻게 이것이 가능했을까? 세계적인 브랜드인 프리토레이의 감자

칩을 현지 입맛에 맞추는 대신 인도의 전통적인 길거리 음식과 서양 감자
칩에서 영감을 받아 쿠르쿠레Kurkure를 만들었다. 인도의 모든 주방에서 사
용하는 단순하고 믿을 수 있는 재료를 사용하는 쿠르쿠레는 지금 남아프리
카공화국과 파키스탄 그리고 케냐 등 다른 국가에서 판매되고 있다.[38]

• 2명의 타이완 형제가 중국에 설립한 신생기업인 팅이는 중국에서 가장 인
기 있는 식품과 음료 기업이 되었다. 팅이는 현지 디자이너를 고용해 강시
푸Kangshifu 같은 새로운 상표와 푸만두오Fu Man Duo 같은 저가 브랜드를 만
들고 전체 라면 사업 부분을 재편했다. 현재 팅이의 강시푸 브랜드는 중국
에서 가장 인기 있는 상표다.[39] 식품과 음료 제품을 합쳐 팅이는 2013년에
109억 달러의 매출을 기록했다.[40]

• 중국 껌 시장의 40%를 장악한 리글리는 껌의 맛과 향을 중국 소비자의 취
향에 맞추고 껌이 건강에 좋다는 점을 강조하는 소비자 교육에 투자함으
로써 중국에서 성공했다.[41]

어느 정도까지 현지 시장에 맞출 것인지를 결정하는 데 가격도 중
요한 요소다. 기업이 고객에게 요구할 수 있는 금액과 경쟁제품과 비
교한 상대적인 포지셔닝은 시장에 따라 재미있는 미묘한 차이를 보여
준다. 디아지오Diageo는 브라질 시장에서 조니 워커의 가격을 결정할
때 돈 많은 소비자에 대한 이해를 십분 활용했다. 디아지오는 브라질
의 소매가격은 품질의 차별화 요소이고 양주시장은 다른 시장에 비해
가격 탄력성이 낮다는 점을 이용했다. 그 결과 디아지오는 조니 워커
를 프리미엄 양주로 위상을 정립했고 브라질은 현재 가장 중요한 시장
이 되었다.

하지만 많은 기업에게 현지에서 성공하는 유일한 방법은 기존의 비용 구조를 바꾸는 것을 의미한다. 신흥국의 기업은 비용 측면에서 위협적인 경쟁자로 입증되었다. 9장에서 살펴보겠지만 자본집약적인 산업 분야에서 신흥시장의 기업은 점점 더 자본에 덜 의존하고 창의적인 기업으로 변하고 있다. 이것은 선진국의 기업이 혁신을 지속하고 연구와 상품 개발을 현지화해야 한다는 의미다. 또 공급 체계 관리와 자금 조달에 대해 다시 생각하고 기존의 공공기반시설을 조금 더 쉽게 활용하기 위해 협력관계를 맺을 필요도 있다.

- 인도에서 GE는 휴대가 가능한 약 1,500달러짜리 심전계를 개발했다. 이는 선진국 시장에서 판매되는 심전계 가격의 20%에 불과하다. 이 신제품은 GE의 인도 시장 진출에 도움이 됐을 뿐만 아니라 선진국 시장에서 2,500달러짜리 심전계를 개발하는 데도 일조했다. 인도의 경험에서 교훈을 배운 GE는 현재 의료용품의 25% 이상을 인도에서 생산하고 있다. 이는 새로운 제품을 신흥시장과 선진국 시장에 동시에 출시하려는 의도를 보여주는 것이다.[42]
- LG전자는 인도에서 혁신을 통해 성공한 또 다른 사례다. LG전자는 외국인 투자법의 변경으로 현지 연구시설과 최고의 디자인과 기술 인력에 대한 투자가 가능해진 1990년대까지 인도 시장에서 고전했다. 현지 개발자들은 인도 소비자가 텔레비전을 이용해 음악을 듣는다는 사실을 알고 있었다. 그래서 LG전자는 더 좋은 스피커가 장착된 새로운 모델을 출시했고 가격을 낮추기 위해 평판 TV를 브라운관 TV로 교체했다. 인도 방갈로르 혁신센터는 LG전자의 해외 혁신센터 가운데 최대 규모다. LG전자는 인도의 TV, 냉장고, 에어컨, 세탁기 시장의 선도 기업이 되었다.[43]

- 중국의 인스턴트커피 시장에서 네슬레는 윈난성雲南省에 저비용 공급 기지를 설립하고 모든 재료를 중국에서 조달하는 방식으로 가격을 30% 정도 인하했다.[44]

- 세계 10대 패션기업 가운데 하나인 VF 코퍼레이션VF Corporation은 시장 확대에 대응해 공급 체계 관리 방법을 바꿨다. VF는 통합 IT 시스템을 기반으로 규모의 경제를 실현하기 위해 각각 다른 브랜드의 아웃소싱 제조방식을 통합하는 '제3의 방법The Third Way'을 개발했다. VF는 또 제조업체와 긴밀하게 협력해 하나의 공장에서 다양한 상표의 옷을 생산했다. 이런 방식을 통해 VF는 2000년대 중반부터 후반까지 청바지와 다른 의류의 제조 비용을 5~10% 정도 절감했다.[45]

- 팅이는 중국에서 사업을 시작하면서 칭하이, 쓰촨, 허난과 같은 농촌 지역을 포함해 거의 모든 곳에 새로운 공장을 설립했다. 이것은 저가의 원자재, 노동력, 세금 혜택을 활용하기 위해 대도시가 아닌 곳에서도 현지화를 추진하려는 전략이다. 또 생산, 판매, 유통 전략도 현지 사정에 맞추는 전략을 활용했다.

다양한 경로로 판매, 광고하는 법을 배워라

기업은 고객이 있는 곳, 쇼핑을 선호하는 장소 그리고 구매결정을 하는 곳에서 고객을 만나야 한다. 예를 들면 우리의 연구는 신흥시장의 매장에서 이뤄지는 구매의사결정의 중요성을 과소평가하고 있다. 중국에서는 소비자의 거의 절반 정도가 매장에서 구매결정을 내리는 반면 미국 소비자는 25% 정도만 매장에서 구매를 결정한다. 신흥시장의 경우 소비자 구매결정 과정에서 매장에서의 결정이 차지하는 부분이 점점 더 커지고 중요해지고 있다. 중국의 소비자는 고가의 가전제품을 구매하는 데는 평균 4번의 매장 방문과 2달 정도의 시간이 걸린다.[46]

하지만 매장에서의 경험을 통제하는 것은 기업에겐 커다란 도전 과제다. 중국 우한의 옵틱스밸리센터Optics Valley Center에 있는 월마트는 의류, 기저귀, 전자제품, 음식 그리고 가정용품을 전시하는 복도에 밝은 조명을 설치하고 상품을 잘 정리해 쉽게 알아볼 수 있도록 했다. 하지만 다른 지역에서는 이런 매장 환경은 낯설고 당황스러울 수도 있다. 인도와 인도네시아의 경우 소매업은 매우 세분화돼 있어 소규모 자영업자가 전체 소매 판매의 80% 이상을 점유하고 있다. 이와 반대로 중국과 멕시코는 현대적인 유통 매장이 전체 판매의 절반 이상을 차지하고 있다. 따라서 기업은 까르푸와 월마트 같은 세계적인 유통업체와 중국의 CR뱅가드CR Vanguard와 인도의 빅 바자Big Bazaar와 같은 현지 유통업체를 동시에 상대해야 한다. 또 곳곳에 산재해 있는 소규모 자영업자와도 경쟁해야 한다.[47]

많은 글로벌 기업이 자국에서 효력이 있었던 외부 유통업체의 판매 기법과 회계 방식을 그대로 사용하다 일을 그르치곤 한다. 따라서 많은 다국적 기업은 신흥시장에 대한 접근법을 다시 생각하고 훨씬 더 큰 사내 판매 조직을 구축하고 매장을 세분화해야 한다. 그리고 매장에서 고객 경험의 품질을 평가하기 위해 정확한 일상 업무와 검사 명세표를 개발해야 한다.

지난 수십 년 동안 신흥시장에서 영업을 해온 코카콜라는 신흥시장에서 판매점의 범주를 분석하고 세분화하기 위해 많은 노력을 기울였다. 코카콜라는 각 판매점의 범주마다 매장의 모습, 상품 전시 방법,

판촉 방법 그리고 가격 결정 방법을 자세하게 설명하는 '성공의 그림 picture of success'이라는 것을 만들었다. 코카콜라는 매출이 높은 중요한 매장에는 직접 판매 방식을 이용하고 직접 판매 방식이 효과적이지 못할 경우 도매상이나 유통업체를 활용한다. 코카콜라는 서비스 수준, 배달 주기 그리고 매장의 냉장고 위치까지 모든 것을 세밀하게 점검한다. 아프리카 대륙에서 코카콜라는 가장 멀리 떨어진 매장까지 코카콜라를 배달하기 위해 손수레와 자전거를 이용하는 3,200명의 소규모 기업가로 구성된 네트워크를 건설했다.

물류가 조금 더 발달된 중국의 경우 코카콜라는 200만 개의 판매점 가운데 40% 이상에 직접 배송하고 전체 판매점의 60~70%를 영업사원과 판매 관리자가 정기적으로 매장을 방문하는 방식으로 관리하고 있다. 코카콜라는 특별한 사례가 아니다. 인도와 브라질 그리고 아프리카 시장에 오래전에 진출한 유니레버와 네슬레 같은 기업은 소비자가 상품을 쉽게 살 수 있도록 손수레, 자전거 수레 그리고 바지선까지 모든 운송 수단을 활용하고 있다.[48]

유통 전략 외에도 기업은 새로운 시장에서 어떻게 상표의 위상을 정립하고 어떻게 상품을 판매할 것인가를 알고 있어야 한다. 신흥시장의 소비자는 초기 구매 대상으로 소수의 상표를 고려하고 나중에 새로운 상표로 바꾸지 않는 경향이 있다. 최근의 맥킨지 연구에 따르면 중국의 소비자는 구매 시점 초기에 평균 3가지 정도의 상표를 고려하고 60%가 이 가운데 하나를 구매하는 경향이 있는 것으로 나타났다. 유럽과 미국의 소비자는 4가지 상표를 고려하고 30~40%의 구매 비율을 기록하는 것으로 조사됐다.[49]

초기 고려 대상의 수가 적고 더 중요할수록 인지도와 신뢰도가 높은 상표가 유리하다. 인지도를 높이고 소비자의 초기 고려 대상이 되기 위해서는 상품의 메시지와 지역에 초점을 맞춘 광고가 중요하다. 지역에 초점을 맞춘 광고는 네트워크 효과network effects(어떤 상품에 대한 수요가 형성되면 이것이 다른 사람의 상품 선택에 큰 영향을 미치는 현상 - 옮긴이)를 증진시키면 새로운 기업이나 상품이 더 쉽게 긍정적인 구전효과를 유발시킨다. 이것은 신흥시장에서 성공을 위해 매우 중요한 요소다. 신흥시장에서는 많은 소비자가 매체에 대한 신뢰도가 상대적으로 낮은 시골 지역에 거주하고 있기 때문이다. 예를 들면 중국 소비자에게는 친구나 가족의 긍정적인 추천이 미국이나 영국의 소비자보다 2배 정도 더 중요하다. 이집트에서는 가족이나 친지의 추천에 의해 구매하는 비율이 3배 정도 더 높다.[50]

앞으로 기업은 상표와 메시지를 새로운 시장에 맞게 얼마나 바꿔야 하는지 결정하기 위해 고객에 대한 통찰과 지역 소비자의 평가에 의존해야 할 것이다. '내 생활을 단순하게Simplify my life'라는 에이서Acer의 슬로건은 타이완의 전자제품 소비자에게 효과가 컸다. 하지만 이 슬로건은 중국 본토 소비자의 마음을 움직이지 못했다. 소규모 그룹 조사에서 단순함과 가치를 강조하는 에이서의 메시지는 제품에 대한 내구성과 신뢰성에 대한 의구심을 불러일으키는 것으로 나타났다. 에이서는 단순함과 생산성보다 신뢰성을 강조하는 슬로건으로 바꿨다. 이는 상표의 신뢰도를 높여 2년도 안 되는 시간에 중국의 시장점유율을 2배로 끌어올렸다.[51]

조직과 인재 전략을 수정하라

세계 시장에서 활동하는 기업의 규모가 커지고 다양해지면서 복잡성에 대응하는 비용도 급격하게 증가하고 있다. 세계 17개 다국적 기업에서 일하는 300명 이상의 경영진을 대상으로 한 인터뷰와 설문 조사에서 현지 고객의 요구와 영업환경에 대해 지역의 경쟁업체보다 더 잘 이해하고 있다고 대답한 응답자는 40% 미만으로 나타났다. 좋은 성과를 내고 있는 상당수의 다국적 기업도 조직의 건전성 같은 핵심 분야에서 현지화에 집중하고 있는 기업보다 낮은 점수를 기록함으로써 세계화에 따른 벌금을 물고 있는 것으로 나타났다. 현지화와 세계 시장의 복잡성 사이에 긴장을 관리하고 직원들 사이에 공유할 비전을 설정하며 정부와 지역 사회와의 관계를 구축하는 것이 공통적인 문제점으로 나타났다.[52]

새로운 기회를 포착하는 민첩성을 기르고 성공의 가능성을 높이며 세계화에 따른 벌금을 내지 않기 위해 기업은 조직의 구조와 절차에 대해 다시 생각해야 할 것이다. 신흥시장에서 성장 잠재력이 큰 기업의 경우 영어를 모국어로 하는 이사들이 다수를 차지하거나 본사가 유럽이나 북미에 있다는 사실이 설득력이 있을까? 또 상파울루의 총지배인이 유럽 시장의 본부장과 비슷한 지위에 있다는 것은 생각할 수 없는 일이다.

점점 더 많은 세계적 기업이 핵심 역량을 가장 중요한 시장으로 이동시키고 있다. 하지만 기존의 자원 분배 관행과 전략에 집착하는 '고착성 편향stickiness bias' 때문에 많은 기업이 적절한 시기에 행동에 나서지 못하고 있다. ABB와 IBM 그리고 GE는 최근에 신흥시장에 기업 역량을 집중하고 있다.

- 스위스 엔지니어링 기업인 ABB는 로봇 사업의 글로벌 본부를 미국의 디트로이트에서 중국의 상하이로 이전해 중국에서 설계하고 중국에서 제조하는 전략을 추구하고 있다.[53]
- 미국 시장 밖에서 매출의 64%가 발생하는 IBM의 경우, 인력은 필리핀의 마닐라에서 회계는 말레이시아의 쿠알라룸푸르에서 그리고 조달 분야는 중국의 선전에서 운영하고 있다. 그리고 일본의 사업 부분을 고려해 고객 서비스는 호주의 브리즈번에서 담당하고 있다.[54]
- 전체 매출의 절반 이상을 해외에서 벌어들이는 GE도 2011년에 엑스레이 사업 부분을 미국의 위스콘신에서 중국의 베이징으로 이전했다.[55]

어떤 면에서 자본은 인력보다 분배하기가 더 쉽다. 벨기에의 화학제품 기업인 솔베이Solvay의 최고경영자인 장피에르 클라마디외Jean Pierre Clamadieu는 "브뤼셀에 앉아서 다른 사업 부분의 연간 자본 흐름을 살펴보고 결과에 따라 행동하는 것이 가능하다"고 주장했다. 그는 "인력의 경우 언제나 지리적 또는 사업적 사일로silo(회사 안에 성이나 담을 쌓고 외부와 소통하지 않는 부서를 가리키는 말 - 옮긴이) 안에서 관리하는 경향이 있다. 우리가 회사의 상위 300명의 인재는 기업의 자산이라는 새로운 원칙을 만든 이유도 이 때문이다"라고 강조했다.[56] 즉 솔베이의 인재들은 본사에서 일하기보다 각 지역의 성장 전략과 필요성을 기준으로 전 세계 지사에서 배치된다는 뜻이다.

조직의 구조를 재편하는 것 외에도 기업은 본사와 새로운 시장 사이에 적정 수준의 자율권에 합의해야 한다. 많은 기업에는 여전히 거추장스러운 보고 체계가 존재한다. 이런 체계에서는 국제 담당 부서가 협조가 되지 않고 때로는 현지 언어로 운영하는 각 국가의 지사를 감독하면서 의사소통에 장애가 발생한다. 이런 형태는 종종 신흥시장의 기회와 변화의 속도를 이해하지 못해 본사의 최고경영자의 사임으로 이어지기도 한다.

하지만 맥킨지에서 조사한 결과를 보면 기업이 시장에 대한 투자라는 생각에서 벗어나 현지 기업의 경영자에게 충분한 자율권을 줄 경우 성공 확률이 더 높은 것으로 나타났다. LG전자가 시장점유율을 높이기 위해 인도에 현지 지사를 설립했을 때 한국인 관리자는 결정 권한이 없는 멘토나 조언자의 역할만 했다.[57] 중국에서 팅이가 성공한 이유는 현지 관리자에게 정책 결정권과 중국 소비자의 요구에 맞는 새로운 제품을 개발하는 전권을 준 덕분이다.

새로운 성장시장을 이끌 최고의 인재를 불러들이고 유지하는 일은 성공적인 신흥시장 전략의 중요한 요소다. 세계적인 기업을 조사해보면 상위 200명의 직원 가운데 단지 2%만이 신흥시장 출신인 것으로 나타났다.[58] 이는 부분적으로 인재가 부족하기 때문이지만 기존의 자원 분배나 새로운 지역에서 불분명한 '고용자 브랜드employer brand'에 대한 고착성 편향의 결과이기도 하다. 일부 세계적인 기업은 지역의 경쟁자와 구별되는 분명한 인재상을 개발함으로써 이 문제를 해결하고 있다. 한국에서 로레알은 브랜드 매니저로의 승진 기회 확대와 근무 시간, 어린이 보육시설 개선을 통해 여성 마케팅 인재들 사이에서 최고의 기업으로 자리 잡았다. 인도의 경우 유니레버는 순환 근무와 영구적인 적재적소 배치 프로그램을 포함한 글로벌 리더십 프로그램을 통해 최고의 인재를 불러 모았다.[59]

//////////////////////////

　전 세계적으로 새로운 소비자 계층의 등장은 기존의 기업에게 어려운 요구 조건을 부과하고 있다. 자국 시장에서 통용되는 이점이 멀리 떨어진 신흥시장에서 그대로 받아들여지거나 효과를 발휘한다는 보장은 없다. 하지만 신흥시장에서의 기회는 무시하기에는 너무 크다. 최근의 성장이 인상적인 것처럼 새로운 소비자 계층의 등장은 이제 시작일 뿐이다. 시간이 흐르면서 점점 더 많은 사람이 농촌에서 도시로 이동하고 인터넷에 접속하며 세계 소비자 계층에 편입하고 있다. 그 결과 영국의 클라크스 빌리지처럼 더 많은 기업이 세계의 소비자가 집 앞으로 몰려드는 전혀 예상치 못한 현실을 받아들여야 할지도 모른다. 동시에 과거에 접근하지 못했던 시장의 소비자가 기업이 만드는 상품에 대한 기호를 형성하게 될 것이다. 잠재력이 큰 세계의 모든 시장에 대한 접근과 관리 그리고 상품 공급 방식에 대해 체계적으로 다시 생각하는 현명한 기업은 현재 고객이 있는 곳과 미래에 고객이 있을 곳에서 어떻게 고객을 만나야 하는지 파악할 수 있을 것이다.

06

더 이상 낮출 수 없는
자원 조달 비용

2010년 12월에 튀니지의 시디 부지드Sidi Bouzid에서 길거리 음식을 팔던 모하메드 부아지지Mohamed Bouazizi는 시 당국의 괴롭힘에 항의해 분신했다. 이 사건 하나가 지네 엘아비디네 벤 알리Zine El Abidine Ben Ali 튀니지 대통령의 축출로 이어지는 시위의 촉매가 되었다.[1] 튀니지는 2011년과 2012년 중동과 북아프리카를 휩쓸었던 아랍의 봄을 연 서막이었다. 전문가들은 부패한 독재, 실업자와 일자리가 부족한 젊은이의 좌절 그리고 트위터와 페이스북 같은 소셜미디어의 촉매 역할 등을 '아랍의 봄'을 유발한 원인으로 지적했다.

하지만 근본적 원인은 훨씬 더 오래된 문제인 식료품 가격의 급격한 인상이었을지도 모른다. 천정부지로 치솟는 빵 가격이 1789년 프랑스 혁명의 단초가 된 것처럼 폭등하는 상품 가격이 아랍의 봄을 열었을지도 모른다.

폭동이 발생했을 때 전문가들은 북아프리카와 중동 국가들이 식료품의 50% 정도를 수입에 의존하고 있다는 사실을 간과했다.[2] 이처럼 세계 다른 지역보다 훨씬 높은 식품 수입 비율은 북아프리카 국가를 세계 식품 가격 인상에 매우 취약하게 만들었다. 2007년과 2008년에 세계 식품 가격은 폭등했고 유엔 식량농업기구UNFAO, United Nations Food and Agriculture Organization에 따르면 세계 식량가격지수는 2000년대 초보다 2배 상승했다.[3] 튀니지도 식품 가격이 급등했고 그 여파는 바레인, 요르단, 예멘, 이집트 그리고 모로코로 확산됐다. 2011년 이집트와 튀니지 정부가 붕괴되기 한 달 전에 유엔은 낙농제품, 고기, 설탕 그리고 곡물 가격이 사상 최고가를 기록했다고 보고했다.[4]

만연한 불평등과 급등하는 식품 가격 그리고 기후 변화는 전 세계에 걸쳐 지속적으로 정치적 불안을 촉발시켰다. 2008년에만 30개국에서 60건 이상의 식품 관련 폭동이 발생했다. 2014년 봄에 세계 식량가격지수는 세계 금융위기 기간의 최고치를 넘어 뉴잉글랜드 복잡계연구소NECSI, New England Complex Systems Institute가 정의한 민간 폭동 한계점을 넘어섰다.[5] 다시 말해 기본적인 식품 가격의 수준이 흉작, 심각한 가뭄, 대혼란 등이 없는 상태에서도 심각한 문제를 일으키고 있다는 것이다.

세계는 최근 수년 동안 수억 명을 가난에서 구제하는 놀라운 발전을 이룩했다. 하지만 저소득층은 비싼 식료품 가격 때문에 더 큰 타격을 받았다. 세계은행에 따르면 식료품비 상승은 2010년 하반기에만 4,400만 명을 빈곤으로 몰아넣은 것으로 나타났다.[6] 식량 가격 인상의 영향이 신흥국의 빈곤층에게만 영향을 미치는 것은 아니다. 세계 7대 경제 대국인 영국에서도 2013년에 적십자사가 제2차 세계대전 이후 처음으로 겨울 동안 빈곤층에게 음식을 배분할 것이라고 공표했다.[7]

2012년에 유엔 식량농업기구는 2004년에서 2012년 사이에 선진국의 영양결핍 인구가 23% 증가하면서 감소세가 역전됐다고 보고했다.[8] 미국에서도 5년 동안의 경기 확장 국면에서 4,600만 명이 식료품 할인권을 받았다.[9]

자원 가격의 상승은 식품에만 한정된 것이 아니었고 각각의 가구만 영향을 받은 것이 아니다. 2000년부터 2013년까지 농업, 금속, 에너지와 관련된 원자재 가격은 2배로 상승했다.[10] 신흥국의 도시화와 산업

2000년대 급속한 식료품 가격 인상으로 식료품에 대한 가구 지출 증가
: 식료품에 대한 가구 지출의 변화가 가장 높은 상위 10개국

2001~2013, %	식료품 지출 변화	가구당 식료품 지출
아르헨티나	5.8	37
사우디아라비아	4.2	30
필리핀	2.4	52
타이완	1.9	26
그리스	1.3	22
홍콩	1.3	15
네덜란드	1.3	16
멕시코	1.1	26
이스라엘	1.1	22
남아프리카공화국	1.0	27

출처: 세계은행, 국제통화기금, UN 교역개발회의, UN, 식량농업기구 통계, 이코노미스트 인텔리전스 유닛, 맥킨지 글로벌 연구소 분석

화가 경제적으로 어려운 시기에 에너지, 식료품, 천연자원의 수요 증가를 유발했다. 기업에게 원자재 수요 증가의 반대급부는 분명하다. 상품 가격의 상승은 소비자의 지출을 감소시키고 그 결과 제조업체의 이윤이 줄어들고 새로운 프로젝트에 대한 기업의 투자 의욕을 저하시킨다. 주요 자원의 가격 변동성이 더 높아진 세계는 위험도 그만큼 커진다. 하지만 다른 트렌드 파괴 사례와 마찬가지로 이런 변화는 새로운 기회를 제공한다. 투자 수익과 새로운 계획 그리고 효율적인 자원의 생산, 관리, 보관과 활용을 가능하게 하는 사고방식의 변화는 더 많은 수익을 창출하고 경쟁력을 높여주며 새로운 사업을 위한 토대를 제공할 것이다. 우리는 이미 이런 현상을 목격했다. 높은 유가 때문에 개발된 수압파쇄공법은 2014년 6월부터 12월 사이에 수요 감소라는 요인과 함께 유가를 40%까지 하락시켰다.

수요가 늘어도 가격이 떨어지는 시대

21세기 초에 지속적이고 강력한 힘이 세계 무대에 등장했다. 에너지, 금속, 식품, 물 등 핵심 원자재의 기준 가격은 지난 20세기 동안 실질 가격 기준으로 거의 절반으로 하락했다. 세계 인구가 4배 증가하고 세계의 1인당 GDP가 5배가량 상승했지만 원자재 가격은 하락하는 놀라운 일이 발생했다.[11] 생활 수준의 향상과 에너지 사용 증가로 원자재와 상품의 수요가 600%에서 2,000% 가까이 증가했다는 점을 고려하면 원자재 가격의 하락은 더 충격적이다.[12] 광업 분야의 증기 동력 활용, 농업의 기계화, 대규모 댐 건설 등을 통해 생산성이 크게 높아지면서 인간은 원자재의 생산, 분배, 교역 그리고 저장에 대해 좀 더 효율적인 통제권을 행사할 수 있게 되었다. 원자재 가격의 하락도 20세기에 세계 경제의 산출량이 20배 이상 증가하는 데 중요한 요인으로 작용했다. 1970년대 오일쇼크 기간을 제외하면 자원을 이용하는 데 있어 생산성은 중요한 문제가 아니었다.

하지만 이런 원자재 가격의 하락 추세는 마침내 끝났다. 가장 중요한 원인인 급격한 수요 증가와 석유와 물 등 일부 핵심 원자재의 공급 문제로 2000년에서 2013년 사이 각종 자원의 가격은 평균 2배 상승했다.[13] 이 기간 동안 에너지 자원의 평균 가격은 260% 상승했다. 금속은 176% 올랐고 구리는 344% 그리고 철강은 167% 상승했다. 20세기 마지막 해에 0.7% 하락했던 식품 가격은 2000년에서 2013년 사이에 120% 가까이 올랐다.

2011년 이후 원자재 가격은 정점에서 약간 하락하면서 많은 사람들이 원자재 슈퍼 사이클(슈퍼 사이클은 20년 이상의 장기적인 가격상승 추세 – 옮긴이)이 끝났다고 결론지었다. 하지만 슈퍼 사이클의 종말에 대한 보고서는 너무 과장돼 있다. 사실 2009년에서 2013년 사이에 자원의 가격은 세계 경제의 산출량보다 더 강력하게 반등했다. 2014년 중반에 원자재의 평균 가격은 2008년 최고치 수준에 근접해 있었다. 맥킨지는 원자재의 가격 상승을 주도하는 4가지 요인으로 수요, 공급, 연계성, 환경 비용을 꼽았다. 이 4가지 요인은 앞으로도 가격의 변동성을 높일 것으로 보인다. 4가지 가운데 어느 것도 결코 일시적이거나 단기적인 것이 아니다.[14]

늘어나는 수요

첫 번째 요인은 세계 중산층 소비자의 증가에 따른 수요 확대다. 지금까지 살펴본 것처럼 신흥국에서 경제 성장과 도시화는 해마다 수억 명의 새로운 소비자를 세계의 식탁으로 불러내고 있다. 1990년에서 2025년 사이에 세계 소비자 계층에 편입하는 30억 명은 거의 모든 상품과 원자재 분야에 엄청난 영향을 미칠 것이다.[15] 시간이 흐르면서 점점 더 많은 사람들이 더 좋은 음식을 먹을 것이다. 가처분 소득의 증가로 소고기 등 비싼 음식에 대한 수요가 늘어난다. 2000년부터 2013년 사이에 소고기 가격은 117% 상승했다.[16]

자동차 수요의 증가가 어떻게 비농업 분야의 원자재 수요를 견인하는지 살펴보자. 우리는 현재 10억 대로 추정되는 세계 자동차 대수가 2030년이 되면 17억 대가 될 것으로 예상하고 있다.[17] 이는 68억 개의 타이어가 더 필요하다는 의미다. 세계 천연 고무의 60%가 타이어 제조에 사용되고 있다. 따라서 2000년에서 2013년 사이에 고무 가격이 350% 상승한 것은 그리 놀라운 일이 아니다.[18] 공급이 수요를 따라가지 못한다면 고무 가격은 더 상승할 것이다. 2000년에서 2012년 사이에 세계 철강 생산량은 82% 증가했다.[19] 하지만 공급이 제한적으로 유지되면서 우리는 앞으로 20년 동안 철강 수요가 또다시 80% 정도 증가할 것으로 예상하고 있다.[20] 중국과 인도는 해마다 시카고 시 전체의 주거와 상업용 건물 면적의 3.5배에 달하는 건물을 짓고 있다. 새로운 건물의 증가는 전기, 수도, 도로 그리고 교통 등 자원이 많이 필요한 기반시설의 수요 증대를 불러온다.[21] 이런 추세는 단기적 추세 역전을 이

2000년 이후 가파르게 상승하는 자원의 가격
맥킨지 상품가격 지수[1]

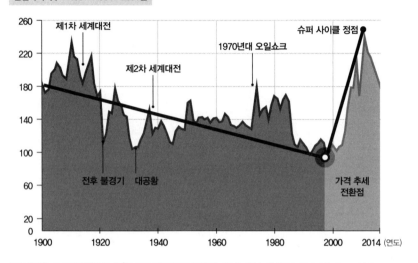

실질가격지수 : 100 = 1991~2001년

- 제1차 세계대전
- 제2차 세계대전
- 1970년대 오일쇼크
- 슈퍼 사이클 정점
- 전후 불경기
- 대공황
- 가격 추세 전환점

1900 1920 1940 1960 1980 2000 2014 (연도)

1. 4개 상품 하위지수의 산술평균 기준 : 식품, 비식농업상품, 금속, 에너지

출처: 그릴리 앤드 양, 파펜젤러, 세계은행, 국제통화기금, OECD통계, UN 컴트레이드, 맥킨지 글로벌 연구소 분석

겨내고 지속될 확률이 높다. 하버드대학의 공공정책과 경제학 교수인 케네스 로고프Kenneth Rogoff는 "인도와 중국을 합친 25억 명이 세계 경제에 편입되면서 기술 발전이 상쇄할 수 있는 것 이상의 원자재 가격의 상승 압박을 불러오는 수요 변화를 일으키고 있다. 그래서 앞으로 50년에서 75년 동안 그리고 아마도 미래에 언젠가 인간이 화성에서 광물을 채굴할 때까지 천연자원의 가격은 상승할 것이다"라고 강조한다.[22]

줄어드는 공급

수요 증가 자체는 상품 공급이 수요 증가와 동일한 비율로 는다면 문제가 되지 않을 것이다. 하지만 우리는 이런 추세의 붕괴에 직면하고 있다. 급증하는 수요를 충족시키는 데 필요한 자원 공급량을 측정하는 일이 점점 더 어려워지고 있다. 세계 각국의 자원 보유량은 매우 빠른 속도로 고갈되고 있다. 더구나 셰일가스를 제외하고 대부분의 새로운 자원은 접근하기 어렵고 채굴 비용이 많이 드는 곳에서 발견되고 있다. 예를 들면 일부 보고서에서는 현재의 생산량이 지속된다면 아연과 주석 등 일부 금속 자원은 앞으로 20년 안에 고갈될 것으로 보고 있다.[23] 전 세계 지하수의 고갈 비율도 1960년 이후 2배 상승했다.[24] 미국에서 천연가스와 셰일가스 채굴은 수많은 언론의 주목을 받았다. 하지만 세계 다른 곳에서 석유 산업은 새로운 공급원을 발굴하는 데 어려움을 겪고 있다. 2005년에 해상 유전 가운데 19%가 채굴이 어렵고 비용이 많이 드는 심해 유전으로 분류됐다. 2009년에 심해 유전 비율은 24%로 늘었다.[25] 21세기 첫 10년 동안 새로운 유전을 발굴하는 평균 비용은 2배 상승했다.[26] 물론 모든 원자재가 동일한 상황은 아니다. 예를 들면 철광석의 경우, 각종 비용의 증가에도 불구하고 가격은 안정적이었다. 석유나 구리처럼 발견이 중요한 자원과 비교해 철광이나 칼륨처럼 대량 매매되는 원자재는 공급 탄력성이 더 높다.

다른 요인들도 자원 채굴의 과정을 더 복잡하게 만들고 있다. 역사적으로 칠레는 세계 최대의 구리 생산국이었다. 하지만 현재 새로운 구리 광산 개발 사업은 정치적 위험도가 높은 국가에서 진행되고 있

다.[27] 이니Eni, 엑손모빌, 로열 더치 셸, 토탈Total, 카자흐스탄 국유석유
회사, 그리고 중국 석유공사는 지난 수년 동안 카자흐스탄의 카스피
해에서 카샤간 해상 유전 개발 프로젝트를 온라인으로 추진하려고 노
력했다. 세계의 경작 가능한 땅 가운데 아직까지 사용하지 않는 80%
는 정치적 위험도가 높거나 기반시설이 제한된 국가에 있다.[28] 적은 자
원 보존량, 오랜 개발 시간, 비싼 채굴 비용 등이 단기 공급을 비탄력적
으로 만들고 원자재와 자원 가격의 변동성을 높이고 있다.

크게 증가하는 다양한 자원의 수요
: 20년 주기로 따져본 자원의 추가 필요 공급량

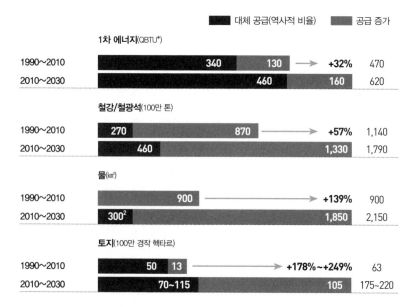

■ 대체 공급(역사적 비율)   ■ 공급 증가

1차 에너지(QBTU*)

	대체 공급	공급 증가		
1990~2010	340	130	+32%	470
2010~2030	460	160		620

철강/철광석(100만 톤)

1990~2010	270	870	+57%	1,140
2010~2030	460	1,330		1,790

물(km²)

1990~2010		900	+139%	900
2010~2030	300²	1,850		2,150

토지(100만 경작 헥타르)

1990~2010	50	13	+178%~+249%	63
2010~2030	70~115	105		175~220

1. 전체 수요가 아니라 공급 증가에 대체 비율을 더해 추산
2. 접근성, 지속성, 신뢰도 면에서 기준에 충족되는 공급량을 위해서는 300세제곱 킬로미터 정도 증가되어야 할 것이다

*QBTU(Quadrillion British Thermal Units) : 1QBTU는 약 3개월 동안 미국 뉴욕 주의 모든 산업과 자동차 · 트럭 · 건물 ·
가정 등에 공급할 수 있는 에너지 양 – 옮긴이

출처: 자원혁명 보고서, 맥킨지 글로벌 연구소

높아지는 연관성

세계 각국의 연관성이 높아지면서 자원 시장도 그 어느 때보다 연계성이 높아지고 있다. 대부분의 경우에 한 특정 자원의 수요 증가는 다른 자원의 공급에 큰 영향을 미칠 수 있다. 농업은 세계 물 소비량의 70%를, 에너지 소비의 2%를 차지하고 있다. 세계적으로 증가하는 중산층 소비자의 수요를 충족시키기 위해 더 많은 소고기와 닭고기 그리고 곡물만 필요한 것이 아니다. 더 많은 물과 에너지도 필요하다. 곡물 생산 비용의 15~30%는 에너지가 차지하고 있다. 지하수 추출 비용의 70% 그리고 담수화 비용의 50~75%도 에너지 비용이다.[29]

2004년까지만 해도 연료 가격과 농산물 가격 사이에는 상관관계가 거의 존재하지 않았다. 하지만 오늘날에는 식품 생산에 투입되는 에너지 사용량의 증가와 바이오 연료 생산 증가 때문에 유가가 식품 가격에도 상당히 큰 영향을 미칠 수 있다. 2007년 내내 옥수수 가격과 유가는 대체적으로 상관관계가 없었다. 하지만 이후 두 자원은 매우 강한 상관관계를 보여주었다. 유가가 상승하면 농부들은 더 많은 옥수수를 심는다. 그리고 더 많은 옥수수를 에탄올 생산자에게 판매한다. 사실 소비자는 현재 식물 기반의 연료 산업과 경쟁하고 있는 것이다.[30]

석유는 플라스틱과 다른 합성 화학제품의 중요한 원료 가운데 하나이기 때문에 높은 유가는 다른 제품의 가격을 상승시킨다. 그리고 화학제품 가격의 인상은 다시 고무, 면 같은 다른 경쟁제품의 가격을 올리게 된다. 금융시장이 가격 결정에 있어 더 중요한 역할을 하는 것처럼 하나의 시장에서 변동성은 다른 시장으로 신속하게 파급된다. 오늘날 위험 회피자, 투기꾼 그리고 투자가들 때문에 매일 전 세계 상품 거래소에서 거래되는 가상 형태의 선물과 파생 상품의 원유량은 현물 시장에서 거래되는 원유보다 30배 정도 많은 것으로 추정된다.[31] 기술적으로 진보한 세계 금융 네트워크에 의해 가능해진 시장 효과는 작은 동요조차 증폭시킬 수 있다. 이것이 금융위기의 여파로 2008년 국제 유가가 배럴당 140달러에서 2009년에 40달러로 폭락한 중요한 원인 가운데 하나다.[32] 세계 최대의 밀 생산지인 우크라이나에서 위기가 발발한 2014년 3월에 세계 밀 가격은 하루에 6% 급등했다.[33] 지정학에서 농업에 이르기까지 거의 모든 면에서 자원의 상호연계성 증가는 '새로운 기준new normal'이 되고 있다.

기술로 극복해야 할 환경 비용

자원의 가격을 상승시키는 요인 가운데 대부분은 수요와 공급의 역동성과 자원의 가용성 등 내적인 것이다. 하지만 상품과 자원시장에 대해 외부 요인이 미치는 영향력이 점점 커지고 있다. 지난 세기 동안 세계는 생산이 외부 환경에 미치는 영향력을 무시해왔다. 오늘날 세계 각국 정부에서 기후 변화, 산림 파괴, 해양의 산성화 등 세계적 문제와 지역적인 자원 생산과 관련된 환경 요인에 대한 보상을 위해 비용을 부과하는 조치를 취하고 있다.

기후 변화에 관한 정부 패널의 2013년 보고서에서는 회원국의 95%가 인간이 기후 변화의 가장 중요한 원인이라는 사실을 인정했다.[34] 기후 변화에 따른 환경 훼손은 경제적으로 큰 영향을 미친다. 큰 피해를 가져오는 태풍과 가뭄은 식품 가격의 인상을 유발한다. 홍수 피해에 의한 복구 비용도 크다. 더 극단적인 기후 변화에 대비하는 기반시설 건설도 기존의 막대한 투자에 부담을 추가시킨다. 지역의 환경이 훼손되면 주민은 보건비 지출이 늘게 된다. 중국 환경부의 연구에 따르면 중국 생태계에 대한 연간 훼손 비용은 2,300억 달러로 GDP의 3%가 넘는 것으로 추정된다.[35]

환경 파괴를 방지하기 위해 각국 정부에서는 관련 세금을 올리는 등 엄격하게 환경을 규제하고 있다. 2014년 여름, 미국은 전기 공급자와 발전소는 2030년까지 탄소 배출량을 2005년 수준으로 감소시키는 것을 의무화하는 새로운 기준을 발표했다.[36] 미래에 정부는 탄소세, 더 엄격한 배출 기준 그리고 물 사용에 대한 통제 기준을 부과할 수도 있다. 이 모든 것이 생산 비용을 증가시킬 것이다.

예를 들면 석탄과 관련된 건강과 환경 비용을 알 수 없더라도 브루킹스연구소Brookings Institution는 석탄 가격이 170% 정도 상승할 것으로 예상하고 있다.[37] 이는 전력 산업을 크게 바꿔놓고 많은 기업이 화력보다 풍력 발전에 투자하게 만들 것이다. 세계의 철광과 구리의 30~40%가 물이 부족한 지역에서 (칠레의 아타카마 사막이나 호주의 건조한 아웃백) 생산되기 때문에 물 가격의 인상은 이런 원자재의 비용과 가용성에 영향을 미칠 수 있다. 탄소의 가격 결정 체계도 광산업에 유사한 영향력을 미칠 수 있다.[38] 골드만삭스Goldman Sachs에 따르면 1톤당 10%의 탄소세를 부과할 경우 2011년을 기준으로 광산업의 수익은 약 2% 정도 감소할 것으로 나타났다.[39]

정부가 추구하는 대처 방식과 상관없이 기후 변화는 자원의 가격과 공급에 대한 변동성을 높일 것이다. 기업은 각각의 비즈니스 모델에 이런 변화에 대해 더 수준 높은 대응력을 포함시켜야 할 것이다.

어떻게 대응할 것인가

강력한 새로운 트렌드와 다양한 압박에 직면한 당신은 자원의 생산, 이용, 관리를 둘러싼 도전의 본질에 대해 깊이 생각해야 할 것이다. 새로운 트렌드를 대처해야 할 문제가 아니라 새로운 기회로 인식해야 한다. 방어적인 자세를 취하고 위기가 발생할 때까지 평상시처럼 행동하지 말고 선제적이고 미래 지향적인 대응책을 생각해보자. 효율성, 재활용, 환경보호는 종종 법과 규칙에 의해 강제로 실행해야 하는 골칫거리로 생각하기 쉽다. 하지만 자원 비용의 변동성이 높은 시대에 이런 노력은 경쟁력을 높일 뿐만 아니라 반드시 해야 하는 일이다. 새로운 비즈니스 모델과 기술이 확산되는 가운데 효율성 추구는 가치와 수익을 창출하는 중요한 요인이 될 수 있다.

자원 생산성을 2배로 높여라

자원 생산성을 향상하는 일은 복잡하고 중차대한 문제다. 맥킨지의 경험과 연구에 따르면 건물의 에너지 효율화에서 누수 방지 그리고 제조공정 개선에 이르기까지 가능성 높은 다양한 기회가 존재한다. 전 세계 국가가 다음에 설명할 15개 분야에서 펼쳐질 기회를 활용하기 위해 노력한다면 2030년에 전체 자원 수요의 30%와 지금부터 2030년 사이의 수요 증가를 모두 충족시켜 2조 9,000억 달러를 절약할 수 있을 것이다. 이런 노력에 미래적이고 놀라운 신기술이 필요한 것은 아니다. 15개 분야의 목표는 현재 우리가 가지고 있는 기술을 이용해 달성할 수 있다.[40] 우리는 이런 목표 달성이 쉬울 것이라고 주장하는 것이 아니다. 상당한 선행투자가 필요하겠지만 세계 GDP의 1%에 해당하는 1년에 1조 달러를 투자하면 연간 투자 금액의 3배를 절약할 수 있을 것으로 보인다.

자원을 절약할 수 있는 가장 큰 분야는 건물 내에 있는 사람의 수에 따른 난방이나 스마트 에너지 계측기 등의 에너지 관리 시스템을 통해 에너지 효율이 높은 건물을 짓는 것이다. 구글은 데이터센터가 사용하는 에너지 때문에 비난을 받자 자사의 영업활동이 탄소 중립적이라는 것을 입증하기 위해 적극적인 조치를 취했다. 구글은 풍력과 태양광 발전소에 투자했고 핀란드 지사에는 바닷물을 이용한 냉각 시스템을 도입했다. 또 캘리포니아 마운틴 뷰 본사 건물에 태양광 패널을 설치하고 효율적인 부품으로 시스템을 구성했다. 구글은 한 달 동안 일반적인 사용자 한 사람에게 서비스를 제공하기 위해 서버가 사용하는 에너지는 3시간 동안 전구 하나를 켜놓는 것보다 적다고 주장한다.[41] 에너지 효율성이 높은 건물은 엄청난 비즈니스 기회를 제공한다. 보스턴의 에너녹Enernoc은 수백 개의 건물과 기관의 내부 에너지 사용을 감시하고 통제한다. 그리고 에너지를 많이 사용하는 건물이나 기관을 수요 관리 시스템에 등재시킨다. 에너녹의 홈페이지는 고객을 위해 얼마나 많은 에너지를 절약했는지를 실시간으로 보여주는 계측기가 있다. 2014년

9월 현재 에너지녹이 절약한 에너지는 9억 3,000만 달러를 넘었다.[42]

과거에는 자원 공급에 관한 우려를 해소하는 첫 번째 조치로 더 많이 생산하는 것을 꼽았다. 이것은 여전히 중요하다. 하지만 자원을 적게 사용하면서 현재 공급량을 최대로 활용하는 방식처럼 새로운 대응 방법이 등장했다. 가장 저렴하고 가장 쉽게 얻을 수 있는 형태의 에너지는 우리가 사용하지 않는 에너지다.

자원 효율성을 높이는 기회들
: 사회적 관점, 2030

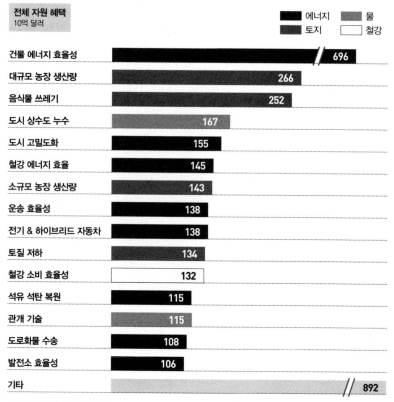

전체 자원 혜택 10억 달러		에너지 / 토지	물 / 철강
건물 에너지 효율성			696
대규모 농장 생산량		266	
음식물 쓰레기		252	
도시 상수도 누수	167		
도시 고밀도화	155		
철강 에너지 효율	145		
소규모 농장 생산량	143		
운송 효율성	138		
전기 & 하이브리드 자동차	138		
토질 저하	134		
철강 소비 효율성	132		
석유 석탄 복원	115		
관개 기술	115		
도로화물 수송	108		
발전소 효율성	106		
기타			892

출처: 맥킨지 글로벌 연구소 분석

음식물 쓰레기를 줄이는 것은 돈을 절약할 뿐만 아니라 사회복지를 향상시키는 또 다른 기회다. 이론적으로 식량자원을 좀 더 효율적으로 관리하면 2030년까지 전 세계적으로 약 3,400억 달러를 절약할 수 있다. 식량자원을 절약하면 식량 생산에 들어가는 30만 제곱마일, 약 6,500만 헥타르의 토지를 절약할 수 있다. 한국은 이 분야의 개척자다. 반찬을 좋아하는 한국인은 2012년을 기준으로 하루에 1만 3,000톤의 반찬을 낭비했고 이에 들어가는 연간 처리 비용도 8억 달러에 달했다.[43] 한국의 소비자가 음식을 버리는 것은 그렇게 많은 사회적 비용이 들지 않았지만 음식물 쓰레기 처리에 들어가는 정부의 비용은 계속 증가했다. 2013년, 정부 주도로 음식물 쓰레기 종량제를 도입하자 LG유플러스는 RFID 기술을 이용해 그램 단위로 무게를 측정할 수 있는 쓰레기통을 개발했다. 사용자가 카드를 이용해 쓰레기통을 열고 음식물을 버리면 신용카드나 현금카드에 즉각적으로 요금이 부과된다. 음식물 전용 쓰레기통이 설치된 도시의 경우, 음식물 쓰레기가 20~30% 정도 감소했다.[44] 음식을 줄인 한국인은 아무도 없고 그렇다고 식료품값이 오른 것도 아니었다. 그보다는 기술과 보상이 소비자로 하여금 식품을 더 효율적으로 구매하고 관리하도록 '넛지nudge' 효과를 발휘한 것이다.

수익률이 높은 투자처가 없다는 불평을 듣곤 한다. 트렌드가 변하는 중요한 시기에 효율성을 높이는 노력은 의미 있는 수익을 창출할 수 있어야 한다. 자원의 효율성을 높이는 기회는 산업 분야와 기업에 따라 다르다. 하지만 소비재 등 특정 분야는 잠재력이 매우 크다. 많은 제조업체가 3년 안에 수익을 내는 방식을 통해 자원의 생산성을 높여 에너지와 공업용수 비용을 50%까지 절약했다. 월마트는 멕시코에서 공급업체의 냉장시설 부족과 열악한 물류 체계 때문에 식품 폐기물 문제에 직면했다. 이 문제를 해결하기 위해 월마트는 부패하는 식품에 대한 배송 시스템을 개혁하고 협력업체가 시설을 개선할 수 있도록 자금을 지원하는 것은 물론 폐기물을 최소화하기 위한 예측 시스템을 개선하는 데 투자했다. 이런 각종 개선책의 조합을 통해 월마트는 멕시코에서 공급 체계 관련 비용을 크게 줄였다.

순환경제를 목표로 하라

자원 생산성의 혜택을 실현하기 위해 당신은 상품의 수명에 관한 생각을 바꿔야 한다. 쓰레기 매립지에 들어가는 폐기물을 어떻게 재활용할지를 연구하는 것보다 아예 매립지에 버릴 필요가 없는 상품을 만드는 것이 훨씬 효율적일 것이다. 전 세계의 공장과 가정에서 매일 1,000만 톤의 폐기물이 나와 매립지를 매우고 지자체의 예산을 낭비하며 온실 가스를 방출한다. 제조 과정에서 '수취 - 제조 - 폐기take-make-dispose'의 모형에 의존하는 대신 현명한 기업들은 빠르게 발전하는 순환경제 모델을 활용하고 있다. 순환경제는 분해와 재활용의 다양한 순환을 위해 상품을 디자인하고 최적화함으로써 가치를 만들어내고 있다. 순환경제는 결코 새로운 개념이 아니지만 (사람들은 지난 수세기 동안 음식물 쓰레기로 퇴비를 만들어왔다) 대부분의 제조업체에게는 여전히 틈새적인 접근법이다. 순환경제를 위한 노력은 전체 생산 상품의 5% 이하를 구성하는 몇몇 전시 상품으로 구성된 경우가 많다.[45]

순환경제 모델이 성공하기 위해서 기업은 완제품을 재료로 되돌리는 경제와 물류에 집중해야 한다. 상품 디자인에 대해 다시 생각하고 소비자와 유통업체의 호응을 얻을 수 있는 새로운 임대와 회수 계획을 만들어야 할 것이다. 탄탄한 순환경제의 가치 사슬 창조를 위해 공장 밖에서도 행동에 영향을 미칠 수 있는 새로운 규제, 기준 그리고 성과 보상이 필요할지도 모른다.[46]

파리 인근에 있는 르노자동차 공장은 순환경제를 실천하고 있는 대표적인 곳이다. 이 공장은 자동차 엔진, 변속기, 펌프 그리고 다른 부품들을 재생해 1년에 2억 7,000만 달러의 수익을 창출하고 있다. 르노는 일부 부품을 분해와 재사용이 더 쉽도록 다시 설계했다. 르노는 시장에서 회수된 자사 제품에서 얻어진 재료와 부품을 신제품에 투입하는 폐쇄적 재사용을 목표로 하고 있다. 이런 노력을 지원하기 위해 르노는 철강 재활용업체, 폐기물 관리업체와 합작 기업을 설립하고 최종 단계의 기술을 상품 디자인에 적용했다. 이 모든 정책 덕분에 르노는 차량의 수명 주기 동안에 소요되던 비용을 절약할 수 있었다. 새로운 부품을 만들기보다 사용한 부품을 재생산하는 방식으로 르노는 자동차 한 대를 생산하는 데 필요한 에너지의 80% 그리고 물의 88%를 절약할 수 있었다.[47]

기업은 다양한 산업 분야에 르노의 생산방식을 변형해 적용하고 있다. 중요한 트렌드 변화 과정에서 기업의 브랜드와 이미지를 위해 재활용을 시작하고 이를 일종의 마케팅 비용으로 생각했던 많은 기업에서 재활용을 중요한 투자로 생각하게 되었다. 1년에 200억 달러의 수익을 내고 있는 세계적 사무기기 제조업체인 리코Ricoh는 제품의 재활용성을 최대화하고 사용하는 부품을 최소화하기 위해 처음으로 '그린라인GreenLine'이라는 복사기와 프린터 제품을 만들었다.[48] 그린라인 제품은 현재 유럽 6개 시장에서 판매되고 있는데 수량 기준으로 리코 전체 매출의 10~20%를 차지하고 있다. 또 신제품과 비교해 품질의 저하도 없고 2배 높은 수익을 창출하고 있다.[49]

가정용품과 DIY 판매점인 B&Q는 몇몇 매장을 중심으로 전동공구에 대한 교환 프로그램을 시험하고 있다. 고객은 사용한 제품을 현금으로 교환하거나 자선단체에 기부할 수 있다. B&Q는 유럽에서 고객이 가져온 공구를 수리해 재판매하거나 새로운 공구를 만드는 재료로 재활용하고 있다.[50]

재사용과 재활용은 다른 산업 분야에 있는 기업과 제휴관계를 맺을 때 새로운 비즈니스 기회를 만들어낼 수 있다. 2013년에 세계적 의류 업체인 H&M은 의류 수거 운동을 시작했다. 고객이 낡은 옷을 가져오면 H&M의 신상품을 할인받을 수 있는 쿠폰을 지급했다. H&M은 순차적인 다양한 재활용을 위해 옷을 분류하는 I:CO라는 역물류reverse-logistics업체와 제휴를 맺었다. I:CO는 수명이 끝난 재료를 회수해 다른 가치 흐름이나 산업 분야에서 활용하는 업체다. 회수된 셔츠와 양말의 대부분은 전 세계 중고시장으로 배송된다. 재판매에 부적합한 의류는 다른 분야에서 원재료로 사용된다. 예를 들면 걸레나 직물용 또는 자동차 산업에서 진동을 방지하는 제진재와 절연재로 활용하는 것이다. 다른 활용도가 없는 1~3% 정도의 섬유제품은 전기를 생산하는 연료로 사용된다.[51] 의류 수거 프로젝트를 시작한 지 1년 후 H&M은 최초로 자사 청바지에 대한 폐쇄적 재사용 프로젝트를 시작해 티셔츠 1,500만 장에 달하는 3,000톤의 불필요한 의류를 수거했다.[52]

기술을 활용하라

자원 분야에서 기회는 단지 효율화 노력에서만 찾을 수 있는 것은 아니다. 공급을 적극적으로 늘리는 것도 자원 희소성의 부작용을 완화시킬 수 있다. 에너지를 예로 들어보자. 20세기에 기술은 지정학적 어려움과 물류 문제를 해결하는 데 중요한 역할을 했다. 오늘날 에너지 분야에서 3개의 중요한 혁신이 향후 10년 동안 에너지 공급시장의 상황을 바꿔놓을 수 있다. 석유와 가스 관련 기술의 발전, 재생에너지 그리고 첨단 배터리 기술이다.

석유와 가스 산업에서 수압파쇄공법과 수평시추기법은 셰일층에 갇혀 있는 석유와 가스를 대규모로 추출할 수 있게 만들었고 이미 세계 시장에서 그 효력이 나타나고 있다. 수압파쇄공법이 환경적인 측면에서 논란이 있지만 막대한 영향력은 의심할 여지가 없다. 2000년부터 2013년 사이 천연가스 생산량이 23% 증가한 미국에서 겨울철 가스 가격은 2008년 이후 절반으로 떨어졌다.[53] 신기술에 힘입어 미국은 2013년에 러시아를 제치고 세계 최대의 탄화수소 배출국이 되었다. 그리고 국제에너지기구에서는 2020년이 되면 미국은 세계 최대의 석유 생산국이 될 것으로 추정하고 있다.[54]

정부의 연구 개발 노력은 새로운 유전에 대한 접근성 개선과 비용 절감 외에도 기존 유전의 석유 회수율을 높이는 데 큰 공헌을 했다. 실제로 기술은 성취 수준을 바꿔놓는다. 지난 30년 동안 노르웨이 정부는 석유 회수 기술의 이해와 연구에 막대한 돈을 투자했고 자체적으로 연구를 실행하는 기업에 재정을 지원해왔다. 오늘날 노르웨이 기업의 석유 회수율은 45%로 사우디아라비아의 2배에 달한다.[55]

태양광, 풍력, 수력 그리고 조력 등 재생에너지는 기후 변화를 유발하거나 희소한 자원에 대한 경쟁을 불러일으키지 않고 제한된 에너지 공급 문제를 해결할 가능성이 있다. 여기서도 우리는 중요한 트렌드의 붕괴를 목격할 수 있다. 20세기 후반 대부분 재생에너지는 전기를 생산하는 전통적 수단과 경쟁할 수 없는 고가의 에너지였다. 하지만 세계화, 기술 그리고 규모의 경제 효과가 증폭되면서 상황이 바뀌었다.

치열한 경쟁, 생산 능력의 향상, 기술의 발전, 생산 규모의 증가 덕분에 지난 20년 동안 태양광 패널의 설치 비용은 1와트당 8달러에서 10% 수준으로 떨어졌다.[56] 태양광과 풍력은 미국과 유럽연합의 선진국에서 주거용은 물론 대규모 산업용으로도 빠르게 채택되고 있다. 여기에 더해 중국과 인도 등 신흥 경제 대국도 적극적으로 재생에너지를 활용할 계획을 마련하고 있다.

- 2013년 기준으로 전 세계의 태양광 발전 능력은 37기가와트로 이는 2007년보다 14배 이상 증가한 것이다.[57]
- 2002년에서 2013년 사이 세계 풍력 발전 용량은 31기가와트에서 318기가와트로 10배 이상 증가했다.[58] 2013년 한 해 동안에만 2002년의 전 세계 풍력 발전소보다 더 많은 풍력시설이 건설되었다.

작은 기업이 대기업이 되고 공급체계 네트워크를 형성하면서 서비스 제공 기업과 더 작은 기업들이 재생에너지 산업 진출을 촉진시켰다. 재생에너지 산업은 경기 친화적인 경향이 있다. 더 많은 재생에너지 시설이 들어설수록 더 주목을 받게 된다. 가격은 하락하고 태양광 임대에서 그린본드green bond(환경 개선 등 환경 친화적 활동과 신재생 에너지 프로젝트와 같은 녹색산업과 관련한 용도로 사용처가 제한된 채권 - 옮긴이)까지 다양한 재정 지원 정책이 재생에너지의 확산 속도를 가속화시킨다. 국제에너지기구에 따르면 대규모의 재생에너지 생산을 위한 해결책이 현재의 속도로 지속된다면 2050년에는 태양광이 화석연료, 수력 그리고 원자력을 제치고 세계 최대의 전기 공급원이 될 수도 있다.[59] 상당수의 신흥국에서 소비자가 사용하는 전기의 첫 번째 공급원은 탄소 배출이 전혀 없는 태양광 발전이 될 것이다.

풍력이나 태양광처럼 간헐적 전기 공급원에 기반을 둔 전력 시스템 건설은 에너지 관리와 저장에 많은 비용이 들어간다. 여기서도 시장의 힘과 기술의 발전이 주목할 만한 기회를 제공할 것이다. 에너지 저장 기술이 계속 발전하면서 2020년이 되면 배터리 가격이 크게 하락할 것이다. 그리고 에너지 저장 기술은 운송, 발전, 석유와 가스와 같은 거대한 산업 분야를 혼란에 빠트릴 것이다. 일본 대기업인 NEC는 전력 산업에 사용할 대용량 배터리에 투자하고 있다. 이 배터리는 가까운 태양광 발전소나 소규모 시설에 설치해 전력망에 일정하게 전기를 공급하는 데 사용된다. 이와 관련해 연료전지는 실현 가능성이 높은 좋은 사례다. 수소는 일반적인 연료전지에서 최고 60%의 효율로 전기로 변환될 수 있다. 이 기술이 주거시설의 냉난방에 적용된다면 발전 과정에서 생성된 열을 다시 전기로 만드는 방법을 통해 효율을 80%까지 높일 수 있다. 연료전지가 대규모로 생산되면 자동차에도 적용될 수 있다. 연료전지는 자동차의 연소 엔진보다 훨씬 더 효율적인 것으로 입증될 것이다.[60]

설계를 통해 복원력을 높여라

에너지 저장장치와 에너지 생산시설의 통합은 자원의 공급과 가격 변화에 취약할 수밖에 없는 에너지 시스템에 복원력을 강화하는 방법 가운데 하나다. 이런 사고방식을 다른 분야에도 적용하는 것은 직관을 재정립하는 중요한 요인이 될 것이다. 1970년대 에너지 가격을 제외하면 자원 가격의 변동성은 매우 높았다. 유가와 다양한 원자재 가격 사이에 상관관계가 점점 더 높아지면서 많은 기업이 가격 변동성에 대한 방어책을 마련하려고 노력하고 있다. 기업은 공급자와 고객과 더 친밀하고 현명한 유대관계를 형성함으로써 자원의 가격 변동성을 완화시키려고 노력한다. 또 유연성 있는 제품 설계와 위험 회피 수단으로 금융 상품의 활용도 가격 변동성의 영향을 줄이는 방법이다. 본질적으로 방어적인 것으로 인식되는 이 모든 방법은 수익을 높이는 유용한 지렛대다.

유럽의 한 식품제조업체는 공급자와 믿기 어려운 계약을 체결함으로써 옥수수 가격의 변동성을 감소시켰다. 이 기업은 시장 가격에 대한 예측과 관계없이 해마다 향후 3년 동안 구매물량의 3분의 1에 대한 가격을 미리 정한다. 그 결과 이 기업이 지불하는 가격의 3분의 1은 현재의 시장 가격에 영향을 받는 것으로 나타났다. 나머지 3분의 2는 이전 2년 동안의 가격이 반영됐다. 옥수수 공급업체에 지불하는 평균 가격은 15년 동안 거의 일정하게 유지됐다. 기업은 옥수수 가격 변동성을 50% 정도 줄일 수 있었다.

소매점과 식당 주인들은 유연성이 높은 복원력을 유지하기 위해 판매와 마케팅 부분을 잘 조직화해야 한다는 사실을 알고 있다. 미국의 한 인기 있는 식당은 재료 조달과 마케팅을 조합해 소고기나 새우의 시장 가격에 따라 변하는 주간 특별 메뉴를 도입했다. 주간 특별 메뉴는 그 주에 어떤 요리재료를 구매하는 것이 더 유리한가에 따라 결정된다.

금융적 위험을 회피하는 것도 기업이 자원의 가격에 대한 어느 정도 통제력을 얻기 위해 이용하는 또 다른 방법이다. 유럽의 한 낙농회사는 유통업체와 우유 판매 협상을 할 때 미래의 생산 시점에서 지불해야 하는 우유의 가격을 알지 못한다는 사실을 발견했다. 사실 우유의 가격은 1톤에 26~35유로 사이에서 움직일 수 있었다. 무시하기에는 너무 큰 차이다. 이 회사는 선물시장에서 우유 선물을 매수함으로써 비록 미래의 가격이 하한선인 26유로보다 더 높다 하더라도 지불해야 하는 우유 가격을 고정시킬 수 있었고 그 결과 가격 변동성을 사실상 제로 수준으로까지 감소시킬 수 있었다.

때때로 남보다 앞서 생각하는 기업은 짧은 시간에 투입 요소의 변경이 가능한 '전환가능설계' 전략을 도입하는 방식으로 변동성에 대응해왔다. 쉐보레chevrolet는 바이오 연료를 사용하는 실버라도250 소형 트럭을 생산하고 있다. 전통적인 휘발유 연료통과 압축 천연가스 연료통을 장착한 실버라도250 소형 트럭은 연료 가용성이나 가격에 따라 2가지 연료 가운데 하나를 선택해 사용할 수 있다. 재활용 설계와 유사한 방식을 도입한 또 다른 식품회사는 재생 플라스틱을 여러 번 사용하기 위해 포장재의 색깔을 밝은 색에서 어두운 색으로 바꿨고 그 결과 플라스틱 원자재 가격에 대한 취약성을 감소시켰다.

자원 혁명에 대한 계획이나 구상은 언뜻 보기에 복잡하고 비용이 많이 들어가는 노력이다. 하지만 시간이 지나면서 아무것도 하지 않는 비용이 훨씬 크다는 사실을 발견하게 될 것이다. 단기적 관점에서도 기업은 자원 가격의 하락 추세 변화가 중요한 기회를 제공할 것이라는 사실을 알고 있다. 기업은 변동성과 혼란에 대비할 뿐만 아니라 영업활동을 개선하고 새로운 사업에 진출하며 경쟁력을 키우기 때문이다. 경영진도 자원의 비용뿐 아니라 에너지, 물, 식량과 같은 투입 요소를 더 좋은 방식으로 생산하고 관리하는 데 들어간 투자가 어떤 성과를 낼 수 있는지를 깊이 생각해봐야 한다. 상호밀접하게 연계된 세계에서 많은 유용한 해법과 기술이 실효성을 검증받고 있다. 기존의 기술과 방법을 최적화하고 새로운 시스템을 고안하며 혁신과 현명한 정책을 수용함으로써 기업은 자원 가격의 변동성이 높은 세계에서 성공을 위한 입지를 확보할 수 있다.

누구도 가본 적 없는
저금리의 끝

불가능할 만큼 사람들이 빽빽하게 들어찬 뭄바이의 출퇴근 열차는 전설적인 명물이다. 매일 750만 명 이상의 승객이 2,300개의 열차 가운데 하나에 올라타려고 위험한 곡예를 벌이고 있다. 우기에는 기차가 이용 가능한 유일한 교통수단인 경우가 많다.[1] 뭄바이에서만 해마다 3,500명이 기차와 관련된 사고로 목숨을 잃고 있다.[2] 비극적인 희생과는 별도로 이런 정원 초과로 대표되는 사회기반시설에 대한 투자 결핍은 인도의 인상적인 경제 성장을 좌초시킬 가능성이 있다.

인도의 성장은 매우 흥미롭다. 1991년 이후 인도의 1인당 GDP는 5배 정도 증가했고 외환 보유고는 50배 그리고 연간 외국인 직접투자는 200배 늘어났다.[3] 미래 전망도 상당히 밝다. 인도는 2013년 세계 10위 경제 대국에서 2030년에는 세계 3위 경제 대국으로 성장할 것으로 추정된다.[4] 인도의 젊은 인구와 급속한 도시화는 향후 수십 년 동안 경제 성장과 번영을 이끄는 인구배당효과가 될 수 있다. 2030년에 인도의 도시인구는 6억 명으로 현재 미국 전체 인구의 2배에 이를 것으로 전망된다. 세계에서 가장 인구가 많은 5개 도시 가운데 2곳이 인도에 있고 100만 명 이상의 인구를 가진 인도의 도시도 68개에 달할 것이다.[5]

하지만 인도가 도시에 투자하지 않는다면 기반시설 부족으로 도시의 생산성 배당을 상쇄하게 될 것이다. 세계 금융위기 이전에 인도의 인구 1인당 연간 자본 지출은 중국의 14% 그리고 영국의 4%에 불과했다.[6] 수십 년에 걸친 만성적 투자 부족은 인도의 절름발이 기반시설과 도시의 서비스 결핍에서 극명하게 드러나고 있다. 뭄바이의 통근자는 철도 수용 능력보다 3배 빠르게 증가하고 있다.[7] 정전도 자주 발생하고 발전 용량도 최대 수요보다 15~20% 정도 부족하다. 물과 쓰레기 관련시설도 부족해 도시 하수의 30% 이상이 처리 과정을 거치지 않고 방류되고 4명 가운데 1명은 상수도시설 없이 살고 있다.[8]

인도가 경제 대국으로서 잠재력을 실현하려면 활기찬 도시가 필수적이다. 하지만 인도는 만성적인 자본 투자 부족에 시달리고 있다. 도시의 수요만을 충족시키려고 해도 인도는 1년에 7~9억 제곱미터에 달하는 거주와 상업 지역이 필요하고 350~400킬로미터의 지하철과 25억 제곱미터의 도로를 포장해야 한다. 이는 인도가 지난 10년 동안 건설한 포장도로의 20배에 이르는 규모다. 이런 도시기반시설을 건설하기 위해 인도는 2030년까지 현재 1인당 자본투자 금액보다 8배 많은 1조 2,000억 달러의 자본이 필요할 것이다.[9]

인도가 예외적인 경우가 아니다. 경제 성장에도 불구하고 GDP 대비 전 세계의 기반시설 투자비율은 1970년대 25.2%에서 2009년에는

21.8%로 오히려 감소했다.[10] 이 같은 투자 감소는 제2차 세계대전 이후 서유럽과 일본에서의 투자 감소를 상당 부분 반영한 것이다. 하지만 앞으로 세계적인 투자 감소 현상이 지속될 가능성은 적다. 브라질, 중국, 인도 등 중요한 신흥국은 도시화와 인구 증가에 따른 수요를 따라잡기 위해 기반시설에 대한 투자를 확대해야 할 것이다. 전 세계의 저소득과 중간소득 국가들은 경제 목표와 인간 개발 목표를 달성하기 위해 투자비율을 높여야 한다. 선진국도 현재 기반시설의 서비스 수준과 수용 능력을 개선하려면 지난 수년 동안 보류했던 투자를 확대해야 한다. 앞으로 20년 동안 경제 성장을 따라잡기 위해 필요한 전 세계 기반시설 투자 규모는 57조 달러에서 67조 달러까지 증가할 것이다. 이는 지난 20년 동안 투자한 전체 금액보다 60% 이상 증가한 것이다.[11] 그리고 이런 투자 수요 증가는 자본 비용을 인상시키는 여러 요인들 가운데 하나일 뿐이다.

적극적인 개입으로 달라진 경제 흐름

현재 상황에서 자본 조달 비용이 높아질 것이라는 경고는 우기가 다가오는데 가뭄에 대한 경고처럼 보일 수도 있다. 단지 금융이라는 창문을 통해 밖을 내다보면 큰 문제가 없어 보인다. 지난 30년에 걸친 금리 하락은 자본 조달이 앞으로도 저렴할 것이라는 기대를 갖게 만들었다. 맥킨지 전문가도 대부분 대출 여력이 부풀린 자산 가격은 단기적 변동성에도 불구하고 장기적으로 오를 것으로 본다. 실제로 미국의 주택 가격은 1968년에서 2000년대 중반까지 단 한 해도 하락하지 않고 1년에 평균 6.4% 상승했다.[12] 브라질에서 가장 인구가 많은 상파울루와 리우데자네이루의 경우 주택 가격은 2008년 이후 2배로 상승했다.[13] 런던의 주택 가격은 지난 30년 동안 10년마다 거의 2배씩 상승했다.[14] 1980년에서 2013년 사이에 스웨덴의 실질 주택가격은 55% 올랐고 프랑스에서는 85% 그리고 캐나다에서는 130% 상승했다.[15] 지난 수십 년 동안 기반시설 투자비율 하락에 따른 자본 수요 감소와 지난 수년 동안의 비정상적인 통화정책에 의한 풍부한 자본 공급 때문에 현재 자본 비용은 그 어느 때보다 저렴해졌고 이는 다시 자산의 가격을 상승시켰다.

하지만 커다란 변화가 다가오고 있다. 그리고 이 변화는 미래의 자본 조달 비용과 자산 가격에 대한 우리의 생각을 바꿔놓을 것이다. 추세가 분명히 바뀌고 있다. 하지만 그 방향은 결코 명확하지 않다. 추세 변화는 금리 상승에 따른 수요와 공급에 대한 전통적인 관점에 의해 발생할까? 아니면 2008년 금융위기의 여파로 전례가 없는 저금리 정책을 펼친 중앙은행에 의해 일어날까? 우리는 금리와 (금리가 낮고 전체적인 금리 방향도 하향) 자산 가격의 방향과 수준이 (자산 가격이 높고 가격도 상향) 명확한 시대를 경험했다. 하지만 하버드대학의 경제학자 마틴 펠드스타인Martin Feldstein의 주장처럼 이런 추세는 붕괴되고 있다. 그는 "장기 금리는 더 이상 지속이 불가능할 정도로 낮다. 이는 채권과 다른 유가 증권 자산의 가격에 거품이 있다는 의미다. 향후 금리가 상승하면 거품이 붕괴될 것이고 유가 증권의 가격이 하락하면서 이를 보유한 사람들은 손해를 볼 것이다"고 말했다.[16]

신흥국이 지속적으로 산업화되고 도시화되면서 투자의 필요성도 증가하고 있다. 쿠마시에서 뭄바이 그리고 포르투알레그리에서 쿠알라룸푸르까지 세계 곳곳에서 막대한 자금이 필요한 건설 프로젝트들이 진행되고 있다. 이들 국가가 기반시설에 투자하면서 혁신적 기술을 따라잡기 위해 새로운 능력 개발과 장비 개선 등에 투자하려는 기업의 추가 수요가 증가할 것이다. 그리고 자본의 수요 증가는 세계 인구의 고령화와 장기적인 정부의 재정적자와 함께 진행될 것이다. 이는 수요 증가와 마찬가지로 전 세계 저축 잔고에 압박으로 작용할 것이다. 전

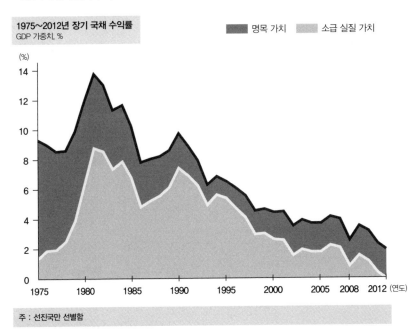

30년간 진행된 중앙은행 금리 인하 정책의 종료
: 선진국의 장기 금리 추세

1975~2012년 장기 국채 수익률
GDP 가중치, %

명목 가치　　소급 실질 가치

주 : 선진국만 선별함

출처 : 국제통화기금, 맥킨지 글로벌 연구소 분석

통적인 거시경제 관점에서 보면 수요 증가와 공급에 대한 압박은 자본의 부족과 자본 조달 비용의 상승을 불러온다.

하지만 최근의 비전통적인 통화정책은 우리를 전인미답의 상황으로 이끌었고 과거와 다른 이해하기 쉽지 않은 세계를 만드는 초석이 됐을지도 모른다. 이는 중앙은행과 정부가 언제나 개입할 준비가 돼 있고 충분한 유동성을 투입해 경제를 성장시키고 금리를 낮게 유지하는 세계다. 물론 정부는 이런 저금리 정책의 가장 중요한 수혜자 가운데 하나였다. 새로운 세계는 적극적인 통화 공급이 자산 거품과 인플레이션 그리고 통화 가치의 폭등과 급락을 유발시키는 위험한 균형 상태를 유지하는 곳이다. 점점 더 많은 국가들이 이 새로운 세상으로 들어서고 있다. 사실 우리는 한때 우리가 금기시했던 통화 확장 정책과 부채의 자산화가 중앙은행의 정상적인 정책 수단이 되는 세계로의 변화 직전에 있는 것인지도 모른다. 이런 미래는 우리가 현재 알고 있는 자본 시장을 변화시키고 새로운 도전 과제를 던져줄 수도 있다.

자본 흐름의 영향력과 변덕은 훨씬 더 복잡한 변수를 추가하고 있다. 세계의 자본은 유동적이지만 공평하게 분배되지는 않는다. 어떤 지역은 자본 부족으로 어려움을 겪고 다른 지역은 자본이 넘쳐난다. 현대 후기 산업 사회의 두 유령 도시에 대해 살펴보자. 미국 중서부의 산업 발전을 이끈 디트로이트는 2012년에 파산을 신청했고 지금은 기반시설 투자자금을 유치하는 데 어려움을 겪고 있다. 거대한 도시에서 사람들이 떠나자 건물은 황폐화되고 주거 지역에는 잡초만 자라고 있다. 지구 반대편의 내몽고에 있는 오르도스는 자본이 넘쳐났다. 부유한 탄광 지대에 자리 잡은 도시인 오르도스는 거대한 아파트 단지, 공원 그리고 거대한 공공기관이 입주한 캉바시 지구의 건설 붐으로 엄청난 성장을 이룩했다. 하지만 입주하기로 한 100만 명은 아직도 이주를 하지 않았고 지금은 유령 도시로 남아 있다. 우리는 정확한 양의 자본을 필요한 장소와 시기에 정확하게 전달하는 일을 언제나 시장에만 의존할 수 없다.

자본 비용이 높아질 것이다
:

수요의 기본 원칙은 장기적으로 명확하다. 세계 GDP 대비 투자비율은 현재 22% 정도지만 경기침체기였던 2009년의 20.9%보다 상승했다.[17] 이런 투자비율은 경기 호황을 주도하는 신흥국의 산업화와 도시화가 진행되면서 계속 상승할 것이라는 점은 충분히 예상할 수 있다.

브라질, 인도네시아, 인도 그리고 중국은 여전히 제조 공장이 필요하다. 전 세계의 성장하는 도시들은 2013년 10조 달러에서 2025년에는 20조 달러로 자본투자를 2배로 늘려야 할 것이다.[18] 도시로 이주하는 사람들은 아파트와 자동차 그리고 학교가 필요할 것이다. 브라질의 기반시설을 예로 들어보자. 브라질의 전체 기반시설 투자는 1970년대 연간 GDP의 5.4%에서 2000년대에는 2.1%로 하락했다. 브라질 기반시설의 한계는 2014년 브라질 월드컵 기간에 항구도시 헤시피Recife의 하수와 도로가 홍수로 넘쳤을 때 극명하게 드러났다. 브라질의 교통기반시설은 도로의 86%가 비포장일 정도로 열악하다. 브라질은 미국과 비교해 국토 면적은 90%로 비슷하지만 철도망은 13%에 불과하다.[19] 브라질 축구 국가대표팀은 2014년 월드컵 준결승에서 독일에게 패배했지만 FIFA 랭킹은 10위 안에 든다. 하지만 세계경제포럼WEF, World Economic Forum이 발표한 사회기반시설 순위를 보면 브라질은 전체 148개 국가 가운데 114위를 기록하고 있다.[20] 브라질이 경제적 잠재력을 완전히 발휘하고 싶다면 도로, 항만 그리고 공항에 투자해야 한다.[21]

반면 선진국에서는 지난 수십 년 동안 억제해왔던 기반시설에 대한 새로운 투자가 살아나고 있다. 1970년대 이후 선진국의 기반시설 투자비율은 급격하게 하락했다. 1980년과 2008년 사이에 전체 투자금액은 과거와 같은 투자비율을 유지했을 경우보다 20조 달러가 감소했다.[22] 이것은 일본과 미국의 GDP를 합친 것과 맞먹는 금액이다.[23] 보스턴과 워싱턴을 연결하는 고속열차인 아셀라Acela는 느린 속도와 믿을 수 없는 스케줄 그리고 굼뜬 인터넷으로 외면받고 있다. 현재 서비스 부족을 해소하고 수요 증가를 따라잡기 위해서 미국 민간엔지니어협회는 2020년까지 기반시설에 현재 수준보다 1조 6,000억 달러를 더 투자해야 한다고 추정하고 있다.[24] 미국 교통부는 대중교통수단을 '양호한 상태'로 유지하기 위해서는 2028년까지 해마다 대중교통 수단에 투자를 40%씩 늘려야 할 것으로 예상했다.

맥킨지는 2030년까지 예상되는 경제 성장을 달성하기 위해 전 세계는 도로, 건물, 철도, 통신, 항만 그리고 물에 57~67조 달러 정도를 투자해야 할 것으로 추정하고 있다.[25] 이는 현재 전 세계의 모든 기반시설보다 더 많고 1994년부터 2012년까지 전 세계의 기반시설에 투자한 금액보다 60% 더 많은 액수이다.[26] 이런 투자 수요는 시대에 뒤떨어지거나 평가절하된 자본을 대체할 필요성과 결합되면서 전 세

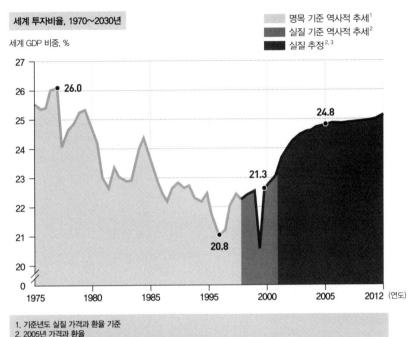

신흥국 주도의 투자 증가
: 제2차 세계대전 이후 최고 수준에 도달할 것이다

세계 투자비율, 1970~2030년

세계 GDP 비중, %

명목 기준 역사적 추세[1]
실질 기준 역사적 추세[2]
실질 추정[2, 3]

1. 기준년도 실질 가격과 환율 기준
2. 2005년 가격과 환율
3. 자본재 가격이 다른 상품과 같은 비율로 증가하고 재고의 변화가 없는 것으로 가정

출처: 이코노미스트 인텔리전스 유닛, 글로벌 인사이트, 맥킨지 글로벌 경제 성장 데이터베이스, 옥스퍼드 이코노믹스, 세계은행 세계개발지수, 맥킨지 글로벌 연구소 분석

계의 투자 규모를 금융위기 이전 최고치였던 2008년 13조 달러에서 2030년에는 25조 달러까지 증대시킬 것이다.[27]

자본에 대한 수요는 분명히 증가하고 있다. 공급은 어떠한가? 공급 측면에서는 수년 동안 풍부하게 공급된 후에도 공급이 부족할 가능성이 존재한다. 비정상적인 통화정책을 펼치지 않는다면 장기 공급에 대한 전망은 지난 20년 동안의 통화 팽창의 현실이 그대로 반영될 가능성은 적다. 세계 인구가 고령화되고 가구의 저축이 줄어들면서 자산은

감소할 것이다. 고령화와 관련된 정부 지출은 2030년이 되면 GDP에서 차지하는 비중이 4~5%포인트 증가하면서 예산 적자와 가계 저축 수준에 더 큰 부담으로 작용할 것으로 예상된다.[28] 마지막으로 전체 저축 규모가 세계 5위와 6위인 중국과 인도 같은 신흥국도 소비경제로 전환하면서 저축률이 하락할 수도 있다.[29]

세계 경제 대국으로 성장보다 더 인상적인 현상은 중국의 저축 성향이다. 중국의 사회안전망은 상대적으로 열악하다. 대부분의 중국인은 1960년대와 1970년대의 가난과 결핍을 생생하게 기억하고 있다. 중국인이 돈을 쓰지 않고 저축을 해 세계 최고의 저축률을 기록하는 것도 이 때문이다. 중국의 저축률은 2000년대 초반 GDP의 37%에서 2008년에는 50% 이상으로 높아졌다.[30] 2008년에 중국의 전체 저축 규모는 2조 4,000억 달러로 세계 최고를 기록했다.[31] 4년이 지난 2012년에도 저축률은 상승하지 않았지만 빠른 경제 성장 덕분에 전체 저축 규모는 여전히 세계 최고를 기록하고 있다.

하지만 미래에도 중국이 저축률을 높은 수준으로 유지한다는 보장은 없다. 중국 정부는 투자 의존에서 소비 의존으로 경제 정책을 변화시키려고 노력하고 있다. 국민에게 지출을 늘리고 저축을 줄이라고 독려하는 것이다. 중국이 일본과 한국 그리고 타이완의 발전경로를 따라간다면 현재의 높은 저축률은 크게 하락할 것이다. 예를 들면 타이완의 경우 의료보험과 연금 체계를 개선한 이후 저축률은 1995년에서 2008년 사이에 7%포인트 하락했다.[32]

중국의 저축률이 하락하는 가운데 선진국의 저축률도 오르기는 힘들어 보인다. 미국, 호주, 영국의 저축률은 세계 경기침체 이후 상승했다. 예를 들면 미국의 경우 경기회복 이후 다시 하락 추세로 돌아서기는 했지만 개인 저축률은 2007년에 3%에서 2009년에는 6.1%로 증가했다. 하지만 저축 수준은 여전히 상대적으로 낮다. 선진국에서 현재의 저축률 증가 추세가 앞으로 20년 동안 지속된다고 해도 2030년 세계 저축률은 1%포인트만 상승할 것으로 예상된다.[33]

2030년에 활용 가능한 전 세계 저축 규모와 필요한 투자 규모 사이에 2조 4,000억 달러 정도의 수요와 공급 불균형이 발생할 것이다.[34] 전통적인 거시경제의 관점에서 보면 투자 수요와 저축률 사이의 격차는 실질 금리 인상에 대한 압력으로 작용하고 투자를 위축시킬 것이다. 자본의 생산성 향상이 투자 위축을 상쇄시키지 않은 한 이는 세계 GDP 성장을 둔화시킬 것이다.

금융시장의 변동성이 더 높아질 것이다

금리상승과 반대되는 시나리오도 존재한다. 최근 세계의 중앙은행들은 미국 연방준비위원회의 주도에 따라 금리를 전인미답의 경지로 끌어내렸고 엄청난 속도로 돈을 찍어내려는 의지를 보여주었다. 경기침체에 의해 촉발된 극단적인 통화팽창 정책, 금융위기 그리고 더딘 경기회복은 단시간에 끝날 것 같지 않다. 위기가 시작된 이후 미국, 영국, 유럽연합, 일본의 중앙은행들은 자국의 경제에 5조 달러의 유동성을 공급했다.[35] 이런 대책은 대재앙을 막으려는 행동이었지만 금리를 전례 없이 낮은 수준으로 떨어트렸다. 초저금리 시대가 장기간 지속되면서 각국 정부는 이를 깨트리기가 어려워졌다. 세계 각국 정부는 경기 부양과 재정적자를 지원하기 위해 저금리에 의존하게 되었다. 예를 들면 전 세계의 재정적자 총액은 2009년에 4조 달러로 사상 최고치를 기록했다.[36] 하지만 저금리 덕분에 이자 부담은 증가하지 않았다. 2008 회계연도와 2012 회계연도 사이에 미국 정부의 순이자 지급액은 2,530억 달러에서 2,200억 달러로 하락했다. 전체 연방정부의 부채는 67% 증가했음에도 이자 부담은 13%가 하락한 것이다.[37]

역사적으로 통화팽창 정책은 경기침체 시기에 소비 지출을 늘리고 기업의 투자를 촉진시키기 위해 사용하는 단기 정책이었다. 전문가들은 지난 5년 동안의 양적완화 정책이 세계 GDP를 1~3% 정도 향상시켰다는 데 동의하고 있다.[38] 하지만 중앙은행이 어떻게 이런 성과를 달성했는지는 논란의 여지가 있다. 소비자 지출과 기업의 투자에 대한 초저금리의 영향은 분명하지 않다. 예를 들면 미국의 경우 2013년 개인 저축률은 금융위기 이전보다 5%포인트 높았다. 반면 기업의 투자 비율은 제2차 세계대전 이후 최저 수준이었다.[39] 낮은 금리가 GDP를 성장시킨 것일까? 이보다는 급격하게 증가한 정부 지출과 상대적으로 빠른 주택 경기회복이 성장을 이끈 중요한 요인이었다. 2007년부터 2012년 사이 미국, 영국, 유럽의 정부는 부채에 대한 이자지급 비용으로 1조 4,000억 달러를 절약했다. 이 때문에 정부도 그만큼의 비용을 더 지출할 수 있었다.[40] 초저금리는 또 주택 경기를 생각보다 더 빠르게 회복시켰다.

일본에서 초저금리는 새로운 것이 아니다. 1980년대 신용 팽창 이후 일본의 민간 부분이 적극적으로 부채 감소에 나서면서 정부는 수요 감소를 상쇄시키기 위해 대규모 재정적자 정책을 펼쳤다. 동시에 중앙은행은 저금리 정책과 통화팽창 정책을 유지했다. 20년 동안의 저금리와 부채의 자산화 이후 일본 정부의 연간 재정적자는 GDP의 10%에 가까워지면서 최고치를 기록했다. 일본의 국가 공공부채 총액은 GDP의 240%를 넘어섰다.[41] 일본 정부의 부채는 국채 발행에 따른 국내 부채이기 때문에 관리 가능한 수준이었다.[42] 하지만 일본의 인구 전망을 보면 기존의 전통적 방식으로는 부채를 상환하지 못할 가능성이 높다. 그래서 정부 부채를 자산화해야 할지도 모른다. 다시 말하면 중앙은행은 발행한 국채를 사들이기 위해 새로운 돈을 찍어내야 한다는 의미다.

일본이 장기적 통화팽창 정책의 유일한 사례가 아닐 수도 있다. 인구 고령화에 따른 비용 지출과 취약한 성장률에 직면해 있는 각국 정부는 부채를 줄이는 방법을 찾고 있다. 그래서 양적 완화와 부채의 자산화와 같은 비전통적 통화정책이 중앙은행과 정책 입안자들 사이에 덜 금기시될지도 모른다. 이런 새로운 거시경제 영역에서 기존의 수요와 공급에 관한 시각은 더 이상 미래의 자본 비용에 대한 충분한 지표가 될 수 없을지도 모른다. 2014년 봄 유럽 중앙은행이 기준금리를 0% 이하로 유지하기로 한 사례에서 볼 수 있듯이 초저금리는 앞으로 수년 동안 새로운 기준이 될 수도 있다.[43] 카르멘 라인하트Carmen Reinhart 와 케네스 로고프가 2013년 국제통화기금IMF, International Monetary Fund의 보고서에서 주장한 것처럼 정책 결정권자들은 비전통적 통화 정책과 관련된 위험을 과대평가하거나 중앙은행의 통화 정책 조절 능력을 제한하지 않도록 조심해야 할 것이다.[44]

어떻게 대응할 것인가

．
．
．
．

　수요와 공급의 역동성이 변하면서 기업의 경영자는 양쪽 세계를 항해할 준비를 해야 한다. 우리는 많은 기업과 가구 그리고 정부가 예상치 못한 자본 비용의 변화에 포로가 된 사례를 목격했다. 어떤 시나리오가 전개되든 당신은 예방적 차원에서 책임 있게 자본을 관리하는 방법을 개발하고 당신의 사고방식을 바꿔야 한다. 장기 자본 비용의 불확실성을 감안할 때, 우리는 시나리오와 관계없이 기업이 좀 더 건전해지는 데 도움이 되는 5가지 방법에 대해 중점적으로 살펴볼 것이다.

자본 생산성을 향상시켜라

　물리적 자원을 이용할 때 우리는 시장 가격과 상관없이 효율성과 생산성을 높이려고 한다. 자본 자원도 마찬가지다. 자본 생산성(고정자본이 생산하는 산출량과 수익의 비율)을 향상시킴으로써 미래의 위험을 더 효율적으로 피할 수 있다. 자본의 생산성 향상은 자본 배분에 대한 전략을 새로 수립하고 적기에 효율적으로 공급하거나 상품과 제조 과정을 개선하고 조달과 구매 그리고 운영 자본의 조건을 조정하는 등 다양한 방법으로 이룩할 수 있다.

　광업, 석유와 가스 그리고 부동산 같은 자본 집중적인 산업 분야보다 생산성 향상에 대한 압박을 더 느끼는 분야는 없다. 최근 10억 달러 이상의 초기 자본을 투자한 40개의 거대한 프로젝트를 분석한 결과 80% 이상이 예상보다 더 많은 자본이 투입된 것으로 조사됐다. 전체 투자된 자본은 원래 계획했던 것보다 평균 40% 이상 초과한 것으로 나타났다.[45] 최근의 사례를 보면 호주 액화천연가스 프로젝트를 추진하고 있는 고르곤과 카자흐스탄의 카샤간 유전의 경우 원래 예상보다 비용이 5배나 더 들어 개발사들이 골머리를 앓고 있다.[46] 금리가 현상태를 유지한다면 초과 비용이 잠재적 수익을 모두 갉아먹을 수도 있다.

금리가 오른다면 초과 비용은 치명적이 될 것이다. 석유 산업 분야에서 우리의 축적된 경험으로 미뤄볼 때 프로젝트 우선순위 재조정, 프로젝트 기간 단축 그리고 최소 프로젝트 추진 등을 통해 지출의 10~25%를 줄일 수 있고 지연에서 오는 손실을 20~50%까지 감소시킬 수 있다.[47] 예를 들면 중동의 한 부동산 기업은 도요타의 린 경영과 구조재의 사전 제작을 통한 조립 공법 도입으로 5억 달러의 고층건물 프로젝트의 공기를 30% 단축시켰다. 이런 노력 덕분에 그 부동산 기업은 전체 비용을 절감할 수 있었고 공기 초과에 따른 5,000만 달러의 벌금을 피할 수 있었다.[48]

자본 비용이 더 비싸질 경우 자본을 불필요하게 묶어두지 않는 것이 더욱 중요하다. 아시아의 제조사들이 개발한 적기 공급 과정은 근본적으로 부품과 물자를 불필요하게 공장에 쌓아두는 것을 피하기 위한 노력이었다. 오늘날 일본과 한국의 자동차 제조사들은 상품 설계와 제조에 소자본 접근법을 적용하고 있다. 일반적인 자동차 제조사의 경우 새로운 시장에서 상품 다양화와 생산 능력 증대가 자본 지출의 90%를 차지하고 있다. 미래에는 외부환경의 변화 때문에 자본 지출의 수요가 훨씬 더 중요해질 것이다. 고객 수요의 세분화는 현지화가 필요한 새로운 자동차 모델의 수를 30~50% 정도 증대시킬 것이다.[49] 구동 장치 기술의 혁신은 새로운 연구 개발 투자를 유발할 뿐만 아니라 차세대 엔진 공장에 대한 투자도 촉진시키고 있다. 연료 효율에 대한 당국의 규제도 새로운 기술과 복합소재와 알루미늄 같은 신소재의 개발을 유도하고 공장과 장비 교체에 대한 자본 투자로 이어지고 있다. 경쟁이 이런 추세를 가속화시키고 있다. 2008년부터 2012년까지 지난 5년 동안 아시아 자동차 제조사의 수익 대비 자본지출 비율은 유럽 자동차 제조사보다 30% 정도 낮았다.[50]

많은 기업이 재고를 축소하거나 회수 조건을 조정함으로써 운전 자본의 생산성을 최적화하려고 노력하고 있다. 테슬라의 사례를 살펴보자. 전기자동차 제조사인 테슬라는 구매 예약금으로 2,500~5,000달러를 받고 있다. 이는 수요를 명확하게 파악할 뿐만 아니라 공장 운영에 필요한 운전 자본을 최소화할 수 있다.[51] 실제로 테슬라는 고객이 운전 자본을 제공하도록 하고 있다. 2013년 12월 기준으로 테슬라는 1억 6,000만 달러 이상의 고객 보증금을 확보했다.[52] 또 다른 사례인 아마존은 올바른 상품 선택과 적정 재고 수준을 유지하는 첨단 기술을 활용해 모든 물류센터에 회전율이 빠른 상품만을 보관하고 있다. 아마존은 고객에게는 돈을 바로 받고 납품업체에는 한 달 뒤에 지불하는 방법으로 역 운전 자본 모델을 운용하고 있다. 2013년 4분기에 아마존은 47억 7,000만 달러의 미수금과 151억 3,300만 달러의 미지급금이 있는 것으로 보고했다. 이는 100억 달러 이상을 매우 저렴한 자본으로 운영하고 있다는 의미다.[53] 세계 상위 10대 유통업체들이 아마존과 같은 현금 회전주기를 가지고 있다면 운전 자본에서만 약 1,500억 달러 이상을 절약할 수 있을 것이다.[54]

새로운 자금원을 활용하라

자본의 생산성을 높이려는 노력은 광범위한 외부 자본을 최대한 활용하는 것처럼 기업의 내부 자원도 최대로 활용할 수 있도록 해준다. 일반적으로 자본에 대한 접근이 용이하다는 것은 신용도가 높고 런던, 도쿄, 뉴욕 등 금융 중심지의 중요한 금융기관과 관계가 좋다는 의미다. 하지만 지금은 국부펀드, 연금펀드 등 다른 자금원을 잘 활용하고 P2P 대출peer to peer lending(기업이나 개인이 자금 조달을 목적으로 인터넷 상의 플랫폼을 통해 다수의 개인에게 자금을 모으는 행위 - 옮긴이)과 클라우드 소싱crowd sourcing(대중을 제품이나 창작물 생산 과정에 참여시키는 방식 - 옮긴이) 등 디지털 플랫폼을 잘 이용하는 것을 의미한다.

자본에 대한 수요 증가가 기반시설이나 부동산 등 장기 프로젝트 분야에 집중된다는 점을 고려할 때 점점 더 많은 경영자들이 인내심을 가지고 결과를 기다려주는 자본을 찾게 될 것이다. 연금과 국부펀드와 같은 투자자들은 장기적인 자본을 제공할 수 있다. 이들 통해 연금과 국부펀드는 인플레이션에 대한 위험을 회피하는 동시에 국채에 투자하는 것보다 더 높은 수익을 낼 수 있다. 모든 투자자들 가운데 국부펀드가 연간 10%의 성장률로 가장 빠른 증가세를 기록했는데, 2013년 현재 운영하고 있는 국부펀드의 자산 규모만 3~5조 달러 정도로 추정된다.[55] 연금펀드의 규모는 훨씬 더 커 2013년 기준으로 32조 달러 정도가 운영되고 있고 만기 규모는 더 크다.[56] 신흥국의 성장과 앞으로 금리 인상이 예상되면서 국부펀드와 연금펀드의 성장 가능성은 높다.

사우디아라비아의 국부펀드 등 일부 펀드는 자산 대부분을 국채에 투자하는 보수적인 투자를 하고 있다. 하지만 다른 펀드들은 놀라울 정도로 공격적이다. 많은 국부펀드가 부동산, 사회기반시설, 광산, 유통, 엔터테인먼트 산업 등 수익률이 높은 곳에 투자하고 있다. 카타르 투자청은 런던의 상징인 해롯백화점과 가장 높은 빌딩인 샤드Shard에 투자하고 있다.[57] 파리의 생 제르망 풋볼 클럽도 마찬가지다. 생 제르망은 스웨덴의 즐라탄 이브라히모비치와 우루과이의 에딘손 카바니와 같은 슈퍼스타를 영입해 유럽의 최고 명문 구단으로 재탄생했다.[58] 8,000억 달러의 자산을 보유하고 있는 노르웨이의 국부펀드는 자산의 60% 이상을 유명 부동산에 중점적으로 투자하고 있다.[59] 노르웨이 국부펀드는 2013년에만 뉴욕 타임스퀘어의 지분 45%를 사들였고 메트라이프MetLife와 합작으로 보스턴의 원파이낸셜센터One Financial Center 지분의 47.5%를 획득했다.[60] 노르웨이 국부펀드는 풍력과 태양광 발전소 같은 자산은 물론이고 다른 사회기반시설에도 투자하려고 한다. 일부 국부펀드는 지수를 따라가는 인덱스펀드보다는 사모펀드처럼 투자하고 있다. 1,700억 달러의 자금을 운영하는 싱가포르의 국부펀드 테마섹Temasek은 2014년에 A.S. 왓슨Watson 헬스 미용 그룹에 57억 달러를 투자했다. 1974년에 펀드를 설립 이후 테마섹의 포트폴리오는 신발 제조사부터 새 공원bird park에 이르기까지 거의 모든 분야를 포함하고 있다.[61]

디지털 플랫폼은 또 다른 새로운 자금원에 대한 접근을 가능하게 한다. 새로운 자금원은 종종 공개 시장이나 은행 대출 등 전통적 자금시장에서 자금을 조달하기 어려웠던 작은 기업에게 기회를 제공한다. 키바와 킥스타터 같은 자금 조달 플랫폼에는 국경이 없다. 사용자가 전 세계 사람들에게 돈을 대여해줄 수 있는 웹 기반 플랫폼인 키바는 120만 명의 개인이 6억 달러의 자금을 빌려주고 있다.[62] 2009년 설립 이후 다큐멘터리 영화에서 보드 게임까지 창의적인 프로젝트의 클라우드 소싱 플랫폼이었던 킥스타터는 690만 명에게 13억 달러의 자금을 지원받았다.[63] 킥스타터의 자금을 지원받는 주목할 만한 프로젝트 가운데는 텔레비전 드라마의 후속으로 만든 영화 〈베로니카 마스Veronica Mars〉가 있다. 영화 〈베로니카 마스〉는 9만 명의 후원자에게 570만 달러를 지원받았다.[64] 중국 최대 전자상거래업체인 알리바바가 설립한 지불업체인 알리페이Alipay는 중소기업에게 자금을 지원하는 별도의 부서를 운영하고 있다.[65]

새로운 상업적 기회를 활용하라

특별한 자금원을 가지고 있는 기업은 확실한 경쟁력을 갖게 될 것이다. 세계 경제 성장의 70% 이상이 신흥시장에서 나올 것이라는 점을 감안할 때 투자자들은 신흥 성장시장에 대한 접근권을 확보하고 금융 관련 규정과 자본에 대한 제약을 반드시 이해해야 한다. 상품과 서비스 교역이 신흥국 사이의 연결성을 확대하는 것처럼 자금 거래도 마찬가지다. 기업은 새로운 자금을 발굴하고 세계 시장에 대한 개방과 국제 기준에 맞는 관리 방식을 채택해 범세계적 자본주의를 수용함으로써 커다란 혜택을 얻을 수 있다.

범세계주의적 자본주의의 흥미로운 사례는 선진국과 신흥국 모두에서 발견할 수 있다. 2010년부터 2012년 사이에 인도에서 2번째로 큰 통신 사업자인 릴라이언스 커뮤니케이션Reliance Communication은 중국의 여러 은행에서 약 30억 달러를 지원받았다. 30억 달러 중 일부는 금리가 5%지만 이는 릴라이언스가 인도 은행에 지불하는 이자율보다 훨씬 낮았다.[66] 세계적인 사모펀드인 TPG는 2011년에 쿠웨이트와 싱가포르 국부펀드에게 지분 5%를 매각했다.[67] 싱가포르 국부펀드는 2010년에 브라질의 최대 투자은행 가운데 하나인 BTG팩투알BTG Pactual에 18억 달러를 투자하기 위해 캐나다의 최대 연금펀드 가운데 하나인 온타리오 교사연금펀드에 가입했다.[68] 현금이 풍부한 기업은 이런 제휴 협력관계를 통해 새로운 자본 투자자가 될 수 있다. 저금리로 오랫동안 자금을 대출받을 수 있는 혜택은 분명하다. 기업과 정부는 저렴한 장기 대출을 유지할 수 있을 것이다. 빠르게 대응하는 기업과 정부는 금리가 하락할 때 다시 저금리 자금으로 대체하는 방식으로 이득을 볼 수 있다. 자금 조달 비용의 상승은 다른 기회를 만들 수도 있다. 더 높은 금리는 많은 기업에게 더 높은 투자 수익을 돌려줄 수 있다. 또 다른 혜택은 연금 부담이 줄어들 수 있다는 것이다. 금리가 오르면 투자에 대한 기대 수익률도 상승한다. 장기적인 자본의 가치 상승이 단기간의 이자 지급보다 많기 때문이다. 이는 연금 자본 조달을 조금은 수월하게 해줄 것이다. 예를 들면 연방준비위원회의 통화긴축 정책 발표의 여파로 2013년에 금리가 상승했을 때 포드Ford자동차는 97억 달러에 달하는 연금 자본 조달 격차를 40억 달러 정도 줄일 수 있었다. 금리 인상에 따른 5,000만 달러의 이자 비용 증가는 문제가 되지 않았다.[69] 2013년에 S&P 500 기업 전체의 연금자본 조달 격차는 3,550억 달러로 사상 최고를 기록했다.[70] 연금펀드 자본 조달에 어려움을 겪고 있는 대부분의 S&P 대기업들은 금리가 올라가면서 연금 자본 조달 격차가 줄어드는 혜택을 받게 될 것이다.

은행도 새로운 기회를 잡을 수 있는 비즈니스 모델을 개발할 수 있다. 장기 투자 상품의 경우, 은행은 기존의 기업관계와 보증 기법을 활용할 수 있고 기관 투자가를 대신해 합동대출을 원활하게 하거나 공공 – 민간 여신기관을 설립하기 위해 정부와 협력할 수도 있다. 중소기업의 경우 은행은 운전 자본과 관련된 서비스를 확대하거나 최근에 확산되고 있는 P2P 대출을 활용할 수도 있다. 이와 관련한 초기 움직임이 이미 나타나고 있다. 유니온은행 및 산탄데르Santander와 전략적 제휴를 맺고 있는 렌딩클럽Lending Club과 펀딩서클Funding Circle 같은 P2P 대출업체들은 이미 고객에게 새로운 여신 상품을 제공하고 있다.[71] 민간 자금 모집행사에서 40억 달러의 가치를 인정받은 렌딩클럽은 2014년 여름에 5억 달러의 기업 공개에 나섰다.

유연성을 통해 위험에 대처하라

불확실한 전망과 변동성의 증가는 자본에 대한 계획을 세울 때 기업이 조금 더 신중하고 민첩하고 기회주의적이어야 한다는 것을 의미한다. 기업은 자본을 다른 자원이나 생산 투입 요소처럼 생각해야 한다. 앞으로 금리의 방향에 관한 위험이 커지고 있기 때문에 기업은 일종의 보험으로 헷징이 필요하다는 사실을 알게 된다. 변동성이 높은 자원이 중요한 생산 투입 요소인 산업 분야에서 기업은 미래에 지불해야 할 가격에 대한 최저와 최고 가격을 정하는 금융 거래를 하고 있다. 항공사는 비행기 연료 가격 변동성을 헷징해야 하고 펩시는 설탕의 시장 가격 변동에 대비하고 돼지 사육 농민은 재정적 위험을 완화시키기 위해 삼겹살 선물을 활용한다. 생산 투입 요소의 가격이 예상치 못하게 하락하면 이런 위험 회피는 일부 잠재적인 수익을 포기하는 것이 될 수 있다. 하지만 위험 회피를 통해 기업은 예상치 못한 일방적 변화에서 자사를 보호할 수 있고 합리적인 계획을 세울 수 있으며 평정심을 유지할 수 있다. 더 많은 기업이 자본을 변동 가능성이 높은 투입요소로 생각하고 위험회피와 비용을 통제하는 방법에 대해 생각해야 할 것이다.

기업은 또 자금 만기와 다양한 자금원을 활용해야 한다. 2014년 5월 캐터필러Caterpillar는 비교적 높은 금리로 50년 만기 채권을 발행했지만 은행과 자금시장에서 단기 대출을 계속 활용하고 있다. 같은 해에 프랑스전기Electricite de France는 100년 만기 채권을 발행했다. 이런 초장기 채권의 금리는 단기 채권보다 높지만 수십 년 동안 가격이 고정되는 거의 영구적 자본으로 볼 수 있다. 제조업체가 공급 체계를 다양화하고 이중화하는 것처럼 자본의 공급에도 이런 유연성이 필요하다.

사고방식을 바꿔라

미래 자본 비용의 방향과 상관없이 개인, 가구 그리고 기업은 사고방식을 재정립해야 할 것이다. 빠른 자산 가격의 상승을 목격한 가구는 더 느려질 자산 가격의 상승에 대비해 저축률을 높여야 할지도 모른다.

기업이 단기 변화에 대비하는 가장 좋은 방법 가운데 하나는 장기추세를 염두에 두고 계획하는 것이다. 자본에 대한 단기적 관점을 취하고 있는 기업은 자본 조달 비용의 변화에 속수무책이 될 위험에 처해 있다. 기업의 80% 이상이 2년 이내에 분명한 재정적 성과를 보여줘야 하는 세계, 즉 연금펀드처럼 거대 자산의 오너에게 공기업은 특별한 관심 대상이다.[72] 외부 투자자와 시장의 압력은 종종 공기업을 '분기 자본주의quarterly capitalism'로 몰아넣는다. 기업이 10년이나 심지어 30년에 걸쳐 대출과 투자 그리고 자본 조달 결정을 내려야 한다는 사실을 고려하면 이것은 심각한 문제다. 기업은 투자 결정에 대해 다시 생각하고 장기간에 걸쳐 더 많은 가치를 생산할 수 있어야 한다.

이런 변화를 이끌기 위해 자산을 가진 사람들은 장기적 목표를 설정하고 좀더 조심스럽게 욕구를 조절하고 그에 따라 포트폴리오를 구성해야 할 것이다. 일시적인 손실로 고통을 당하더라도 장기 가치 창출에 초점을 맞춘 유동자산에 더 많은 자본을 배분하게 될 가능성이 높다. 예를 들면 싱가포르의 국부펀드인 GIC는 단기 변동성에 상관없이 아시아 신흥시장에서 20년 후를 생각하며 투자처를 찾는다.[73]

기업도 성과를 분석하는 다른 방법을 제공함으로써 투자자가 장기 투자에 집중하도록 도와줄 수 있다. 방문 판매와 품질을 높이는 전략을 강화하기 위해 브라질의 화장품 회사인 나투라Natura는 영업사원 만족도와 직원 1인당 교육시간 등과 같은 자료를 공개했다. 스포츠용품 기업인 퓨마Puma는 업계의 위험 문제에 대한 투명성 요구에 대응하기 위해 협력업체를 통해 건강과 안전 문제에 관한 분석을 공개하기로 결정했다.[74]

///////////////////////////

지금까지 살펴본 것처럼 자본의 가격을 둘러싼 중요한 요소는 단기 방향의 불확실성이다. 대체적으로 세계 경제는 여전히 유동성 증가에 따라 변하는 강줄기를 항해하고 있다. 금리가 올라 자금의 홍수가 단기간에 가라앉을 것인지 아니면 더 오래 지속될 것인지 확신하기는 어렵다. 이와 상관없이 기업은 배에 물이 들어오지 않도록 사고방식과 관행 그리고 역량을 새롭게 해야 할 것이다.

08

부족한 숙련노동자,
남아도는 비숙련노동자

약 30년 전에 세계 노동시장, 특히 선진국 노동시장에서 흥미로운 트렌드가 시작됐다. 이 트렌드는 미국에서 두드러졌다. 1억 5,500만 명이 일하는 미국의 노동시장은 세계에서 세 번째로 크고, 가장 유연하며 역동적이다.

1950년대와 1960년대에 미국은 경제 재건, 교역 증대, 그리고 내수 증가에 따라 큰 번영을 누렸다. 수백만 명의 고졸 노동자가 안정적이고 월급을 많이 주는 곳에서 일했다. 이들 대부분이 일하는 제조업 분야는 성장하고 있었다. 제2차 세계대전 이후 제조업 분야에 여성 노동자의 진출이 급증했고 1980년대에 정점에 달했다. 대부분의 사람들은 고등학교를 졸업한 후에 적절한 급여와 보너스를 주는 곳에 취업했다. 이들은 첫 직장에서 퇴직할 때까지 일했다. 경기침체기에 해고되더라도 그것은 일시적인 것이었다. 기업은 숙련노동자를 계속 고용하고 싶어했고 수요가 살아나면 사람들은 다시 일을 할 수 있었다.

그 결과 1991년까지 미국 경제는 예측 가능한 순환 주기를 보였다. 경기침체가 지나간 후에 GDP가 경기침체 이전 수준으로 회복되면 노동시장은 3개월이나 6개월 후에 이전 최고 수준으로 회복하고는 했다. 제2차 세계대전 이후의 경기침체, 1969년, 1973년 그리고 1981년의 경기침체가 끝난 후에 경기는 이전 수준으로 회복했다. 하지만 상대적으로 침체기간이 짧고 심각하지 않았던 1991년 경기침체 후에는 GDP가 이전 수준으로 회복하고도 15개월 동안 일자리는 회복되지 못했다. 전문가들은 이런 현상을 '고용 없는 경기회복jobless recovery'이라고 불렀다. 이런 느린 일자리 증가 때문에 조지 부시가 재선에 실패했을지도 모른다. 하지만 1991년은 앞으로 다가올 일의 전조에 불과했다. 다음에 온 2001년의 경기침체도 역사적 기준으로 볼 때 짧았지만 일자리가 이전 수준으로 회복되는 데 무려 39개월이 걸렸다. 일자리 없는 경기회복은 일자리 없는 경기확장으로 변했다. 그리고 2008년에 세계 금융위기가 발생했다. 대공황과 그에 따른 느린 경기회복으로 인해 GDP가 이전 수준을 회복하고 모든 일자리가 복구되는 데 43개월이 걸렸다. 다시 말하면 경기가 침체된 지 6년 반이 지나고 침체가 끝난 지 5년이 지난 2014년 6월까지 고용은 이전 수준을 회복하지 못했다는 것이다.[1]

미국의 고용 없는 경기회복은 지난 30년 동안 다른 선진국에서도 진행됐다. 캐나다는 1990년대, 독일은 2000년대 초반, 프랑스는 2000년대 중반 그리고 호주와 스웨덴 등 다른 선진국은 2009년 이후 고용 없는 성장을 경험했다. 이 모든 국가가 고용 없는 성장과 사투를 벌였다. 2013년에 유럽위원회는 유럽연합에서 경제활동 회복은 점진적인 일자리 창출로 이어질 것이라고 발표했다. 2014년 1월에 국제노동기구ILO, International Labour Organization는 세계의 실업률은 기업활동의 회복에도 불구하고 상승하고 있다고 경고했다. 미국의 경우, 지난 수년 동안 저고용 성장이 노동시장의 역동성을 무너트렸다. 미국의 실질 평균 가계소득은 25년 동안 정체 상태를 벗어나지 못했다.[2] 청년 실업률은 최고 수준을 기록하고 있다. 미숙련노동자는 이런 변화의 가장 큰 피해자다. 많은 사람들이 일자리를 잃었다. 미국의 2014년 경제활동참가율labor force participation은 지난 36년 동안 가장 낮았다.[3]

무슨 일이 벌어진 것일까? 새로운 기술과 중국과 인도의 엄청난 노동력을 활용하는 선진국의 기업은 성장과 경기침체 시기에 생산성을 유지하거나 심지어 증대시켜왔다. 2001년과 2008년부터 2009년에 경험한 두 차례의 경기침체 동안 고용 저하는 GDP 감소의 98%를 차지한 반면 생산성은 거의 영향을 받지 않았다.

하지만 노동시장은 기업처럼 유연하지 못한 것으로 나타났다. 우리는 일련의 커다란 변화를 경험했다. 일상적 사무와 공장의 업무는 자동화되었다. 노동시장은 꾸준히 최저임금 일자리와 고임금 일자리로 양분되고 있다. 신흥시장에서 기술 발전과 경쟁은 중간에 있는 국가의 경쟁력을 약화시켰다. 이와 동시에 기업은 의료보험에서 기술 그리고 필수 기술을 가진 근로자의 활용에 대한 불안감에 이르기까지 다양한 분야에서 커다란 노동 격차를 호소하고 있다. 노동시장의 혼란을 불러왔던 요인은 일정 시간 지속돼왔다. 하지만 금융위기와 그에 따른 경기침체는 그런 요인을 악화시켰고 더욱 분명하게 드러냈다.

기술이 일의 본질을 바꾼다

오늘날 우리는 또 다른 트렌드 변화의 길목에 서 있다. 이것은 기술의 발전에 따른 것이다. 판매원과 같은 일상적 거래와 생산라인 근로자와 같은 생산직 등 수백만 개의 일자리를 자동화한 기술은 고도의 상호작용을 요구하는 일자리 분야까지 침범하고 있다. 개인적 상호작용이나 문제해결 그리고 비판적 사고기술에 이르기까지 다양한 분야가 포함돼 있다. 생산성 향상을 도왔던 정보 도구는 지금 탄력근무제를 통해 주중 근무 시간에 맞출 수 있는 전문화된 업무로 나눠 원격으로 처리하기 위해 이용되고 있다. 기술 발전이 신기술을 그 어느 때보다 빠르게 낡은 기술로 만들면서 새로운 기술의 격차는 더 많은 곳에서 더 자주 나타나고 노동시장의 수요와 공급을 점점 더 괴리시키고 있다.

모든 산업 분야와 전 세계에 걸쳐 기술이 일자리를 바꿔놓고 있기 때문에 기업 경영자는 어디서, 누구를, 어떻게 채용할 것인지에 관한 생각을 바꿀 필요가 있다. 경영자는 기존 기술을 대체하기 위해 어떤 기술을 활용할 수 있을까? 경영자는 일하는 방식을 어떻게 바꿀 수 있을까? 2014년에 이전 수준을 회복한 미국의 일자리는 과거와는 본질적으로 다르고, 완전히 새로운 노동시장의 일부다. 기술은 점점 더 많은 업무를 자동화하고 남아 있는 일자리 분야에서도 격차를 더 크게 만들고 있다. 기술이 일의 본질을 변화시키고 있는 것이다. 그리고 우리가 적응할 시간도 더욱 짧아지고 있다.

사라지는 일자리와 새로 만들어지는 일자리

:

인간이 하는 일을 자동화하는 기술의 활용은 고성능 기계들이 공장 생산라인에서 생산 업무를 대체할 때부터 시작되었다. 1990년대 후반에 기술은 많은 일상적 거래 업무를 대체하기 시작했다. 한때 많은 사람들에게 일자리를 제공한 타자수와 전화 교환원과 같은 일은 거의 사라졌다. 2001년부터 경기침체가 정점에 이른 2009년 사이에 미국에서는 생산직과 판매직에서 300만 개의 일자리가 사라졌다. 생산직은 생산성 향상을 위한 공정의 설계에 영향을 받은 반면, 기술은 많은 제조공정을 자동화함으로써 린 경영의 등장을 가능하게 만들었다. 운송과 통신 수단의 발전으로 생산을 아웃소싱할 수 있게 되고 조립 공정도 비용이 낮은 곳으로 이전할 수 있게 됐다. 은행 창구직원이나 매장의 계산대 직원 등 거래 업무직은 감소하거나 자동화됐고, 현금인출기나 고객이 직접 계산하는 것과 같은 셀프 서비스로 대체되었다.

오늘날 가장 가치 있는 근로자는 경제학자가 상호작용이라고 부르는 활동, 즉 아이디어, 상품 그리고 서비스 교환에 필요한 검색, 조정, 모니터링 등을 담당하고 있는 사람이다. 전문화, 세계화 그리고 기술은 선진국에서 상호작용이 중요한 성공의 요소가 될 수 있게 만들어주고 있다. 상호작용 일자리는 가정 건강 도우미 등 상대적으로 낮은 기술이 필요한 직업에서부터 의사나 변호사 등 매우 높은 수준의 전문성을 요구하는 분야까지 다양하다. 미국에서는 약 300만 개의 생산과 거래 관련 일자리가 사라지는 것과 동시에 500만 개의 새로운 상호작용 일자리가 생겨났다. 이 가운데 대부분은 국내 고객을 위한 상품과 서비스를 생산하고 수출입이 불가능한 의료, 교육 그리고 공무원 등을 포함한 비거래 분야였다.

일자리 창출과 일자리 대체에 더해 기술은 고용주가 업무를 다시 고안하거나 세분화하고 일상적 업무를 비숙련노동자에게 다시 배분하도록 하고 있다. 모든 상호작용 일자리에는 수백 가지의 업무가 있다. 이 가운데 상당수는 상호작용이나 고급 인재의 상호작용이 필요 없다. 이런 업무는 연구 대상이고 표준화될 수 있다. 일상적이고 부가가치가 낮은 업무로 판명되면 저임노동자나 숙련도가 낮은 다른 근로자들에게 재분배된다. 이런 경향은 의료 분야에서 특히 두드러진다. 라이프스타일, 다이어트, 운동 등 만성적 질병 관리 업무는 의사가 아니라 간호사 같은 중간 수준의 기술을 가진 사람에게 할당될 수 있다. 기업의 인재개발 조직은 세부 사항에 대한 기본 결정은 인사공유서비스센터에 맡기고 인사전문가는 능력 개발과 기업 문화 개발 같은 업무에 집중할 수 있다.

직장 자체도 점점 물리적으로 분해되고 있다. 노동력의 중심이 생산과 거래 직업에서 원격으로 실행될 수 있는 상호작용 직업으로 이동하면서 기업은 점차적으로 언제 어디서나 이용할 수 있는 통신 기술과 탄력근무제를 이용한 다양한 실험을 하고 있다. 국제 항공사로 성장한 신생기업인 제트블루JetBlue의 예약 담당 직원은 모두 집에서 근무하고 있다.

기술과 혁신적 비즈니스 모델이 이끄는 강력한 플랫폼이 일과 직업의 정의를 바꾸고 있다. 아마존과 이베이 등 온라인 플랫폼이 소비재의 구매자와 생산업체를 연결시킨 것처럼 새로운 플랫폼과 각종 애플

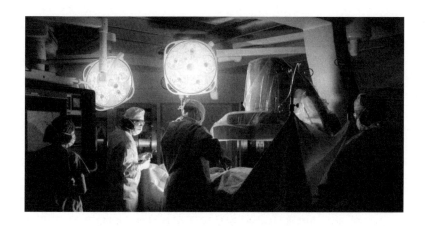

복잡한 상호작용 업무에서 생기는 선진국에서의 일자리 증가
미국에서 새로 생긴 일자리, 2001~2009년

단위 : 100만 명

4.8

상호작용

복잡한 문제해결, 경험, 상황을
포함한 거래(변호사, 의사 등)

-0.7

거래

문서화, 일상화, 자동화할 수 있
는 거래(은행 직원, 매장 계산대
직원 등)

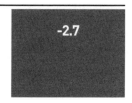

-2.7

생산

물리적 재료를 완성품으로 만드
는 과정(공장 근로자, 농부 등)

출처: 미국 노동통계청, 맥킨지 글로벌 연구소 분석

리케이션 그리고 웹사이트는 완전히 새롭고 기존의 질서를 파괴하는 방식으로 서비스 구매자와 서비스 제공자를 연결해주고 있다. 우버의 경쟁자인 리프트는 사람들이 자기 자동차를 이용해 편리한 시간에 직업 운전기사로 일할 수 있게 만들었다. 여행객과 집의 빈 방을 빌려주고 싶은 사람을 연결해주는 에어비앤비Airbnb는 수만 명의 사람을 기존의 직업에 더해 시간제 소규모 숙박업소 사장으로 변신시켜주고 있다. 오데스크oDesk, 태스크래빗TaskRabbit 그리고 이랜스Elance 등 신생기업은 소프트웨어 개발에서 청소, 심부름에 이르기까지 다양한 분야의 서비스를 제공하는 온라인 시장을 만들었다. 직장은 사람들이 매일 같은 시간에 출근하는 장소가 아니라 다양한 새로운 환경 아래에서 일하는 어떤 곳이다.

규정의 변화와 기술 격차

⋮

기술 격차는 더 이상 새로운 주제가 아니다. 하지만 앞으로 10년 동안 기술 격차는 더 친숙한 개념이 될 것이다. 2020년이 되면 전 세계에 4,000만 명의 고급 기술 근로자와 4,500만 명의 중급 기술 근로자가 부족해지는 반면 9,500만 명의 비숙련노동자는 남아돌 것이다. 지난 시대가 중국의 근로자가 세계 경제활동 인구에 편입하는 시기였다면, 다음 시대는 중국에서도 기술 격차 현상이 나타나게 될 것이다. 지금부터 2030년 사이에 젊은 중국 근로자 수도 50% 정도 감소해 2,300만 명의 숙련노동자가 부족하게 될 것이다.[4]

기술 보안도 약화되고 있다. 기술적 변화의 영향에 따라 지속적이고 빠른 직업 요건의 변화는 현재 노동시장의 특징이다. 20년 전에는 기본적인 컴퓨터 능력과 인터넷 활용 능력은 기본 요건이 아니라 추가적인 기술이었다. 오늘날 워드, 아웃룩, 파워포인트 활용 능력을 포함하지 않는 직무를 찾는 것이 오히려 어려울 정도다. 반면 많은 일자리가 조금 더 정밀한 회계, 데이터베이스 그리고 웹 디자인 소프트웨어 활용 능력을 요구하고 있다.

이른바 스템STEM이라 불리는 과학, 기술, 공학 그리고 수학 분야에서조차 이런 업무 능력을 요구하고 있다. 반도체 분야의 무어의 법칙이 기술 분야의 취업 요건에도 적용되는 것처럼 보인다. 모든 근로자는 2년마다 웹, 전자상거래, 소셜미디어 등 새로운 정보 활용 방법을 완벽하게 습득해야 한다. 금융에서 정부에 이르기까지 다양한 분야에서 빅데이터가 새로운 기회로 부상하면서 인재 공급기관과 필수 기술을 이해해야 하는 기업주 모두가 어려움을 겪고 있다. MIT의 컴퓨터 과학자이자 경영사상가인 샌디 펜트랜드Sandy Pentland는 "데이터 분석 전문가가 턱없이 부족하다. 우리는 모든 중요한 일이 실제로 사람들 사이에서 발생하고 있지만 머릿속에서 벌어지고 있다고 가르치는 경향이 있다"고 말했다. 펜트랜드는 데이터 분석 전문가 부족으로 기술을 완전하게 적용하는 것이 더 어려워지고 있다고 주장한다.[5] 기업의 3분의 2 이상이 데이터 분석 기술 분야에서 제한적 능력이나 능력 부재로 어려움을 겪고 있다.[6]

이 이야기는 단지 데이터 분석 분야에만 국한된 것이 아니다. 미국의 컨퍼런스 보드The Conference Board에 따르면, 미국의 경우 숙련 공장

노동자에 대한 수요는 2005년부터 2012년 사이에 38% 증가했다.[7] 제조업체는 금융위기의 충격에서 벗어났지만 이전에 해고했던 직원을 재고용할 수 없었다. 기업은 컴퓨터와 기술적으로 정교한 생산 시스템에 많은 투자를 했기 때문에 컴퓨터 기반의 장비를 작동시킬 수 있는 근로자가 필요하다.[8]

맥킨지 정부 연구소McKinsey Center for Government가 2012년에 세계 39개국의 2,700명 이상의 고용주를 상대로 실시한 조사에 따르면 39%가 직무 기술을 갖춘 사람이 없어서 신입 직원을 뽑을 수 없다고 답했다. 그리고 3분의 1은 기술 부족이 비용, 품질, 시간 측면에서 기업 운영에 큰 문제를 일으키고 있다고 응답했다.[9] 사람들에게 학사학위를 받으라고 독려하는 것만으로는 충분하지 않다. 고속 성장을 하고 있는 중국은 해마다 쏟아지는 700만 명에 달하는 대졸자를 흡수하느라 어려움을 겪고 있다.[10] 이는 경제 성장 속도가 느린 측면도 있지만 중국이 정보기술, 금융, 회계 등 수요가 많은 분야에 필요한 인재를 육성하지 못하기 때문이다. 그 결과 대졸자는 구직난을 겪고 있는데 고급 인력은 모자라는 모순적인 현상이 벌어지고 있다.[11]

고등교육 시스템의 유연성과 탁월성을 인정받고 있는 국가에서도 똑같은 현상이 벌어지고 있다. 만성적 저고용 상태에 시달리는 미국의 경우, 2014년 10월에 480만 개의 일자리가 적임자를 찾지 못했다. 2013년 5,000명의 대졸자를 상대로 조사한 결과 45%가 4년제 학위가 필요 없는 곳에서 일하고 있다고 응답했다.[12] 공학을 전공한 사람들은 여러 개의 일자리를 제안받았지만 다른 대학 졸업생은 실업자가 될 수도 있다.

어떻게 대응할 것인가
:::

노동시장에서 모순과 격차는 저절로 해결되지 않을 것이다. 물리적인 자원의 경우, 더 높은 가격과 보상이 종종 공급 문제를 해결하는 데 도움이 된다. 하지만 인적 자원은 좀 복잡하다. 기술이 노동의 공급과 수요의 괴리를 가속화시키면서 빈발하는 일자리 격차는 일반화될 것이다. 정부, 기업 그리고 개인은 노동시장에 관한 사고방식, 근로자를 찾는 장소, 기술과 일 사이의 관계에 대한 생각을 바꿔야 할 것이다. 이들은 변화하는 기술을 따라가기 위해 필요한 기술과 조직을 개발하는 데 집중해야 할 것이다. 이런 변화에 민첩하게 대응하기 위해 기업은 새로운 인재 풀을 개발하고 채용과 교육관행을 지속적으로 발전시켜야 한다. 노동시장 관련자 모두가 불균형 상태를 조기에 발견하고 확실히 대응할 수 있도록 미래의 고용주와 공공 분야 조직 사이의 상호작용도 강화되어야 한다.

새로운 인재 풀을 활용하라

미국 기업의 3분의 2가 업무에 적합한 지원자를 찾을 수 없다고 보고하고 있다. 특히 과학, 기술, 공학, 수학 분야가 상위를 차지했다. 하지만 미국 대학 졸업생의 15%만이 이 분야 출신이다. 중국의 경우 이 분야를 전공한 졸업생은 전체 학위의 42%이고, 인도는 26%다.[13] 이 두 국가는 2030년이 되면 전 세계 과학, 기술, 공학, 수학 분야 졸업생 증가의 3분의 2를 차지할 것으로 예상된다.

이런 지정학적 불균등은 지역과 도시 수준에서도 점점 일반적 현상

고급 인력의 부족과 저급 인력의 실업률 상승에 직면하게 된 세계
: 교육 수준에 따른 근로자의 수요와 공급 격차, 2020년 추정

■ 기술 인력 수요   ■ 기술 인력 공급

• 부족

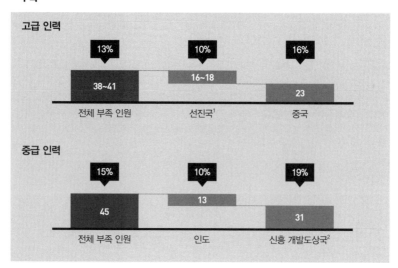

고급 인력

13%	10%	16%
38~41	16~18	23
전체 부족 인원	선진국¹	중국

중급 인력

15%	10%	19%
45	13	31
전체 부족 인원	인도	신흥 개발도상국²

• 과잉

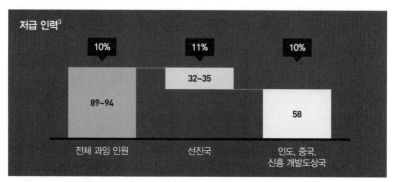

저급 인력³

10%	11%	10%
89~94	32~35	58
전체 과잉 인원	선진국	인도, 중국, 신흥 개발도상국

1. 분석한 70개국 가운데 2005년 구매력 평가기준으로 2010년 1인당 GDP 2만 달러 이상인 25개 국가
2. 분석한 70개국 가운데 2005년 구매력 평가기준으로 2010년 1인당 GDP 3,000달러 미만인 남아시아, 사하라 이남 아프리카 11개 국가
3. 선진국에서 저급 인력 기준은 중등 교육과정 이수자, 신흥 개발도상국의 경우 저급 인력은 초등교육 이하 이수자

주 : 반올림으로 총합이 일치하지 않을 수도 있음

출처 : 맥킨지 글로벌 연구소 분석

이 되고 있다. 카네기멜론대학과 기술 기업이 있는 피츠버그는 같은 주의 약 200킬로미터 정도 떨어진 필라델피아보다 더 많은 공학 전공자를 배출하고 있다. 기업이 위치를 결정할 때 교육, 나이 그리고 임금 추세를 면밀히 관찰하는 것이 중요하다. 이를 통해 기업은 인재의 활용 가능성을 정확하게 평가할 수 있다. 페이스케일Pay Scale과 같은 민간 기업뿐만 아니라 지역의 경제개발연구소에서도 잠재적 투자자를 끌어들이기 위해 이런 자료를 제공하고 있다. 숙련노동자를 붙잡으려는 노력에 더해 임금 격차를 결정하는 지역의 교육제도 수준과 시장의 역동성을 평가하는 일도 반드시 필요하다. 이런 분석은 전 세계 도시의 대학 졸업자 수와 특별한 훈련을 받은 근로자 수를 파악하는 수준까지 점점 세밀해지고 있다. 기업은 세계 기술 인력 공급의 지도를 만들기 위해 이런 데이터를 활용함으로써 경쟁력을 갖출 수 있고, 이는 투자 결정에 좋은 정보가 될 것이다.

기업의 경영자는 이런 차이를 인식하게 되면서 필요에 따라 세계 노동력 풀을 활용하게 될 것이다. 많은 기업이 매력적인 고용 브랜드를 만들고 필요한 인재가 풍부한 곳으로 기업 조직의 일부를 이전하는 방식으로 해외 인재를 끌어들이고 있다. 과학, 기술, 공학, 수학 분야의 수요가 높은 실리콘밸리에서 경영자들은 임시 근로자의 비자 한도를 늘리려고 로비를 하고 있다.[14] 일부 기업은 공격적으로 해외 지사를 설립하고 내부 인사이동 형식을 통해 더 수월하게 해외 인재를 영입하고 있다.[15] IT 분야에서 세계적 대기업은 기술 인력을 찾기 위해 중부와 동부 유럽으로 눈을 돌리고 있다. 이 지역은 2011년에 아웃소싱시설 수에서 이미 인도를 앞질렀다. 오랫동안 중공업에 의존했던 폴란드의 브로츠와프Wrocław는 HP 같은 기업이 매장을 개설한 덕분에 부흥기를 맞고 있다. HP의 브로츠와프센터는 2005년에 문을 열었는데 현재 2,300명 이상의 직원을 고용하고 있다. 이는 HP가 당초 예상했던 것보다 2배나 많은 인원이다.[16]

지역에 따른 과학과 공학 분야 졸업 비율 차이
: 과학, 기술, 공학, 수학 전공 대졸자

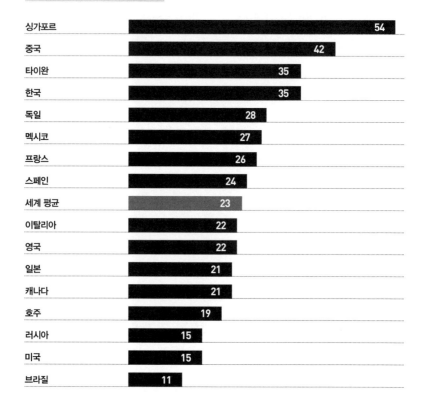

2008년 졸업생 가운데 비율(단위 %)

싱가포르	54
중국	42
타이완	35
한국	35
독일	28
멕시코	27
프랑스	26
스페인	24
세계 평균	23
이탈리아	22
영국	22
일본	21
캐나다	21
호주	19
러시아	15
미국	15
브라질	11

1. 과학, 기술, 공학, 수학 분야는 물리, 생물, 수학, 컴퓨터, 건축, 엔지니어링 전공자

출처 : 미국 과학재단, 2012 과학 공학 지표, 일부 지역과 국가는 첫 학위 기준, 2008년 이후 최근 자료, 싱가포르 통계청, 맥킨지 글로벌 연구소 분석

해외로 눈을 돌리는 것 외에도 기업은 고령, 여성 그리고 젊은이 등 국내에서 활용되지 못하는 인력을 이용할 수 있다. 혁신적 근무 환경의 부재와 틀에 박힌 채용관행 때문에 고용주는 이런 인력을 간과하고 있다. 이런 노동력 풀 활용에 대한 혁신은 차별화 요인이 될 수 있다.

엣시 같은 기업은 새로운 노동력 시장의 활용과 경쟁력 있는 기업 설립 그리고 기술의 혜택과 세계화에 의해 사라지고 있는 전통적 생산직과 거래직 일자리에 대한 보상을 위해 기술이 어떻게 활용될 수 있는지를 보여주는 모범 사례다. 2005년에 뉴욕 브루클린에서 탄생한 전자상거래 플랫폼인 엣시는 빈티지 시장의 개념을 그대로 온라인으로 이전한 것이다. 2009년부터 수익을 내기 시작한 엣시는 100만 명의 활동적인 판매자를 보유하고 있다. 판매자는 물건 하나에 20센트를 내고 가상 점포를 연 후 수작업으로 염색한 베갯잇이나 티벳의 보헤미안 가죽 팔찌 등 수공예 제품을 전 세계 고객에게 팔 수 있다. 2013년에 엣시의 거래 규모는 14억 달러를 기록했는데 이는 2012년보다 63% 증가한 것이다. 이보다 더 의미 있는 것은 엣시가 지금까지 잠자고 있었던 인간의 독창성, 공예 기술 그리고 경영자의 에너지 같은 능력을 활용하는 방법을 발견했다는 점이다. 엣시 판매자 가운데 70% 정도는 전통적 의미의 정규 직업을 가지고 있지 않다. 2013년에 엣시는 공예 기업가정신 프로그램을 시작했다. 이 프로그램은 장기적으로 저고용 상태에 있는 사람이 자신의 공예와 제조 기술을 활용해 추가 소득을 올리는 데 도움을 주고 있다.

엣시의 성장은 자신의 능력보다 낮은 일을 하고 있는 인재의 잠재력을 대변해주고 있다. 엣시의 미국 사이트에 등록된 판매자의 88%가 여성이다. 하지만 미국 전체로 보면 여성의 57%만 경제활동에 참여하고 있다.[17] 전 세계적으로 비슷한 노력이 효과를 나타내기 시작했다. 도요타는 은퇴 인력을 시간제 근로자로 채용하고 있다. 세계적인 음료 기업인 디아지오는 영국의 독립자선단체인 투모로우즈 피플Tomorrow's People과 수년 동안 함께 일했다. 투모로우즈 피플은 장기 실업자와 무직 젊은이를 도와주고 있다. 디아지오의 전신인 그랜드 메트로폴리탄 Grand Metropolitan은 정부, 기업 그리고 구직자 사이의 빈 공간을 채우려는 목적으로 1984년에 투모로우즈 피플을 설립했다. 이 단체는 젊은이에게 특정 분야에 대한 훈련을 제공하고 이들을 고용주와 연결해주며 학교 성적을 향상시키는 데 도움을 준다. 지금까지 40만 명의 장기 실업자가 디아지오와 다른 기업에서 일자리를 찾았거나 교육과 훈련을 받았다. 취업한 사람들 가운데 75%는 1년 뒤에도 여전히 일을 하고 있었다.[18]

기술에 대해 다시 생각하라

기술은 전통적으로 노동을 대체하고 노동 비용을 절감하는 효과적인 방법으로 인식돼왔다. 비숙련노동자가 늘고 있는 세계에서 기업은 기술을 최대로 활용해 노동자의 생산성을 높이는 일에 집중해야 한다. 예를 들면 바코드 기기에 투자한 유통업체는 계산대에서 일하는 직원을 더욱 효율적으로 일하도록 만들었다. 컴퓨터 제어 장치를 채택한 제조업체는 수작업으로 하는 측정과 조정 작업을 제거했다. 스마트 기술이 적용된 기기를 이용하는 비숙련노동자는 숙련노동자가 하는 업무를 할 수 있게 되었다. 예를 들면 남부 인도에서는 금융통합 프로그램을 도입해 2만 명의 신입 직원이 농촌의 은행원으로 일하고 있다. 이들은 스마트 카드와 휴대전화 그리고 간이 매장에서 각종 지불업무를 처리하고 있다.

전문직과 관리자의 생산성을 높이기 위해 기술을 활용하는 것은 노동집약적인 직종만큼 주목을 받지 못했다. 하지만 한 연구에 따르면 기업이 지식 노동자의 생산성을 20% 정도 향상시킬 수 있는 것으로 나타났다.[19] 의사소통과 협업의 도구로 소셜 플랫폼의 활용은 이메일 이용에 소요되는 시간을 크게 감소시켰고 지식과 전문기술을 검색할 필요성도 없애주었다. 또 일주일에 하루 전체를 소비해야 하는 다른 업무들도 감소시켰다. 지금까지 소셜 기술을 완전히 수용하려는 기업은 거의 없었다. 소셜 기술을 활용하기 위해서는 일정 수준의 공개적 의사소통과 기존 규칙에 도전하는 정보 공유가 필요하다. 프랑스의 IT 서비스 기업인 아토스Atos는 몇 안 되는 예외 가운데 하나다. 아토스는 이메일이 필요 없는 기업을 목표로 하고 있다. 그래서 정보와 지식을 공유하기 위해 커뮤니티 플랫폼을 사용하고 있다. 아토스는 직원이 전체 시간의 25%를 정보와 전문지식을 검색하는 데 사용하는 것으로 추정하고 있었다. 하지만 새로운 소셜 플랫폼을 시작한 이후 첫 일주일 동안 이메일 전송량이 20% 감소했다.

기술은 미래의 세대를 교육하고 훈련하는 데 중요한 역할을 했다. 예를 들면 남아프리카공화국 정부와 노키아는 모매스MoMaths 프로그램을 수천 명의 학생이 사용할 수 있게 도왔다. 이 프로그램은 수백만 명이 이용하는 모바일 소셜 네트워킹 프로그램인 엠시트Mxit를 통해 수학 숙제를 하고 무엇이 틀렸는지 알 수 있도록 돕는 것이다. 학생은 선다형 연습 문제에 대해 즉각적인 피드백을 받고 전국에 있는 학생들과 결과를 비교할 수 있다. 2009년에 3개 주에서 260명의 학생이 초기 실험 프로그램에 참여했고 2013년 말에는 150개 학교에서 1만 4,000명의 학생이 이 프로그램에 참여했다.[20] 2010년 중간 평가에서 참여 학생의 수학 능력은 14% 향상된 것으로 나타났다. 그리고 참여 학생 가운데 82%가 학교 수업이 끝난 후에도 수학을 공부한다고 보고했다.[21]

파키스탄의 이동통신 기업인 모비링크Mobilink는 유네스코와 비정부기구인 분야드Bunyad 재단과 협력해 남부 펀잡Punjab 지역의 여성에게 선불폰을 통해 기초 문자를 공부할 수 있게 도와주었다. 사용자는 종교, 건강, 영양 등 다양한 주제에 대한 문자 메시지를 받는다. 그리고 수신한 메시지를 읽고 쓴 다음, 문자 메시지를 통해 선생님에게 답을 보낸다.[22]

직무를 세분화하고 교육을 다양화하라

기업과 근로자는 일을 구성하는 요소를 재정립해야 한다. 오래 지속된 직무의 구체적인 구성 요소와 필수 조건은 개인이나 기업 모두에게 중요할 것이다. 기업과 개인 모두 직무의 세분화라는 개념을 이해해야 한다. 현금자동입출금기로 은행 창구 직원을 대체하는 것처럼 직무를 없애거나 단순화하는 것이다. 하지만 고급 기술을 요구하는 일자리는 계속 증가하는 가운데 매우 복잡한 직무에 대한 세분화는 중간 수준의 전문가 수요를 증가시킬 수도 있다. 예를 들면 의료 분야에서 비용의 증가와 1차 진료 인력의 부족 현상은 일상적 검사와 독감 주사 같은 특별한 기술이 필요 없는 직무를 분리해 의사가 아닌 사람에게 맡기는 방식으로 해결할 수 있다. 이 과정에서 새로운 의료 분야 직업이 만들어지고 고급 전문 인력은 더 가치 있는 일에 시간을 쓸 수 있게 된다.

잠재적인 다른 혜택도 많다. 영국의 한 연구 결과를 보면 1차 개인 병원에서 현재 60대 40인 의사와 비의사의 비율을 반대로 바꾸는 것이 좀 더 효율적이고 의료 서비스의 질을 높일 수 있는 것으로 나타났다. 미국에서 1차 진료 업무를 세분화하는 것은 의료비 지출 증가를 감소시킬 수 있다. 그리고 의료행위에 대한 규제가 이런 혁신을 허용하는 방향으로 개선된다면 4년제 학위가 없는 사람에게 새로운 일자리를 만들어줄 수 있다. 이런 변화는 이미 법조계에서 시작됐다. 2000년 대에 법률 보조 일자리는 변호사보다 2.5배 증가하면서 법조계의 고용 구성 형태를 바꿔놓았다.

복잡한 직무의 세분화는 새로운 사업 기회와 인력 채용 형태를 변화시킬 수 있다. 아마존 메커니컬 터크Amazon Mechanical Turk는 상품 설명을 작성하거나 사진을 찍는 것과 같은 단순 업무를 대행하는 사람을 찾을 수 있는 웹사이트다. 고급 전문 기술을 요구하는 일은 세계 최대의 온라인 클라우드 소싱 문제해결 플랫폼인 이노센티브InnoCentive의 챌린지 플랫폼과 탑코더Topcoder를 통해 해결할 수 있다. 이런 온라인 플랫폼에서는 많은 사람이 소프트웨어 개발과 디지털 자산을 만들기 위해 치열하게 경쟁하고 있다.

직무를 세분화하는 것은 기업이 생산성을 높이는 방법이다. 또 노동의 수요와 공급에 있어 변화의 속도를 감안할 때 다른 직무에 대한 교육과 지나친 전문화에 대한 유혹을 뿌리치면 경쟁력을 높일 수 있다. 스페인의 메르카도나Mercadona 슈퍼마켓은 직원에게 상품 주문에서 재고 관리까지 다양한 직무를 교육시킨다. 매장이 붐비면 직원들은 고객 관련 업무에 집중한다. 그리고 매장이 한산할 때는 사무 업무에 시간을 할애한다. 2008년에 메르카도나는 스페인의 다른 슈퍼마켓보다 직원 1인당 매출이 18% 높았다. 스페인이 극심한 경제침체를 겪었던 2011년에 메르카도나는 스페인의 다른 어떤 기업보다 많은 6,500명의 직원을 새로 채용했다. 2011년의 매우 힘든 경제 환경 속에서 메르카도나의 매출은 8% 성장했고 수익은 20% 증가했다.[23]

더 많은 교육에 참여하라

정부와 기업, 교육기관 간의 상호협력은 현재의 기술 인력 부족에 대응하기 위한 필수 대책이다. 많은 사람들이 구인 광고를 내면 적절한 기술을 가지고 있는 사람의 관심을 끌 것이라고 생각한다. 하지만 실제로는 그렇지 않다. 기업은 직원이 얼마나 일할 준비가 돼 있는가에 관심을 가져야 한다. 2012년의 한 조사에 따르면 직접적으로 교육과 훈련을 제안하고 젊은 지원자에게 다가가는 고용주의 70%는 자신이 원하는 인재를 채용하는 데 별다른 어려움을 겪지 않은 것으로 나타났다. 이와 반대로 구직자와 교류하지 않는 기업의 25%는 기업에 필요한 사람을 고용하는 데 어려움을 겪고 있었다.[24]

브라질의 석유와 가스 산업 분야는 이것이 어떻게 가능한지를 보여준다. 인구가 2억 명이 넘는 브라질은 풍부한 석유와 가스 매장량을 가지고 있지만 자원을 최대로 활용할 수 있는 인력이 부족하다. 이 문제를 해결하기 위해 브라질 국영석유회사인 페트로브라스PetroBras와 정부기관, 민간 기업, 무역협회 그리고 노동조합의 연합체인 프로민프 Prominp(브라질의 석유 및 천연가스 산업 육성 프로젝트- 옮긴이)는 공동으로 조선, 배관 그리고 석유 공학 분야에 대한 5년 동안의 인력 수요를 예측했다. 그리고 프로민프는 이 분야의 수요를 충족시키기 위해 선별된 기업과 공동으로 교육 프로그램을 개발할 기관을 선정했다. 브라질 국영석유회사가 대부분의 비용을 부담하고 나머지 일부는 정부가 부담했다. 프로민프는 2006년 이후 10만 명 이상을 교육시켰고 이 프로그램을 이수한 사람 가운데 80% 이상이 일자리를 구했다. 자동차, 관광, 첨단 제조업 그리고 조선 산업 분야에서 젊은 직원을 미리 고용하는 사례는 많았다. 기업주가 어려운 교육 과정을 끝내면 일자리를 보장해주는 것이다.

미국의 경우 기업과 지역 대학의 컨소시엄이 이와 비슷한 노력을 하고 있다. 자동차 제조사와 교육기관은 자동차 제조 합동 교육훈련이라는 일련의 프로그램을 개발했다. 자동차 제조사는 공장에서 필요한 모든 작업과 그에 필요한 능력을 설명하고 중요성에 따라 순서를 정했다. 그리고 지역 대학과 함께 구체적 기술을 가르치는 3주에서 8주 과정의 60개 소단위로 구성된 강좌를 만들었다. 기업주는 고용하고 싶은 직원에게 110개의 기능 과정을 모두 이수하거나 일부를 마치도록 요구할 수 있다.

기업이 필요한 인력을 고용할 수 있도록 정부는 사람들에게 일자리를 얻는 데 필요한 교육을 제공해야 한다. 정부가 노동시장의 수요에 대응하는 방법을 찾는 가운데 공공 분야와 협력하는 사업 분야에서 새로운 취업 기회가 생겨날 수 있다. 영국의 국가직업서비스는 교육기술위원회와 분야기술위원회가 공개한 노동시장의 정보가 집중되는 곳이다. 국가직업서비스의 홈페이지는 급여, 근무시간, 자격, 산업 동향, 교육훈련 프로그램 등에 관한 정보를 제공한다. 2012년 4월 출범 이후 100만 명 이상이 홈페이지에 접속했고 27만 명이 일대일 면접을 봤다. 2005년에 설립된 콜롬비아의 노동연구소는 모든 교육기관의 졸업과 취업률에 관한 데이터를 가지고 있다. 젊은 사람들은 도시나 주, 국가 차원에서 관련 정보를 볼 수 있고 과거 학생의 취업 정보도 알 수 있다. 졸업생이 추가로 직업 훈련을 받았는지, 어떤 곳에서 교육을 받았는지, 첫 월급은 얼마인지 등에 관한 정보도 얻을 수 있다. 예를 들면 메델린 지역의 한 10대 청소년은 지역 대학의 경제학 수업에 관한 정보를 찾아볼 수 있고 미래 전망에 대한 자세한 정보를 얻을 수 있다.

///////////////////////////

　노동시장의 변화는 기업과 개인이 대응하기에 가장 어려운 것 가운데 하나다. 대부분의 성인은 학교 교육이 직장에 취업하고 승진하는 데 필요한 자격과 기술을 제공하고 있다고 믿으며 성장했다. 하지만 이것은 더 이상 사실이 아니다. 40대 이상의 많은 사람들은 그들이 대학을 졸업할 당시에는 존재하지도 않았던 산업 분야나 기업에서 일하고 있다. 우리 가운데 어느 누구도 앞으로 10년 후에 같은 분야나 같은 지위 또는 같은 회사에서 일하고 있을 것이라고 말할 수 없다. 새로 등장한 산업 분야는 현재는 이해할 수 없는 기술이나 능력을 요구할 것이다. 최근의 트렌드와 기술을 따라가기 위해서는 지속적인 교육과 기술 습득이 필요할 것이다. 기계가 더 많은 상품과 서비스를 생산하면서 우리가 알고 있는 '일job'의 정의가 이해할 수 없는 수준으로 바뀔지도 모른다. 기술 변화의 규모, 일하는 방식의 변화 그리고 기술과 일자리의 불균형이 앞으로 다가올 새로운 노동시장에서 우리가 마주할 두려운 도전이다. 하지만 이런 문제들은 극복이 불가능한 것이 아니다. 새로운 기술 혁명이 전개될 때마다 인간은 적응하고 새로운 노력을 하고 발전하는 방법을 발견했다. 적어도 이 과정은 중단되지 않는 장기 추세임에 틀림없다.

09

영원한 승자가 사라진
경쟁 구도의 변화

온라인 시장인 이베이는 1995년 설립 이후부터 세계 경쟁 구도의
변화 한가운데 있었다. 중고 비니 베이비 인형과 야구 카드를 거래하
는 것에서 출발한 이베이는 작은 도시에서부터(캘리포니아의 브리지빌
Bridgeville은 2002년 이후 3번 경매됐다) 성모 마리아의 이미지를 담고 있는
먹다 남은 2만 8,000달러짜리 치즈 샌드위치가 거래되는 국제적 시장
으로 발전했다.[1] 이베이에서 1초에 2,642달러 상당의 상품이 거래된다
는 사실은 신생기업에게는 P2P 사업의 기회를 상징한다.[2]

이베이가 매출 10억 달러의 기업으로 성장한 2002년에 많은 사람
들은 이베이의 성장이 영원할 것이라 믿었다.[3] 낮은 거래 비용과 경비
덕분에 이베이는 빠르게 성장할 수 있는 비즈니스 모델을 만들었다.
이베이는 여러 유통업체에게 위협적인 존재였다. 이베이는 미국에서
성공한 후 2003년에 까다로운 중국의 전자상거래 시장에 뛰어들었
다. 〈포브스Forbes〉에 따르면 2005년에 이베이는 10억 달러에 이르는

전자상거래 시장의 절반을 점유한 것으로 나타났다. 당시 최고경영자였던 맥 휘트먼Meg Whitman은 많은 작은 경쟁자들이 이베이를 위협하고 있다고 말했다.[4] 전직 교사인 마윈이 작은 아파트에서 시작한 알리바바도 이 가운데 하나였다. 이베이가 기업 시장에 침투할 것을 걱정한 알리바바는 2003년에 '타오바오Taobao'라는 소비자 경매 사이트를 열었다.[5] 이런 초기 발전 과정을 거쳐 중국의 전자상거래 시장은 거대한 바다로 변했고 알리바바는 현재 먹이사슬의 최상위에 있는 백상어가 되었다. 2006년에 타오바오는 이베이의 이치넷EachNet을 인수해 중국 소비자 전자상거래 시장의 선두업체가 되었고 성공을 거듭하고 있다.[6] 2014년 9월 나스닥 시장에서 250억 달러 규모의 알리바바 기업공개는 수많은 투자자를 불러 모았다.[7] 기업 공개 자료에 따르면 알리바바는 2억 3,100만 명의 실질 구매자를 확보하고 있고 2013년 마지막 9달 동안에만 65억 달러를 벌어들인 것으로 나타났다.[8] 2014년 11월 말 기준으로 알리바바의 시가총액은 2,700억 달러로 페이스북보다 많고 이베이의 4배에 달한다.[9]

파괴적인 힘은 거의 모든 분야에서 글로벌 경쟁의 본질을 바꿔놓고 있다. 온라인도 예외가 아니다. 이베이 같은 트렌드 파괴자도 청년기에 들어가기 전에 또 다른 트렌드 파괴자의 도전에 직면해 있다는 사실을 발견하게 될 것이다. 신흥국에서 도시화와 산업화는 세계 무대에서 빠르게 성장하는 새로운 거대 기업을 육성하는 힘이 되고 있다. 세계가 더욱 밀접하게 연계되면서 신흥국의 기업이 세계 시장으로 진출하는 속도도 더 빨라지고 있다. 기술은 거대 기업과 작은 신생기업 사이에 힘의 균형을 변화시키고 가치를 이동시키며 이들 사이의 경계를 모호하게 만든다. 그리고 경쟁자에 대한 개념도 변화시키고 있다. 잘 알고 있는 지역의 경쟁자보다 지금까지 없었던 플랫폼을 연구하고 복제가 거의 불가능한, 듣도 보도 못한 도시의 신생기업에 주목해야 한다.

트렌드가 바뀌는 이유

20세기 상당 기간 동안 세계의 경쟁 구도는 천천히 진행되는 보드게임과 비슷했다. 지난 수십 년 동안의 경쟁은 북미와 유럽의 유명한 거대 기업 사이의 싸움이었다. 당시에는 포드와 GM, 코카콜라와 펩시, 네슬레와 허쉬, 버거킹과 맥도널드, 〈타임Time〉과 〈뉴스위크NewsWeek〉, 바르셀로나와 첼시와 같은 양자 경쟁 구도였다. 매년 거대 기업들이 시장 지배자가 되려고 경쟁했고 경쟁 상대도 크게 바뀌지 않았다. 1960년대에 포천 선정 500대 기업에 속한 기업의 3분의 2는 15년이 지나도 바뀌지 않았다.[10] 새로운 경쟁자가 등장해도 비슷한 산업 분야나 인접 국가의 잘 알려진 기업인 경우가 대부분이었다. GM과 포드는 1950년대에 독일의 폭스바겐이 미국 시장에 진출할 것으로 예상했다. 예를 들면 브라질의 경우, 1960년대와 1970년대에 GM, 포드, 피아트, 폭스바겐이 전체 브라질 자동차 시장의 90%를 점유했다.

하지만 20세기 마지막 수십 년 동안 이런 경쟁 구도가 바뀌기 시작했다. 결정적인 트렌드 변화의 단초는 20세기 초에 등장했다.

첫째, 신흥국의 기업이 산업화와 더불어 성장하기 시작했다. 1970년대 소니, 도요타, 파나소닉과 같은 일본 기업의 세계 무대 등장은 1980년대 한국과 타이완 기업의 등장을 알리는 전조였고 이후 1990년대 말 중국 기업이 세계 무대로 진출했다.[11] 1980년과 2000년 사이에 신흥 시장에 본사를 둔 포천 선정 500대 기업의 수는 20여 개에 불과했다. 하지만 2005년에는 50% 증가했고 2010년에는 2배로 늘었다. 그리고 2013년에 또다시 2배로 증가하면서 130개가 되었다.[12] 맥킨지 글로벌 연구소는 2025년이 되면 포천 선정 500대 기업의 절반은 신흥국의 기업이 차지할 것으로 보고 있다. 월마트, IBM, 코카콜라, 엑손모빌은 지금도 포천 선정 500대 기업이다. 하지만 신흥국의 CNOOC, 시멕스, 페트로나스도 포천 선정 500대 기업에 속해 있다. 세계 교역과 금융 분야의 연계성 증대로 신흥국의 거대 기업은 전 세계의 새로운 시장으로 진출해 성장을 거듭하고 있다.

둘째, 기술이 경쟁을 가속화시키고 기존 기업의 수명을 단축시키고 있다. 먹이사슬의 최상위에 있는 기업의 일생은 공동체에 속하지 않은 인간은 끔찍하고 야만적이고 오래가지 못한다는 토머스 호프의 주장을 닮아가고 있다. S&P 500 기업의 평균 존속 기간은 50년 전에는 61년이었지만 2012년에는 18년으로 단축됐다.[13] 대기업만이 잠재적 경쟁자가 아니다. 디지털 플랫폼에 접근 가능한 신생기업은 탄생부터 세계화되어 있고 짧은 시간에 성장이 가능해 택시 서비스에서 호텔과 유통에 이르기까지 다양한 시장에서 오랫동안 지속됐던 경쟁의 규칙을 무너트릴 수 있다. 이런 소규모 다국적 기업 가운데 상당수는 서비스업(에어비앤비), 운수업(리프트), 가정 무선인터넷 임대(폰) 분야에서 공유경제를 창조함으로써 경쟁 구도를 바꿔놓고 있다. 기술은 크고 작은 시장 참여자들 사이에 공평한 경쟁의 장을 만들어주었고 새로운 시장과 분야로 진출하려는 의지를 고무시켰다. 마이크로소프트는 매출 10억 달러를 달성하는 데 15년이 걸렸다.[14] 하지만 아마존은 채 5년도 안 걸렸다.[15] 넷플릭스Netflix는 단순히 콘텐츠 유통만 파괴하는 것을 넘어서 아니라 콘텐츠 생산에서도 무서운 강자가 되고 있다. 집카와 다른 자동차 공유 서비스 기업은 기존 자동차 임대업의 구조를 붕괴시킬 뿐 아니라 전통적인 자동차 소유 구조에도 도전장을 내밀고 있다. 이는 경쟁 구도 변화에 관해 중요한 논점을 제기하고 있다. 지난 수십 년 동안 기업은 자신의 경쟁자에 대해 자세히 알지 못했다. 단지 그들의 사업 방식에 대해서만 알 뿐이었다. 근본적으로 GM, 폭스바겐, 포드는 똑같은 일을 하고 있었다. 생산라인에서 강철, 플라스틱, 고무를 이용해 자동차를 만드는 일이었다. 하지만 지금은 기술을 통해 완전히 다른 플랫폼을 만들 수 있기 때문에 기존 기업은 기술자, 비즈니스 모델, 새로운 경쟁자의 능력에 대해 잘 모를 수도 있다.

신흥국 성장의 가속화, 기술의 변화 그리고 2000년 이후 세계적인 상호연계성의 증가는 경쟁의 세계에서 트렌드의 변화를 불러왔다. 이것은 유사한 분야나 인접 지역에 있는 대기업이 주도하는 느린 보드게임이 아니다. 빠르게 진행되는 비디오 게임과 유사하다. 이 게임에서는 세계 어디서든 그리고 어떤 경제 분야에서든 새로운 경쟁자가 등장하고 빠르게 성장할 수 있다. 따라서 과거의 경쟁 규칙에 익숙한 기존 기업이라면 새로운 경쟁자와 효율적으로 경쟁하기 위해 직관을 재정립해야 할 것이다.

신흥국에서 나타나는 경쟁자

:

서구 기업에 대한 첫 번째 경쟁자의 등장은 제2차 세계대전 후, 일본의 폐허에서 시작됐다. 1960년대와 1970년대 미국과 유럽의 많은 기업이 일본 기업의 성장을 목격했다. 1965년에 화학, 플라스틱 그리고 다른 산업 분야에서 일본 기업이 세계적인 대기업의 명단에 이름을 올렸다. 1980년에는 현대와 삼성 같은 한국 기업이 세계적인 대기업이 되었다.

일본과 한국 기업이 가치사슬의 상층부로 이동하면서 두 나라의 산업화를 따라가는 두 번째 신흥국 기업이 등장했다. 20세기 후반에 중국, 브라질 그리고 다른 신흥국에서 천연자원, 건설, 제조 그리고 원자재 분야의 대기업이 세계 무대에 등장했다. 중국석유공사, 중국석유화학집단공사, 가스프롬, 브라질 국영 석유기업 등은 엑슨모빌Exxon Mobil, 셸, 토탈 같은 세계적인 거대 에너지 기업과 어깨를 견주고 있다. 에너지 분야에 등장한 신흥국의 거대 기업은 다른 산업 분야에서의 경쟁구도를 보여주는 전초전에 불과하다. 브라질의 발레Vale, 러시아의 노릴스크 니켈Norilsk Nickel, 중국의 선화神華 그룹 등 석탄, 기초원료, 광물 분야의 신흥국 기업은 이미 세계 교역의 절반 정도를 통제하고 있다. 세계 건설 시장과 부동산 시장의 경우 신흥국 기업이 대략 40% 정도를 장악하고 있다.

다음에 올 세 번째 신흥국 기업의 물결은 훨씬 더 크고 그 어느 때보다 강력할 것이다. 엄청난 인구를 자랑하는 거대 시장을 지배하는 신흥국 기업들은 이미 선진국 경쟁자의 규모를 뛰어넘었다. 인도 최대

2013년 〈포천〉 선정 글로벌 500대 기업 중 신흥국 기반 기업의 수 증가
(130개…230개, 2025년 기준)

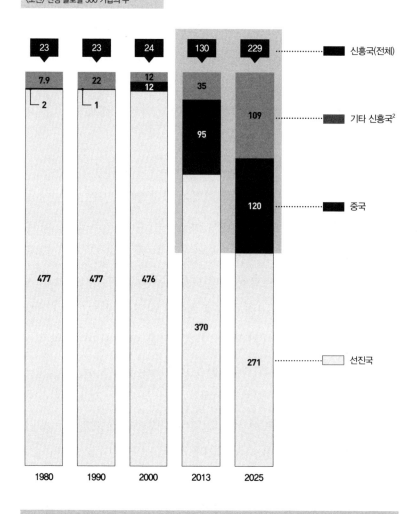

〈포천〉 선정 글로벌 500 기업의 변화
〈포천〉 선정 글로벌 500 기업의 수

신흥국(전체)

기타 신흥국[2]

중국

선진국

	1980	1990	2000	2013	2025

1. 〈포천〉 선정 글로벌 500대 기업은 달러 기준 매출 총액 상위 500대 기업의 순위
2. 2000년까지 신흥국에는 중국과 남미 지역 제외

주 : 2025년 〈포천〉 선정 글로벌 500대 기업은 2025년 각 국가의 세입을 기준으로 추정

출처 : 〈포천〉 선정 글로벌 500, 맥킨지 글로벌 연구소 기업 스코프, 맥킨지 글로벌 연구소 분석

의 통신사인 바르티 에어텔Bharti Airtel은 남아시아와 아프리카에서 2억 7,500만 명의 가입자를 가지고 있다. 이와 대조적으로 미국 최대의 통신사인 AT&T의 가입자는 1억 1,600만 명에 불과하다.[16] 뭄바이의 타타그룹은 전 세계적으로 5만 8,000명을 고용하고 있다. 타타 그룹은 현재 영국에서 19개 회사가 직원 5만 명을 고용하고 있는 민간 분야의 최대 기업 가운데 하나다.[17] 맥킨지의 연구에 따르면 신흥국의 기업은 선진국의 기업보다 2배 이상 빠르게 성장하고 있다.[18]

앞으로 10년 동안 신흥시장의 GDP는 기존보다 2.5배 더 빠른 속도로 성장하며 세계 기업의 경쟁 구도를 완전히 바꿔놓을 것이다. 매출 10억 달러 규모의 기업 10개 가운데 7개는 신흥국의 기업일 가능성이 높다. 신흥시장에 본사를 둔 대기업의 수는 현재 2,200개에서 7,000개로 증가할 것이다. 이 예측대로라면 2025년에는 중국의 매출 10억 달러 이상 대기업이 미국이나 서유럽보다 훨씬 더 많을 것이다.[19]

피라미와 상어, 누가 이기는가

기술은 또한 힘의 균형을 기존의 대기업에서 작은 신생기업과 기업가로 이동시키고 있다. 세계 시장에서 기업 규모는 일반적으로 장점일 뿐만 아니라 필수 요소이기도 했다. 1990년대에는 작은 기업이 세계 시장에서 경쟁하는 것은 사실상 불가능했고 짧은 시간에 세계 전역으로 사업을 확장하는 것도 어려웠다. 거대한 바다에서 상어는 작은 물고기를 힘들이지 않고 대량으로 살상했다. 하지만 오늘날 작은 물고기는 중국의 알리바바와 영국의 정부 조달 포털과 같은 새로운 플랫폼의 등장에 힘입어 상어를 이기고 있다.

기술은 작은 기업이 대기업과 경쟁할 수 있게 만들었다. 오늘날 신생기업은 대기업과 마찬가지로 아주 쉽게 강력하고 거대한 글로벌 플랫폼에 접속할 수 있고, 몇 년 안에 수백만 명의 소비자를 확보할 수 있다. 에어비앤비와 리프트 등 공유경제 기업의 성공은 기술이 시장 진입과 규모 확대의 장벽을 제거할 수 있고 시간제로 일하는 개인이 기존의 기업과 경쟁할 수 있다는 사실을 보여준다. 이스라엘의 한 지역에 기반을 둔 모바일 앱인 웨이즈Waze는 5년도 채 안 되는 짧은 시간에 5,000만 명의 사용자를 확보했다.[20] 2013년 6월 위치와 지리정보 서비스의 분야의 상어인 구글은 웨이즈를 인수하기 위해 10억 달러를 지불했다. 17개국의 통화로 P2P 송금을 할 수 있는 서비스를 제공하는 영국의 신생기업 트랜스퍼와이즈TransferWise도 또 다른 본보기다.[21] 트랜스퍼와이즈의 거래 규모는 4년도 채 되기 전에 10억 달러로 성장해 기존의 환전과 송금 서비스업체를 위협하고 있다.[22]

거대한 기업은 종종 경계 태세를 늦추다 기민하게 대응하지 못한다. 많은 기업이 가끔씩 수개월 동안 진행이 되지 않는 복잡한 절차와 과거의 거대한 IT 시스템에 의해 마비 상태에 빠지기도 한다. 새로운 경쟁자는 최신 시스템을 손쉽게 구매해 단 몇 주 만에 설치할 수 있다. 3D 프린팅 덕분에 신생기업과 소규모 기업은 별도의 장비와 비용을 들이지 않고 다양한 소재로 복잡한 시제품과 모형과 상품을 제작할 수 있다. 클라우드 컴퓨팅은 과거에 대기업에서만 가능했던 IT 능력과 사무지원 서비스를 적은 비용으로 제공하고 있다. 실제로 신생기업의 경

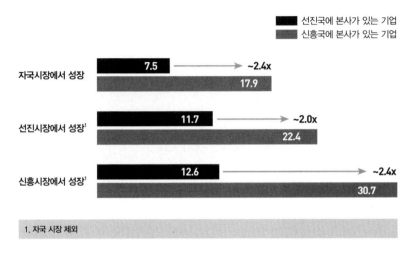

국경을 초월해 빠르게 성장하고 있는 신흥국의 기업
: 1999년부터 2008년까지 연평균 매출 성장률, %

■ 선진국에 본사가 있는 기업
■ 신흥국에 본사가 있는 기업

자국시장에서 성장
7.5 ➡ ~2.4x
17.9

선진시장에서 성장[1]
11.7 ➡ ~2.0x
22.4

신흥시장에서 성장[1]
12.6 ➡ ~2.4x
30.7

1. 자국 시장 제외

쟁력이 높아지고 세계 모든 곳의 고객과 사용자에게 접근할 수 있게 되면서 거의 모든 분야의 대기업이 변화에 취약해지고 있다.

작은 피라미가 상어에 대적하는 것이 쉬워졌기 때문에 전체 산업의 판도를 바꾼 기업도 끊임없이 다른 파괴자의 등장에 주의를 기울여야 한다. 1996년에 출범한 익스피디아Expedia는 2013년에 48억 달러의 매출을 기록해 세계 최대 여행 기업으로 성장했다.[23] 가격, 데이터, 여행 후기, 지불 옵션을 모두 통합함으로써 익스피디아는 여행업계에서 경쟁의 토대를 바꾼 새로운 플랫폼을 만들었다. 하지만 익스피디아와 다른 유사 경쟁업체는 지금 개인의 숙박 공유 사이트인 에어비앤비 같은 새로운 형태의 비즈니스 모델의 도전에 직면해 있다.

에어비앤비의 고객 수십 만 명은 익스피디아의 플랫폼을 이용하지 않고 세계 수십만 곳에 있는 숙박시설을 조사 및 예약해 비용을 지불하고 사용 후기를 남길 수 있다. 페이스북과 구글 같은 거대 기술 기업은 새로운 기업의 진입을 예의 주시해야 한다. 메시지를 보낸 사람이 받는 사람이 볼 수 있는 시간을 제한할 수 있는 사진 메시지 앱인 스냅챗은 2011년에 등장했다. 2014년에 스냅챗 사용자는 페이스북이나 인스타그램보다 훨씬 더 많은 하루 4억 장의 사진을 주고받는 것으로 나타났다.[24] 5억 명에 달하는 왓츠앱의 실사용자들은 2014년에 하루 100억 개의 메시지를 주고받았다. 페이스북이 190억 달러를 주고 왓츠앱을 인수한 것은 전략적 확장인 동시에 방어 전략이었다.[25]

경계선이 흐려진다

기술은 물리적 소비와 온라인 소비의 경계를 모호하게 만들었고 책과 CD에서 킨들과 아이튠즈로 콘텐츠의 가치를 이동시켰다. 아이튠즈에서는 사용자가 음악을 소유하지 않고도 맘껏 들을 수 있다. 정보기술이 소비자에게 가격과 상품을 비교할 수 있는 능력을 제공하면서 기업은 전통적인 사업 분야에서 이익을 줄이고 새로운 기회를 찾을 수밖에 없게 되었다. 기업은 기술, 데이터, 고객에 대한 특별한 접근법을 활용하거나 급격한 변화에 직면해 스스로를 개혁하기 위해 새로운 분야로 확장하고 있다. 기술이 가져온 끊임없는 파괴의 혁신은 예상치 못한 결합으로 이어진다. 닛산Nissan의 최고경영자인 카를로스 곤Carlos Ghosn은 "경영대학원은 사람들이 내적인 위기에 대응할 수 있도록 준비시켜야 할지도 모른다. 하지만 나는 우리가 외부의 위기에 더 잘 대비해야 한다고 생각한다. 중요한 것은 기업 전략이 아니라 그 전략을 적용하는 방법을 알아내는 경영자의 능력이다. 우리는 변동성이 높은 세계에 살고 있기 때문에 점점 더 많은 외적 위기를 만나게 될 것이다. 변동성이 높은 세계에서는 모든 것이 영향을 받고 기술도 매우 빠르게 발전한다. 당신이 전혀 모르는 분야에서 등장한 어떤 것에 의해 충격을 받을 수 있다"고 주장했다.[26]

2000년대 초에 영국의 자동차 보험사는 컨퓨즈드닷컴confused.com 같은 가격 비교 사이트의 등장으로 허를 찔렸다. 힘의 균형이 기존 보험사에서 가격비교 사이트로 기울면서 가격비교 사이트의 시장점유율은 10년 만에 새로운 가입자의 50% 이상을 차지하게 되었다.[27] 가격의 투명성이 높아지고 소비자가 가격과 품질을 비교하게 되면서 많은 영국 자동차 보험업계의 기존 보험사는 증권 인수나 부동산 투자 등으로 돈을 벌려고 노력하고 있다. 온라인 정보 통합 사이트의 성공에 대한 대응으로 구글과 같은 비전통적 기업은 해당 영역에 관심을 가지고 실험을 시작했다. 세계 디지털 보험사의 포럼인 디지털 인슈어러 이벤트 Digital Insurer Event에서 진행한 최근 조사에 따르면 응답자의 75%가 구글과 유사한 기업이 보험업에 대한 최대의 위협이 될 것이라고 걱정했다고 한다.[28]

기존의 보험사는 신생 온라인 보험사 외에도 그들의 영역을 침범하는 자동차 제조업체에도 주의를 기울여야 한다. 스마트 자동차 기술이 발전하면서 시트로엥과 같은 자동차 회사는 특정 모델의 신차에 블랙박스를 장착하겠다고 발표했다. 컴퓨터 정보통신 기술의 활용으로 기업은 여행 거리, 속도, 브레이크 습관 등 고객의 운전 습관을 감시할 수 있게 되었고, 그 결과 고객의 행동을 더 잘 이해할 수 있게 되었다.[29] 자동차 제조사가 중요한 보험사가 될지는 두고 봐야 하지만 알리안츠 같은 보험회사는 이미 이런 위협을 예상하고 자동차회사와 제휴를 맺었다.

기술은 오랫동안 기업들 사이에 가치를 이동시켰고 인접 산업 분야와 유통경로 간의 경계를 모호하게 만들었다. 넷플릭스는 경쟁 구도가 빠르게 변하는 시대에 기업이 어떻게 성공하는지를 보여주는 모범 사례다. 넷플릭스는 우편으로 DVD를 대여하는 서비스로 사업을 시작했지만 온라인 비디오의 인기가 높아지자 스트리밍 서비스로 전환했다. 그리고 온라인 비디오 분야에서 경쟁이 치열해지자 콘텐츠 생산 사업에 뛰어들었다. 2,400만 가입자를 잃지 않기 위해 넷플릭스는 2012년에 데이비드 핀처 감독, MRC 제작사와 협력해 〈하우스 오브 카드House of Cards〉를 방송했다. 〈하우스 오브 카드〉는 케빈 스페이시가 부도덕한 정치가로 출연하는 고품격 정치 풍자 드라마다. 동일한 제목의 영국 드라마를 각색한 〈하우스 오브 카드〉는 케이블TV의 인기 드라마 시청자를 끌어들였다. 미국에서만 약 300만 명이 넷플릭스의 〈하우스 오브 카드〉를 시청했다.[30]

어떻게 대응할 것인가

지속적으로 변하는 경쟁의 본질에 적응하는 것은 쉽지 않다. 과거의 글로벌 경쟁 시대에 제조 공정을 만들고 기업 문화와 전략을 수립한 기업들은 특히 그렇다. 오늘날 대부분의 경영자가 직면한 질문은 새로운 트렌드에 의해 무너질 것인가 아닌가가 아니다. 언제, 누구에 의해, 얼마나 심각한 도전을 받게 될 것인가다. 당신의 기업이 기존의 경쟁자를 뛰어넘어 사고방식을 확장하고 새로운 경쟁자의 성장에 주목하며 새로운 산업의 비즈니스 모델과 경제를 이해하려고 노력하는 것이 가장 중요하다. 기업의 자산, 핵심 역량 그리고 경쟁우위에 대한 명확한 관점을 개발하기 위해 시간과 정신적 에너지를 쏟아부어야 한다. 경영자는 비록 그 결정이 기업의 와해를 의미하더라도 올바른 협력자를 선택하고 단호한 행동을 취할 준비가 되어 있어야 한다.

새로운 생태계를 이해하라

신흥국에 위치한 떠오르는 비즈니스 허브를 주목할 필요가 있다. 특히 신흥국의 중소도시를 간과하지 말아야 한다. 이런 도시에서 미래의 가장 위험한 경쟁자가 태어날 것이다. 예를 들면 타이완의 북부 지역에 있는 신주는 중국 지역에서 4번째로 큰 첨단전자와 하이테크 산업의 허브다. 13개 대기업의 본사가 신주에 자리 잡고 있다. 산타카타리나Santa Catarina도 아직 경영자의 레이더에 잡히지 않는 곳이다. 브라질 남부의 산타카타리나는 세계 최대의 닭고기 가공공장인 BRF, 세계적 냉장고 콤프레서 제조사인 엠브라코Embraco, 남미의 유명 의류 섬유업체인 헤링Hering 그리고 남미 최대의 전기모터 제조업체인 WEG WEG Indústrias가 모여 있다.

신생 기술 기업은 일부 산업 분야에서 예상치 못한 도전장을 던지고 있다. 새로운 신생기업과 이들의 혁신적인 비즈니스 방식을 감시하는 가장 좋은 방법은 무엇일까? 일부 대기업은 잠재적인 도전을 파악하기 위해 액셀러레이터 모형을 활용하고 있다. GE는 신생기업에 3D 프린터, 컴퓨터 자동선반, 레이저 절삭기 등의 첨단 장비를 제공하는 창업 보육센터인 GE개라지GE Garage를 운영하고 있다. 신생기업은 첨단 장비와 GE의 기술 그리고 관리 능력을 활용하고 GE는 새로운 기술이 성숙 단계에 이를 때 신속하게 대응할 수 있다.[31]

GE만이 아니다. 삼성은 실리콘밸리와 이스라엘의 텔아비브에서 기업 액셀러레이터를 운영하고 있다. 2014년 7월 디즈니도 11개의 기술과 미디어 신생기업을 액셀러레이터 프로그램에 참여시켰다. BMW의 아이벤처iVentures 보육센터는 라이프360Life360과 파크앳마이하우스닷컴ParkatmyHouse.com과 같은 기업을 유치하고 있다. 마이크로소프트 벤처Microsoft Ventures는 멘토 공동체를 통해 신생기업을 지원하고 초기 단계의 기업에 자금을 제공하는 것은 물론, 신생기업의 성공을 돕기 위해 전 세계에 7개의 기업 액셀러레이터를 활용하고 있다.

내부의 힘을 활용하라

새로운 경쟁 구도의 파괴적인 본질은 기존의 기업이 모든 자산을 이용해야 한다는 의미다. 따라서 기존 기업은 자산을 점검하고 자사만이 가진 시장에서의 독특한 위치를 다시 한 번 살펴봐야 한다.

자동차 산업의 치열해지는 경쟁에 맞서 독일의 프리미엄 자동차 제조사는 강력한 브랜드, 탁월한 자동차 품질, 강력한 조직력, 첨단 소재, 소프트웨어 그리고 네트워크 연결성에서의 혁신 등 다차원적 접근 방식을 활용했다. 예를 들면 BMW는 모바일 앱을 이용한 운전자의 실내 온도 조절, 주차 위치 찾기, 원격으로 자동차 문의 잠김 상태 확인 등과 같은 기능을 통해 고객의 경험을 개선하고 있다. BMW는 탄소섬유 자동차인 i시리즈를 대규모로 생산하는 세계 최초의 제조사다. BMW i3 모델은 버튼만 누르면 스스로 주차하는 주차도우미 시스템을 장착하고 있다.[32] 다임러 메르세데스 벤츠의 E와 S 시리즈 자동차에는 조향 어시스트 기능과 자동으로 신호등, 교차로 그리고 다른 자동차를 피해 운행하는 스탑앤드고Stop & Go 운전보조 시스템이 장착되어 있다.[33] 2014년에 아우디는 4G 네트워크 연결, 구글어스 기반의 내비게이션 그리고 멀티미디어 기능을 담고 있는 첨단 소프트웨어 패키지인 아우디 커넥트Audi Connect를 아우디 A3 모델에 도입했다. 그리고 이를 위해 미국의 최대 통신사인 AT&T와 협력관계를 체결했다.[34] 이미 강력한 브랜드에 이런 특징이 더해지면서 독일의 프리미엄 자동차 회사는 다른 자동차 제조사의 경쟁을 물리쳤고 2013년에 메르세데스, 아우디, BMW의 매출은 사상 최대를 기록했다.[35] 다시 말해 전 세계 자동차 제조사가 상대적으로 저가의 기능성을 높인 자동차를 만드는 시대에 독일 자동차 제조사는 차체와 탁월한 구동력에 의존하는 대신 정보통신 기술, 앱, 소프트웨어 그리고 고객의 경험을 기반으로 경쟁에 나섰다.

연합을 결성하라

경쟁의 토대가 빠르게 바뀌고 전통적 비즈니스 모델이 완전히 사라지는 시대에는 성공에 필요한 협력자를 찾는 일이 중요하다. 미래에 대한 위험 회피, 새로운 능력에 대한 접근 그리고 기존 비즈니스 모델의 전환에 도움이 되는 현명한 연합이 점점 더 중요해질 것이다.

전통적 이동통신 산업은 새로운 경쟁으로 수익이 감소하고 새로운 기술이 기존의 비즈니스에 도전과 기회를 가져다주면서 불확실성에 직면해 있다. 왓츠앱과 유사한 모바일 메신저 앱이 SMS 시장을 잠식하는 동안 통신사들은 생존을 위해 고군분투하고 있다. 통신사는 광대한 이동통신 네트워크와 고객 기반을 다른 서비스 제공을 위한 플랫폼으로 삼아 경쟁의 토대를 바꾸려고 노력하고 있다. 통신 기업의 이런 사고방식은 현명한 제휴관계 설립을 중요하게 생각하는 것이다.

신흥국에서 이동통신 서비스 범위는 은행의 영업망보다 더 넓다. 아르헨티나, 콜롬비아, 우크라이나와 같은 국가의 경우 사실상 모든 사람이 휴대전화를 소유하고 있다. 하지만 은행계좌를 가지고 있는 사람은 전체 인구의 절반도 안 된다.

모바일 메신저가 통신사의 핵심 사업을 위협하면서 통신사들은 새로운 지불 수단을 제공하기 위해 은행과 협력관계를 구축했다. 동부 아프리카의 최대 통신사업자인 케냐의 사파리콤Safaricom은 2007년에 아프리카 최초의 SMS 기반 송금 서비스인 엠페사를 시작하기 위해 아프리카 상업은행과 제휴했다. '엠m'은 모바일의 약자이고 '페사pesa'는 스와힐리어로 돈이라는 의미다. 첫 18개월 동안 엠페사는 400만 명의 사용자를 확보했고 이 가운데 상당수는 은행계좌가 없어 가상의 돈을 현찰로 입출금하기 위해 통신사를 방문하고 있다. 2013년에 엠페사의 이용자는 1,500만 명으로 늘었고 사파리콤은 세계에서 가장 성공한 금융 서비스 혁신업체로 인정받고 있다.[36]

브라질의 최대 통신업체인 오이텔레콤Oi Telecom은 휴대전화 사용을 근거로 고객의 신용을 평가하기 위해 영국의 데이터 분석 기업인 시그

니파이Cignifi와 연합했다. 휴대전화 사용정보는 오이텔레콤의 문자 서비스 기반의 가상 신용카드 시스템인 파고Paggo를 통해 은행계좌가 없는 고객에게 돈을 빌려주는 데 사용됐다. 선진국 시장에서 의료 기업은 통신 기업에게 귀중한 협력자가 되었다.

오렌지Orange는 당뇨와 심장병 환자를 원격으로 감시할 수 있는 모바일 헬스 서비스 시스템을 제공한다. 이동통신을 이용해 가정 의료 서비스 수요를 충족시킴으로써 통신사는 의료 산업 성장에 따른 지분을 확보했다. 도이치텔레콤은 독일의 최대 의료 보험사인 바르메르Barmer와 협력해 모바일 피트니스 프로그램을 개발했다. 이 프로그램은 심장 박동 수와 이동거리 같은 데이터를 수집해 회사의 헬스 포털로 보내면 헬스 포털이 개인 맞춤형 훈련 프로그램을 만들어주고 있다.

세계의 인재를 유치하라

새로운 경쟁자가 나타나면서 모든 기업은 필요한 기술을 확보하기 위해 경쟁하고 있다는 사실을 알게 될 것이다. 고위 임원을 대상으로 한 조사에 따르면 76%가 그들의 조직이 글로벌 리더십 능력을 개발해야 한다고 생각했고, 7%는 매우 효과적으로 글로벌 리더십을 개발하고 있다고 답했다.[37] 미국 기업 가운데 30%는 국제적 능력이 있는 사람이 모자라 기회를 충분히 이용하지 못했다고 대답했다.

신흥시장 출신의 경영자에게 국제적인 경력을 쌓을 기회를 주는 것은 최고의 인재를 확보하는 좋은 방법이다. 2010년에 유니레버는 인도 자회사 출신의 관리자 200명에게 본사의 국제 업무를 맡겼다. 그리고 이들 가운데 2명은 현재 최고위층이 되었다. 기업들은 전통적인 본사의 정책이 더 이상 적합하지 않다는 사실을 깨달았다. 일부 기업은 자국 외의 시장과 긴밀하게 협력하기 위해 두 번째 본사를 설립했다. GE와 캐터필러 그룹은 본사를 2곳 이상으로 나누고 정책 결정, 생산 그리고 서비스에 관한 리더십을 공유하고 있다. 본사와 경영진을 위한 인큐베이터가 영국 런던에 있는 유니레버는 싱가포르에 두 번째 리더십 개발센터를 설립했다. 싱가포르 리더십 개발센터는 세계화된 사고방식을 가진 인재를 확보하는 것이 목표다. 유니레버는 전체 수입의 57%를 신흥시장에서 얻고 있다.[38] 유니레버의 CEO 폴 폴먼Paul Polman은 "싱가포르 리더십 개발센터는 리더십과 혁신의 중심이자 빠르게 성장하는 아시아 국가로 향하는 관문이다. 우리는 미래의 리더가 어디 출신이든 이곳에 오면 새로운 통찰력과 관점을 배우게 될 것이라고 믿는다"고 말했다.[39]

타성을 떨쳐버려라

타성에서 벗어나라는 것은 지금까지 우리가 강조했던 주장의 핵심 내용이다. 하지만 기업 경영자는 새로운 경쟁의 시대에는 더 기민하게 움직여야 할 것이다. 경영자는 자본 배분과 기술에 관해 현 상태를 유지하면서 새로운 기술 개발에 주의를 기울여야 할 것이다.

또한 경쟁자에 대한 경계 외에도 자본을 더 기민하게 배분하고 활용할 수 있도록 노력해야 한다. 사실 우리는 매년 자본을 재배분하는 등 기민하게 대응하는 기업의 성과가 그렇지 않은 기업의 성과보다 더 좋다는 사실을 발견했다. 1,600개 이상의 기업 자료를 분석한 결과 해마다 자본을 재배분하는 상위 30% 기업의 배당금이 자본 배분이 고정된 민첩하지 못한 기업보다 30% 더 높았다.[40]

기술에 의해 상어가 피라미의 먹이가 되는 시대에 경영자는 정보통신 기술에 대해 잘 알고 있어야 한다. 기업이 새로운 환경에서 살아남고 잠재적 경쟁자와 협력자를 찾아내려면 모든 사업 단위에서 기술을 전략적 사고의 핵심으로 받아들여야 한다. 기업이 활용하는 모든 기술을 주관하는 최고기술책임자CID, Chief Technology Officer를 고용하는 것은 물론이고 기술을 전략적 문제의 관점에서 접근하는 최고디지털책임자 CDO, Chief Digital Officer를 두어야 한다는 주장도 설득력을 얻고 있다. 기술은 기업이 자신의 비즈니스 모델을 파괴하고 변화하는 경쟁 구도에 적응하는 지렛대가 되고 있다.

영국의 패션업체인 버버리는 기술의 선도자가 되기 위해 모든 것을 다시 만들었다.[41] 버버리 상표에 대한 보편적 접근권을 제공하는 '민주적 럭셔리democratic luxury'라는 개념을 개발한 버버리는 모든 분야를 총괄하는 디지털 전략을 수립했다. 버버리는 웹사이트, 소셜미디어, 그리고 무명 영국 음악가를 홍보하는 유튜브 프로젝트인 버버리 어쿠스틱 등을 하나로 통합하고 런던의 대표적인 패션거리인 리젠트 스트리트에 기술적으로 혁신적인 최고급 디지털 매장을 개설했다.[42] 당시 CEO였던 안젤라 아렌츠Angela Ahrendts는 "리젠트 거리에 있는 매장을 걸어 들어가는 것은 우리의 웹사이트로 걸어오는 것과 같다.[43] 디지털화를 통해 버버리는 7년 만에 3배로 성장했다"[44]고 밀했다.

세계 경제에서 경쟁은 어떤 측면에서 보면 4년마다 열리는 월드컵 축구대회와 비슷하다. 월드컵은 한 축구 대표팀의 운명이 매우 빠르게 바뀌는 위험하고 긴장감 넘치는 대회다. 세계 무대에서 경쟁하기 위해 축구 대표팀은 수년 동안에 걸쳐 연습을 하고 예선 경기를 치른다. 하지만 예상치 못한 골이 터지면 중요한 순간에 흔들리거나 완전히 무너지고 만다. 가끔씩 신예가 두각을 나타내는 경우가 있지만 대부분의 경우 기존의 강호가 경기에서 이긴다. 2014년 준결승에 진출한 독일, 아르헨티나, 브라질, 네덜란드 4개 국가 대표팀은 20번의 결승전에서 11번을 이겼다. 하지만 축구와 기업 사이에는 중요한 차이가 있다. 2014년 월드컵에서는 32개 국가가 경기를 치렀다. 모든 팀이 동일한 축구공을 사용하고 같은 크기의 경기장에서 시합을 펼치고 같은 규칙에 따라 경기를 했다. 하지만 빠르게 바뀌는 경쟁의 법칙 때문에 경제 월드컵은 무한 경쟁이다. 노련한 공격수와 뛰어난 골키퍼를 가진 경쟁자가 자신만의 규칙을 가지고 세계 어느 곳에서든 나타날 수 있다. 어떤 팀은 11명이 아니라 18명의 선수를 출전시킬 수도 있다. 다른 팀은 원격으로 조정할 수 있는 축구공을 사용할지도 모른다. 경쟁에 나서기 위해 기업은 효율적인 인재 발굴 네트워크를 활용하고 교육과 훈련에 더 많은 노력을 기울이며 가장 효과적인 전략 개발을 위해 기업문화와 직원을 육성해야 한다.

10

우리 모두가 함께 해야 할 일

1990년대 후반에 독일은 '유럽의 새로운 환자'라고 불렸다.[1] 여기에는 그럴 만한 이유가 있다. 가난한 동독과 통일이 된 지 7년이 지났지만 헬무트 콜 정부는 10%에 이르는 실업률, 둔화된 GDP 성장, 인구 고령화 그리고 부실한 사회복지 시스템과 고군분투하고 있었다. 이후 7년 동안 상황은 더 악화되었다. 경제 성장률은 0.5%에도 못 미치면서 두 차례의 짧은 경기침체를 경험했고 2005년에는 실업률이 11%까지 치솟았다.[2] 하지만 이후 채 10년도 안 돼 독일은 경제 기적을 이뤄냈다. 2008년에 실업률은 7.5%로 떨어졌다. 세계적인 경기침체로 수백만 명이 일자리를 잃었지만 독일의 실업률은 상승하지 않았고 2012년에는 GDP의 급격한 감소에도 불구하고 실업률은 5.4%로 오히려 하락했다.[3] 버락 오바마에서 중국의 시진핑에 이르기까지 세계의 지도자들은 앙겔라 메르켈 총리와 독일의 기적에서 영감을 얻었다. 어떻게 유럽의 새로운 환자가 이렇게 빨리 회복할 수 있었을까?

2003년과 2005년 사이에 독일 정부는 아젠다 2010 프로그램Agenda 2010 program의 일부로 노동시장에 대한 일련의 개혁을 단행했다. 이른바 '하르츠 개혁Hartz reforms'을 통해 게르하르트 슈뢰더 총리는 직업 교육을 개선하고 새로운 형태의 일자리를 창출하는 동시에 실업급여와 복지 혜택을 축소했다. 대대적인 개혁은 대중의 반대에 부딪혔다. 사회복지가 축소되는 것에 항의하기 위해 2003년 월요일 집회에는 10만 명 이상이 참가했다.[4] 고령의 근로자는 (노동개혁 이후 이들의 경제활동 참가율은 상승했다) 은퇴 연령 연장에는 관심이 없었다. 슈뢰더 총리의 집권당은 2005년의 선거에서 패배했고 메르켈 총리는 독일 기적의 수혜자가 되었다.

트렌드가 와해되는 시대의 정책 입안자는 독일 정부가 2000년대 초에 경험했던 도전에 직면해 있다. 각국 정부는 어떻게 더 빨리 변화에 대응하고 사회가 도전을 극복하고 그 과정에서 생존에 필요한 정치적 성숙도와 리더십을 개발할 것인가? 통치자도 기업가처럼 직관을 재정립해야 한다. 이번 장에서 우리는 이런 트렌드 붕괴가 가져오는 정치적 리더십의 도전에 대해 이야기할 것이다. 그리고 이런 도전에 맞서기 위해 정부가 무엇을 해야 하는지에 대해 살펴볼 것이다.

모든 것이 바뀌고 있다

:

글로벌 경쟁과 기술의 변화는 창조적 파괴를 가속화시켰고 노동시장의 적응 능력을 앞질렀다. 기업은 심각한 기술 격차에 대해 불평하고 있다. 하지만 대부분의 정책 결정권자에게는 일자리 창출이 매우 중요한 과제다. 인구 고령화도 사회안전망을 위협하기 시작했다. 자본 조달 비용이 상승하면서 빚에 허덕이는 선진국에서 인구 고령화는 더 큰 부담이 되고 있다. 공공 분야에서 생산성은 향상되지 않고 있다. 소득 불평등 문제가 커지면서 반발도 생기고 있다. 일부 반발은 과거 30년 동안 성장의 밑거름이 됐던 교역, 금융, 사람 사이의 상호연계성을 목표로 하고 있다. 이 책에서 논의한 파괴의 힘이나 트렌드 변화는 노동, 재정, 교역, 이민 정책 그리고 자원과 기술에 대한 규제 등 다양한 분야에 영향을 미치면서 정책 결정권자에게 특별한 과제를 던져주고 있다.

글로벌 경쟁 시대의 노동 정책과 기술적 파괴

2008년 금융위기 이후 일자리 창출은 선진국과 신흥국 모두에게 가장 중요한 문제로 남아 있다. 동시에 기술의 발전이 지식 노동 분야까지 침투하면서 로봇이나 기계가 다양한 새로운 분야에서 인간을 대신할 가능성이 더 높아지고 있다. OECD 34개 국가에서 젊은 노동자와 저급 노동자는 일자리 창출과 기술 수요 충족에서 가장 큰 타격을 받고 있다. 일견 납득이 안 될 수도 있지만 선진국과 신흥국 모두가 노동력이 부족하다. 노동력의 고령화에 직면하고 있는 일부 기업은 은퇴의 여파를 걱정하고 있다. 많은 기업이 과학, 기술 그리고 공학 분야에서 점점 벌어지고 있는 기술 격차와 씨름하고 있다.[5] 노동시장의 불균형은 여성의 경제활동 참여율이 더 낮아지면서 더욱 악화되고 있다. 중동과 북부 아프리카 지역에서 경제활동에 참여하는 여성은 전체의

25%도 안 된다. 이런 노동 불균형은 일부 선진국도 마찬가지다. 예를 들어 일본과 한국의 경우 남성의 70%가 경제활동에 참여하는 반면 여성의 경제활동 참여율은 50%에도 못 미친다.[6]

이런 추세가 계속된다면 2020년에 노동시장은 약 8,000만 명의 고급 노동력이 부족하지만 9,500만 명의 저급 노동력이 남아도는 불균형 상태에 빠질 것으로 추정된다. 이런 노동 불균형의 격차를 줄이기 위해 선진국은 대학 졸업자를 현재보다 2.5배 정도 더 증가시켜야 한다. 또 직업 관련 교육을 촉진하기 위해 더 좋은 지원 방안과 보상 정책을 마련해야 한다. 한 달에 400~500만 개 정도의 새로운 일자리가 생기는 미국의 경우 대졸자 가운데 14%만이 과학, 기술, 공학 그리고 수학 관련 전공자다. 신흥국의 경우 수억 명의 젊은이를 교육시키는 창의적인 방법을 찾아내고 2차 교육기관의 졸업 비율을 높이는 것이 우선과제다. 인도는 정부의 목표를 완수하기 위해 2012년에 2차 교육기관 교사의 수를 2배로 늘렸고 2016년까지 2차 교육기관의 학생 수용 능력도 3,400만 명 더 증원할 것으로 예상된다.[7]

고령화 시대의 재정 정책과 증가하는 자본 비용

미국, 유럽, 일본 그리고 중국에 이르기까지 많은 세계 경제 대국들이 노동력의 고령화와 대규모 은퇴 문제로 고민하고 있다. 2040년에는 65세 이상 고령자가 인구 4명당 1명이 될 정도로 빠르게 증가하면서 지난 세기에 구축된 사회안전망은 시험대에 오르게 될 것이다. 반면 유아 비율은 거의 정체 상태를 유지할 것이다. 중국은 공적연금 지출이 현재 GDP의 3.4%에서 2050년에는 10%로 크게 증가할 것이다.

청년 실업률 증가로 위험해지는 전 세대
: 청년 실업률

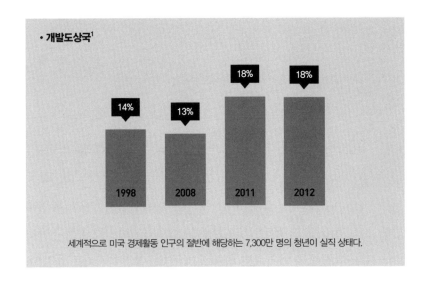

• 개발도상국[1]

| 1998 | 2008 | 2011 | 2012 |
| 14% | 13% | 18% | 18% |

세계적으로 미국 경제활동 인구의 절반에 해당하는 7,300만 명의 청년이 실직 상태다.

주요 국가의 실업률

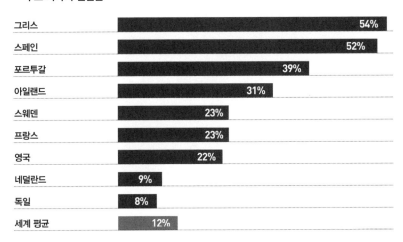

그리스	54%
스페인	52%
포르투갈	39%
아일랜드	31%
스웨덴	23%
프랑스	23%
영국	22%
네덜란드	9%
독일	8%
세계 평균	12%

1. 27개 유럽연합 국가와 호주, 캐나다, 일본, 미국 등 선진국 포함

출처 : 국제노동기구 세계청년고용동향, 2013, 맥킨지 글로벌 연구소 분석

고령 인구의 증가와 보건의료비 지출 확대로 공공의료비는 훨씬 더 빠르게 증가할 것이다. 노인의료보험제도와 저소득층 의료보장제도가 이미 인구의 상당수를 지원하고 있는 미국의 경우, 의료에 들어가는 공적 비용은 2050년이 되면 2배로 증가해 GDP의 15%를 차지할 것으로 예상된다.[8]

공공부문 지출 폭탄이 터지는 시기는 중요하지 않다. 역사적으로 저금리 시대가 끝나면서 자본 조달 비용이 상승하기 시작하고 있다. 이는 지속적으로 갱신해야 하는 거대한 변동금리 채무를 안고 있는 정부에게는 큰 고민거리다. 2011년 전 세계 재정적자 총액은 4조 달러에 달했고 총 부채 규모는 GDP의 120%에 이르는 것으로 나타났다. 이는 각국 정부에 상당한 압박으로 작용하고 있다.[9] 유럽위원회는 2030년이 되면 인구 고령화로 GDP의 3%에 달하는 추가 자금이 필요할 것으로 추정하고 있다. 더 높은 성장을 이룩하지 못한다면 추가적인 부채는 재정 긴축으로 이어질 수밖에 없다.[10]

세계화 시대의 교역, 이민, 통화 정책

세계의 번영과 디지털화는 교역, 금융, 사람 그리고 데이터의 국제적 이동을 가속화시켰다. 그리고 더 많은 국가가 이런 흐름에 참여할수록 경제적 혜택도 커진다. 국가 간 경제활동의 증가는 세계 연간 GDP의 최고 25%를 차지한다.[11] 하지만 대중은 국제적인 물적·인적 자원의 교류가 일부 혼란을 불러오기 때문에 국제교역에 참여하는 것을 우려하고 있다. 국제교역은 실업의 원인이 되기도 한다. 자본의 흐름은 변동성이 높고 관리하기가 어렵다. 선진국과 신흥국 모두 불법뿐 아니라 합법적 이민에 대한 반대 정서도 높다. 많은 정치가가 글로벌 충격에 더 많이 노출된다는 이유로 상호연계성 증대의 어두운 면을 강조하기도 한다.[12]

경기침체, 긴축 그리고 취약한 경기회복은 사회안전망에 부담을 주고 있고 이 때문에 유럽뿐 아니라 이민자의 노동력을 기반으로 세워진 국가에서도 반이민 정서를 불러일으켰다. 싱가포르는 전통적으로 이민에 관대했고 국민의 3분의 1이 해외에서 출생했다. 하지만 지금 싱가포르는 외국인 노동자의 노동 허용 한도를 줄이고 있다.[13] 2013년 당시 노동부 장관 대행이었던 탄 추안 진辰川仁은 "우리가 하는 일은 싱가포르 국민 특히 젊은 대졸자, 전문직 그리고 관리자에게 취업과 자기계발의 기회를 공평하게 주는 것이다. 부족한 노동력을 보완하기 위해 외국인 노동자에 대한 개방정책을 펴고 있지만 모든 싱가포르 기업은 싱가포르 국민을 공정하게 대우하도록 노력해야 한다"고 말했다.[14] 역사는 일단 추진되면 되돌리기 어려운 이런 종류의 정책이 숙련노동자의 이주를 어렵게 함으로써 잠재 성장력을 감소시킬 확률이 높다는 것을 보여주고 있다.

생산성 향상 시대의 불평등

중국과 다른 신흥국의 경제가 빠르게 성장하면서 국가 사이의 불평등은 점점 줄어들고 있다. 경제적 번영과 생산성 향상 때문에 신흥국과 선진국 사이의 소득 격차도 감소하고 있다. 하지만 국가 내부적으로 계층 간 소득 불평등은 점점 더 심각해지고 있다. 1980년대 중반 이후 OECD 국가 가운데 4개국을 제외하고 모든 국가에서 상위 10%의

정부의 가용 자원에 부담을 주고 있는 예산 감소와 정부부채 증대

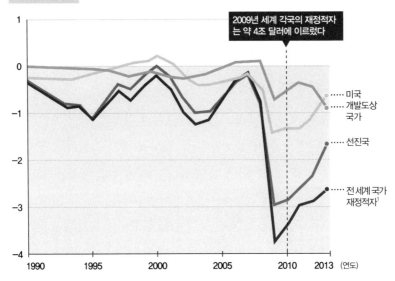

국가별 재정 상황
단위 1조 달러

2009년 세계 각국의 재정적자
는 약 4조 달러에 이르렀다

····· 미국
····· 개발도상
국가

····· 선진국

····· 전 세계 국가
재정적자¹

1990 1995 2000 2005 2010 2013 (연도)

1. 선진국과 개발도상국의 재정 상황

출처: 이코노미스트 인텔리전스 유닛 월드데이터베이스, 맥킨지 글로벌 연구소 분석

소득이 하위 10%의 소득보다 훨씬 빠르게 증가했다. 하위 10%의 소
득이 더 빠르게 증가한 국가는 포르투갈, 아일랜드, 그리스 그리고 스
페인이었다. 이 국가들은 경기침체로 고통을 당한 국가였다.[15]

이런 문제에 직면한 것은 단지 선진국만이 아니다. 중국과 인도에
서도 소득 불평등을 나타내는 지니계수Gini's coefficient가 지난 20년 동안
증가했다. 이는 부분적으로 도시와 농촌 사이에 나타난 불균형적 발전
때문이다. 세계 교역과 금융에 가장 밀접하게 연관된 상하이, 베이징,
광저우 같은 도시는 내륙에 위치한 다른 도시보다 훨씬 빠르게 발전했

다.[16] 국제통화기금의 크리스틴 라가르드Christine Lagarde 총재는 "간단히 말하면 심각하게 왜곡된 소득 분배는 장기적으로 성장의 속도와 지속 발전 가능성을 방해하고 배타적 경제와 잠재력이 버려진 황무지로 이끈다"고 말했다.[17]

점점 커지는 불평등의 근원이 무엇인지 그리고 그것이 한 가지뿐인 지에 대한 논쟁이 격화되고 있다. 하지만 한 가지 확실한 것은 생산성을 간과하고 있다는 것이다. 일부 연구에 따르면 전체 인구의 일부에 국한된 생산성 향상은 불평등을 더 악화시키는 것으로 나타났다. 부유한 계층만 생산성이 높아질 경우 이들이 혜택의 상당 부분을 가져가게 된다. 따라서 광범위한 생산성 향상이 점점 증가하는 불평등의 해법이 될 수 있다. 하지만 수요 증가가 약할 경우 경제 정책 결정권자는 생산성이 높아지면 일자리가 줄어든다는 대중의 인식에 직면하게 된다. 미국의 경우 1929년 이후 한 번을 제외하고 매 10년 주기로 생산성과 일자리는 함께 증가했다.[18] 그런데도 생산성이 높아지면 일자리가 줄어든다는 통념은 여전하다.

이 책의 앞부분에서 논의한 인구학적 변화는 앞으로 50년 동안 생산성을 더욱 중요하게 만들 것이다. 지난 반세기 동안 연평균 3.6%에 달하는 급속한 세계 GDP 성장률은 세계 노동력과 생산성의 성장 덕분이었다. 예를 들어 세계 19개 중요 국가와 나이지리아를 포함한 20개 국가에 대한 분석 결과 현재 고용인구는 50년 전보다 2.3배 많은 것으로 나타났다. 그리고 각 근로자의 생산성도 50년 전보다 2.4배 더 높았다. 하지만 오늘날 이런 성장의 밑거름이 됐던 인구 증가 추세는 점점 약해지고 일부 국가에서는 인구가 줄고 있다. 세계적 취업 증가율도 낮은 출산율과 인구 고령화로 연간 0.3%로 하락했다. 향후 50년 동안 어떤 시점에 세계 취업률은 정점에 달하게 될 것이다. 따라서 앞으로는 생산성 향상이 GDP 성장의 중요한 요인이 될 것이다. 최근의 성장 궤도를 유지하기 위해서 생산성은 과거 성장률의 2배 정도를 유지해야 할 것이다. 앞으로 50년 동안 과거 생산성 증가율을 유지하는 경우 세계 경제 성장률은 연간 3.6%에서 2.1%로 하락할 것이다. 과거 50년 동안 6배로 성장했던 세계 경제는 앞으로 50년 동안에는 3배 성장하는 데 그칠 것이다.

그렇다면 무엇이 생산성을 향상시킬까? 맥킨지의 연구에 따르면 생산성 향상의 75%는 기존의 최고 모범 사례를 광범위하게 채택하는 이른바 '따라잡기catch-up'를 통해 얻을 수 있다. 나머지 25%는 현재의 모범 사례를 뛰어넘는 기술의 발전, 영업 관행의 변화 또는 기업의 혁신에서 나올 것이다. 하지만 이런 잠재력을 실현하는 것은 산업과 국가 전 분야에 걸쳐 광범위하고 끊임없는 변화를 요구하기 때문에 쉽지 않다. 유연한 노동시장이나 기술 개발에 대한 충분한 투자 등 우호적인 환경이 없다면 생산성만으로는 엄청난 인구 변화를 극복하기 어려울 것이다. 우리는 지금까지 생산성 향상에 절대적으로 필요한 10가지 촉진 요소를 살펴보았다. ① 서비스 분야에서 경쟁을 방해하는 장벽 제거 ② 공공 분야와 규제 분야에서 효율성과 성과관리에 대한 집중 ③ 신흥시장에서 기반시설과 디지털시설에 대한 투자 ④ 혁신 상품과 서비스에 대한 연구 개발 투자와 수요 진작 ⑤ 생산성 향상에 대한 보상과 혁신을 지원하는 규정 ⑥ 발전 기회를 찾아내고 변화를 촉진시키는 데이터의 활용 ⑦ 공개 데이터와 디지털 플랫폼을 통한 생산성 향상 환경에서 새로운 참여자의 힘 활용 ⑧ 여성, 젊은이 고령 근로자들의 노동시장 참여 촉진 · 기술과 노동력 확보를 위한 이민 제도의 조정 ⑨ 기술과 일자리의 연계와 교육 개선 ⑩ 노동시장의 유연성 확대 등이 그것이다.[19]

생산성 향상은 정부와 특히 불평등에 의해 나타난 결과에 적용되어야 한다. 많은 선진국에서 공공 분야 지출이 GDP의 50% 이상을 구성하고 있고 공무원이 전체 노동력의 15~20%를 차지하고 있다.[20] 하지만 교육과 의료 등 공공 분야와 준공공 분야의 생산성은 다른 분야보다 뒤떨어져 있다. G8 국가에서(캐나다, 프랑스, 독일, 이탈리아, 일본, 러시아, 영국, 미국) 정부의 효율성 향상되면 2016년까지 연간 6,500억 달러에서 1조 달러에 이르는 가치를 창출할 수 있다.[21] 인도에서는 의료, 가정 복지, 상수도, 위생 등에 지출하는 예산의 3분의 2를 포함해 기초적인 공공 서비스에 지출하는 예산의 50%가 정부의 비효율성, 부패 그리고 다른 프로젝트로 배정된 예산 때문에 수혜자에게 도달하지 못하고 있다.[22] 공공 분야의 생산성 향상은 의료비의 인상, 공공 분야 비용 인상, 노동 기술의 격차 그리고 다른 사회적 도전에 동시에 대응하기 위해 매우 중요하다.

기술 시대의 표준과 자원 파괴

기술의 발전에 따라 중대한 트렌드가 와해되는 현상이 점점 더 자주 발생하고 있다. 소프트웨어나 인터넷 서비스 또는 하드웨어 분야에서 신기술이 채택되는 속도도 과거보다 빨라지고 있다. 이런 변화에는 기업과 개인만 관련된 것이 아니다. 정부도 민간 분야를 위한 조력자를 육성하고 연구 개발을 지원하는 데 중요한 역할을 하고 있다. 하지만 기술 변화의 속도와 불확실성 때문에 어떤 종류의 연구 개발을 지원하고 어떻게, 그리고 어떤 인재와 어떤 기반시설에 투자해야 하는지 결정하기가 어려워지고 있다. 기술을 이해하는 정책 결정권자는 사회적 성과를 높이기 위해 다양한 방식으로 기술을 활용할 수 있다. 여기에는 의료, 교육 그리고 다른 공공 서비스를 제공하는 데 있어 생산성 향상과 더욱 투명하고 책임 있는 통치 등이 포함된다.

여기에 더해 각국 정부는 생산성이 향상될 수 있도록 법과 규제의 틀을 지속적으로 바꿔야 한다. 미국 캘리포니아 의원들은 현재 무인 자율주행 자동차 개발을 위한 법을 준비하고 있다. 각 부처에서 나온 공무원들은 책임보험, 운전면허, 안전 규정 그리고 기반시설 수요 등 직접적인 변화가 필요한 분야를 이해하기 위해 정기적으로 회의를 하고 있다. 이들은 연관 사업 분야에서 일자리 창출 등 남보다 앞서 시작할 때 얻을 수 있는 혜택이 그에 따른 어려움을 상쇄할 정도로 충분하다는 사실을 잘 알고 있다.[23]

각국 정부는 또 데이터와 통신 분야의 연계성 증대에 따른 새로운 도전에 직면하고 있다. 최근 미국의 국가안전보장국NSA, National Security Agency 스캔들의 여파로 많은 국가들이 개인정보와 데이터 보호에 관한 법률에 관심을 기울이고 있다. 독일에서는 반스파이법 부활과 안전한 유로링크Euro-link 네트워크에 대한 관심이 높아지는 등 특히 반발이 강했다.[24] 독일의 메르켈 총리는 "우리는 높은 수준의 데이터 보호를 유지할 수 있는 방법에 대해 프랑스와 협의할 것이다. 무엇보다 우리는 독일 국민에게 안전성을 제공하는 유럽의 인터넷 서비스업체에 대해

논의하고 대서양 반대편으로 이메일과 다른 정보를 보낼 필요가 없도록 해야 할 것이다"고 말했다.[25]

이런 규제는 자원 분야까지 확대되고 있다. 일부 혁신적 기술은 자원 분야에 직접적으로 영향을 미치고 있다. 수압파쇄공법은 미국에서 셰일가스 혁명을 불러왔고 메탄가스 분출과 수질 오염 그리고 기타 관련 분야의 환경 규제에 대한 관심을 불러일으켰다. 신흥국의 수요 증가에 따라 2000년에서 2013년까지 전 세계의 자원 가격은 2배 이상 올랐다. 동시에 지난 13년 동안 연간 평균 자원 가격 변동성은 1990년대보다 3배로 높아졌다.[26] 자원 가격의 높은 변동성과 함께 파괴적 기술은 각국 정부가 효과적인 규제자로서 행동하도록 압박을 가하고 있다.[27]

미래의 정부는 무엇을 해야 하는가

대중의 의사표현과 참여의 기회가 많아지면서 트렌드 파괴에 의해 촉발된 정치적 리더십에 대한 도전에 더욱 긴급한 대응이 필요해졌다. 전 세계 시민들은 정부가 더 빠른 시간에 일정한 품질과 더 낮은 가격으로 공공 서비스를 제공하기를 바란다. 빠듯한 예산, 짧은 선거 주기 그리고 즉각적인 반응이 오는 시대에 공공부문 지도자의 실수를 눈감아줄 여지는 거의 없다. 홍콩에서 우크라이나, 이집트에서 브라질에 이르기까지 변화를 갈망하는 시민이 대규모로 시위에 나서고 있다. 세계 GDP 대비 부채의 비중은 지난 30년 동안 하락하다가 2011년 이후 다시 증가하고 있다. 이는 우리가 또 다른 국가 부도위기의 출발점에 있

다는 의미일 수도 있다. 신흥국의 부채위기는 지난 1980년대에 연쇄 국가 부도 사태를 불러왔다.[28]

　공공부문의 공무원 앞에 놓인 도전은 비전이 없다는 것이 아니라 부족한 시간, 우선순위 결정, 그리고 잘못된 전달 체계다. 많은 정부가 이런 어려움에 봉착해 있다. 한 아시아 국가는 개혁 프로그램을 실시한 첫해에 범죄율을 35% 감소시켰다. 남미의 한 국가는 병원의 대기자 명단을 80% 감소시켰고 선생님으로 일하고 싶은 일류 대학의 졸업생 수도 50% 증가시켰다. 한 신흥국은 두 달 만에 수십만 명의 노동자에게 사회보장 혜택을 확대했다. 각국의 정책 결정권자는 맥킨지가 '딜리버리 2.0Delivery 2.0(정부가 국민이 원하는 성과를 단순히 전달하는 딜리버리 1.0에서 한 발 더 나아가 더 좋은 성과를 더 적은 비용으로 더 빠르게 전달하는 것 – 옮긴이)이라 부르는 접근 방식을 활용했다. 딜리버리 2.0은 적절한 측정법, 실험적 딜리버리 랩delivery lab, 작고 힘 있는 실행 조직, 최고지도자의 확실한 지원, 성과에 대한 책임 문화가 잘 조화된 프로그램이다.[29] 정책 결과를 전달하는 것 외에 국민과의 효과적인 의사소통도 중요하다. 실시간으로 성과를 표시하는 게시판은 투명성을 높이고 서비스를 어떻게 개선할 수 있는지에 관한 대화를 이끌어낼 수 있다. 트렌드 변화로 많은 기업이 전략을 재평가하는 것처럼 정부도 트렌드 변화에 따라 정책을 수정해야 한다. 정책 결정권자가 변화에 적응하려고 노력하는 가운데 트렌드 변화 요인은 미래 정부의 본질에 관한 3가지 흥미로운 질문을 던져준다. 정부의 규모, 정부의 중앙집권화 또는 분권화의 정도 그리고 정부의 전반적 역할이 바로 그것이다.

　첫 번째 질문은 미래의 정부 규모와 관련된 것이다. OECD 국가의 경우, 정부의 평균 지출은 GDP의 45%다. 하지만 덴마크, 핀란드 그리고 프랑스 같은 국가는 GDP의 55%를 사용하고 있다. 반면 한국과 멕시코는 정부 지출이 GDP의 30% 미만이다. 노르웨이의 경우 공공부문에서 일하는 사람은 전체 노동력의 30%에 달한다. 일본의 공공부문 근로자는 전체 노동력의 10% 미만이다. 지난 10년 동안 대부분의 국가에서 공무원 수를 비슷하게 유지하거나 조금씩 감축했다. 거대 공기업이 있는 국가에서도 공공부문 종사자의 대부분은 일반 행정직이었다.[30] 중요한 것은 정부의 규모가 아니라 효율성이다. 하지만 정책 결정권자가 트렌드 와해의 영향에 대해 생각하기 때문에 다음과 같은 질문은 충분히 물어볼 가치가 있다. 적당한 크기의 정부라는 것이 있을까? 이 질문은 정책의 결과를 더 잘 전달하기 위해 전자정부를 계획하고 있는 정책 결정권자에게 중요하다. 영국과 이탈리아는 경제 규모와 정부 공무원 수가 비슷하다. 하지만 영국은 정보통신 기술 분야의 공무원에게 이탈리아보다 4배 많은 비용을 지출하고 있다.[31]

두 번째 질문은 정부 조직과 관련되어 있다. 정부 정책이 지역적이어야 하는지, 전국적이어야 하는지 아니면 세계적이어야 하는지에 관한 질문이다. 아일랜드에서는 중앙정부가 전체 정부 지출의 76%를 차지하고 공공부문 고용의 90%를 책임지고 있다. 하지만 강력한 주 정부와 지역 정부를 가지고 있는 독일과 스위스에서 중앙정부는 전체 지출의 20% 미만을 차지하고 공공부문의 고용 인원도 15% 정도에 불과하다. 미국에서 기반시설 건설 프로젝트나 독일의 근로자 훈련 프로그램도 정책 결정의 대부분이 주나 도시 위주로 이뤄지고 있다. 미국의 경우 각각의 주는 전체 정부 예산의 85%를 독자적으로 운영할 수 있다. 지난 10년 동안 스페인은 더 지방 분권화되었고 노르웨이는 더 중앙집권화되었다. 그리고 대부분의 다른 OECD 국가는 변화가 없었다.[32] 더구나 세계와 연계성이 높아지면서 유럽연합의 통화 규제 당국, 국제형사재판소 그리고 아세안과 같은 점점 더 많은 국제 조직이 등장하게 되었다. 각국 정부는 지식을 공유하고 정책을 설계하는 데 점점 더 긴밀하게 협력하고 있다. 지난 2008년에 설립된 가장 큰 개발도상국의 국제 조직 가운데 하나인 '금융소외계층 포용을 위한 동맹The Alliance for Financial Inclusion'에서는 개도국의 정책 결정권자가 지식을 공유하고 재정적 포용을 위한 정책 대안을 협의하고 있다.[33] 국가 간의 상호연계성이 증대하면서 어떤 정책이 더 지역적이고 어떤 것이 더 국제적인가라는 질문은 타당성이 높아지고 있다.

세 번째 질문은 미래 정부의 역할과 관련되어 있다. 일반적으로 중앙정부는 사회보장과 국방과 같은 중요한 정책에 대한 자금 집행에 중점을 둔다. 반면 지방정부는 교육, 주택 그리고 다른 지역 사회와 관련된 정책에 초점을 맞추고 있다. 중앙정부가 기반시설 건설 등 현재의 영역에서 벗어나 자원의 효율성 등 새로운 분야로 뛰어드는 변화를 추진할 것인가? 전반적으로 볼 때 OECD 국가에서 예산 지출이 가장 많은 곳은 전체의 35% 이상을 차지하는 연금, 실업, 장애 등 사회보장 분야다. 하지만 아직까지 든든한 사회안전망을 구축하지 못한 중국과 인도 등 거대 신흥국은 사회보장 프로그램에 15~20%만 지출하고 있다. 한국은 사회보장 프로그램에 13%만 사용하는 반면 국내 산업을 육성하는 경제적 비용으로 지출의 20% 이상을 지출하고 있다. 이는 영국의 4배에 달하는 규모다. 미국 정부는 전체 예산의 21%를 의료 분야에 지출하지만 스위스는 단 6%만 사용한다. 그리스는 전체 예산에서 교육 부분이 차지하는 비중이 8%인 반면 이스라엘과 에스토니아는 각각 17%다.[34] 이런 예산 지출의 다양성을 감안할 때 정책 우선순위의 올바른 조합이 가능할까? 그리고 어떻게 정부가 올바른 정책 조합을 만들어낼 수 있을까?

예산 지출은 정부가 실제로 무엇을 하는지 측정하는 여러 방법 가운데 하나에 불과하다. 포괄적으로 볼 때 원하는 결과를 얻는 것이 목표인 정책 결정은 대략적으로 다음 3가지 범주로 구분된다. 성과보상, 규제, 그리고 정보다. 세계적으로 각국 정부는 민첩성, 혁신 그리고 최고의 실행력을 갖추고 변화하는 환경에 대응하기 위해 다음의 3가지 접근법을 이용하고 있다.

변화를 가속화하기 위한 성과보상 활용

일반적으로 우리는 성과보상을 정부가 민간 분야에 제공하는 당근과 채찍으로 생각한다. 하지만 정부는 종종 스스로 더 지능적으로 일하도록 유도하는 성과보상 정책을 만들 수 있다. 독일의 하르츠 개혁 Hartz labor reforms은 노동 조직을 개혁하기 위해 성과보상을 활용했다. 기업이 장기적으로 근로자를 고용하고 경기침체기에 근로자를 해고하지 않도록 보상책을 만드는 것 외에도 하르츠 개혁은 독일의 노동시장 조건을 변화시키는 데 중요한 역할을 했다.[35] 선진국과 신흥국에서 성과보상을 활용한 일자리 창출 계획은 수출 촉진에서 기반시설, 사회 서비스 제공 그리고 기업가 정신까지 다양하다. 미국 정부의 수출 촉진 계획은 기업이 수출시장에 쉽게 접근하도록 함으로써 국내 서비스업

과 제조업 분야에서 일자리를 만드는 것이다.[36]

가장 많은 사람들이 세계에 흩어져 살고 있고 유학생이 가장 많은 중국은 2010~2020 국가인재개발계획의 일부로 고급 인재를 국내로 불러들이기 위한 보상책을 활용하고 있다. 사우전드 인터내셔널 탤런트 프로그램The Thousand International Talents Program은 해외에 거주하는 중국 기술자와 과학자를 상대로 연구비, 주택 보조금, 최소 3년 이상 중국에서 일하는 과학자의 자녀에 대한 교육비 지원 등을 유인책으로 제공하고 있다. 이런 보상책이 중국의 무서운 경제력과 합쳐지면서 2012년에만 30만 명의 학생이 다시 중국으로 되돌아왔다.[37]

여러 국가가 인구 고령화에 따른 경제적 도전과 인구구조 변화에 대응하기 위해 다양한 보상책을 이용하고 있다. 근로자의 지위를 높이는 중요한 핵심 노력은 더 많은 여성을 활용하는 것이다. 2012년에는 전 세계 생산가능 여성인구 가운데 51%만이 경제활동에 참여한 반면 남성은 77%가 경제활동에 참여하는 것으로 나타났다.[38] 덴마크는 부모의 요청이 있으면 3개월 안에 보육원, 유치원, 학교 부속 교육기관 등과 같은 어린이시설을 제공하는 것을 포함하는 일련의 보상책을 제도화했다. 그 결과 덴마크 유아의 80%와 3세에서 5세 사이의 90%가 정기적인 보육을 받게 되었다.[39] 2009년에 15세에서 64세 사이의 덴마크 여성의 노동 참여율은 76%로 OECD 국가들 가운데 가장 높았다.[40] 여성 노동력 가운데 95% 이상이 일자리를 가지고 있었다.[41]

조건부 현금을 지급하는 보상책도 빈곤퇴치에 효과적인 것으로 입증됐다. 멕시코에서 기회 프로그램Oportunidades은 도입 5년 만에 빈곤층을 10% 감소시켰다.[42] 이 프로그램은 저소득층의 보건소 방문과 아이들의 학교 출석 등 일정 조건을 충족시키는 가족에게 현금을 지급한다. 이 프로그램이 성공한 가장 큰 이유는 가족이 장기적으로 인적 자본을 육성하게 만드는 강력한 금전적 보상책을 썼기 했기 때문이다.

정부는 또 미래지향적 조달 정책과 표준 등의 형태로 보상책을 제공할 수 있다. 전보와 철도에서부터 반도체와 휴대전화에 이르기까지 정부는 오랫동안 신기술의 초기 고객이었다. 미국 해군은 연료 에너지 절감 기술의 고객이었다. 미국 해군은 1900년대에 석탄에서 석유로 연료 변화를 주도했고, 1950년대는 석유에서 원자력 에너지로 연료를 바꿨다. 현재 유가가 높아지자 해군은 바이오 연료와 에너지 효율화 기술에 대한 수요를 촉진하고 있다. 하지만 종종 문제가 되는 농업 보조금 정책과 달리 정부의 보상은 의도하지 않은 결과나 시장 왜곡의 위험을 피하는 방향으로 설계되어야 한다.[43]

변화에 대한 직접적인 대응을 위한 규제 활용

시장의 표준을 정하고 행동의 규칙을 정의하는 정부의 규제 능력은 경제를 현대화하고 미래를 준비하는 데 매우 중요한 역할을 할 수 있다. 시장이 실패하고 구조적 문제가 모범사례를 채택하는 데 방해가 되는 곳에서 규제는 특히 효율적으로 작용한다. 거대 금융기관의 주주들은 경영진의 모험적인 행동을 효과적으로 감시할 수 없다. 그래서 정부는 자본 규제 기준을 만들고 면밀히 감시해야 한다. 좀 더 에너지 효율적인 건물을 만들려면 건물주는 임차인에게 직접 전가할 수 없는 선행 투자를 해야 한다. 그래서 업계 전반에 적용될 수 있는 현명한 표준이 매우 효과적일 수 있다.

인구 고령화 문제에 대응하기 위해 일부 국가는 법적인 은퇴 연령을 최고 2년까지 연장했다. 하지만 이는 시작일 뿐 현재 세계가 직면하고 있는 인구구조 변화를 따라가기에는 충분하지 않다. 43개 선진국에 대한 최근의 분석 결과, 1965년부터 2005년 사이에 법적 은퇴 연령의 연장 기간은 평균 6개월에도 못 미치는 것으로 나타났다.[44] 같은 기간 동안 남성의 기대수명은 9년 증가했다. 점점 고령화되는 유럽에서 덴마크 의회는 다가오는 연금 시한폭탄을 미리 감지하고 연금 수령 연령을 기대수명과 연계시켜 조기은퇴에 제한을 두기로 결정했다. 그 결과 덴마크의 55~64세 인구의 노동 참여율(58%)은 유럽 국가 평균(50% 미만)보다 높아졌다. 그리고 2050년에는 모든 OECD 국가 가운데 은퇴 연령이 가장 높아질 것이다.[45] 인구구조 변화에 대한 대응으로 일본 정부는 2000년대 초에 40세 이상 국민에게 의무적으로 장기요양 보험에 가입하도록 했다.[46]

글로벌 자금 흐름의 위험에 노출되거나 금융기관이 발달하지 못한 국가는 세계 경제 편입에 대한 취약성을 보완하기 위해 규제 정책을 활용하고 있다. 예를 들면 각국 정부는 자국 금융시장에 대한 고강도 단기 개입 정책에서 체계적인 장기 변화에 이르기까지 자금 유입에 대한 다양한 규제 정책을 도입했다. 일반적으로 시장이 발전하지 못했을 경우 규제가 가장 잘 작용한다.

경제는 현대화됐지만 지나치게 구리 수출에 의존하는 칠레는 외국 자본에 대한 개방성을 유지했지만 재정 정책은 보수적이었다. 2007년에 칠레 정부는 초기 26억 달러의 자본으로 경제사회안정화펀드 Economic and Social Stabilization Fund를 만들었다. 이 펀드는 세계의 경기 순환에 대한 칠레 경제의 의존성을 줄이고 구리 가격의 변동성에 따른 위험성을 감소시키기 위해 설립됐다.[47] 경제사회안정화펀드는 주로 국채에 투자하고 일부는 재정적자나 정부 부채를 갚는 데 활용할 수 있다. 펀드 자산은 150억 달러까지 증가했고 칠레는 자본과 금융 접근성이 가장 좋은 국가 가운데 하나가 되었다. 최근에 국제통화기금은 칠레를 세계 금융 변동성에 대한 회복력이 좋은 모범 국가로 선정했다.[48]

세계 각국 정부는 트렌드 변화에 대한 대응으로 사회적, 환경적 그리고 다른 정책적 결과를 얻기 위해 규제를 활용한 반면 기업에게는 목표 달성에 필요한 기술을 선택할 수 있도록 허용했다. 이런 경우 어떤 일을 해야 하는지에 관해서는 사회적 합의가 있지만 목표를 달성하는 방법에 관한 합의는 없다. 그리고 시장 참여자가 트렌드 변화를 앞서는 환경이 어떤 것이든 이와 연계된 기술에 집착할 수도 있기 때문에 목표 설정이 성공을 위해 가장 중요하다. 예를 들면 미국에서 에너지 가격의 급격한 상승은 높은 자동차 연비 규정을 불러왔다. 이는 다시 전기 자동차, 하이브리드 구동장치, 알루미늄 차체, 스타트-스톱 엔진 기술 등 일련의 혁신을 이끌었다. 유럽연합과 미국에서 식품 안전과 유통 추적 시스템에 대한 새로운 규제는 전체 상품 공급 체계에 걸쳐 데이터 플랫폼과 고급 분석 기술에 대한 관심을 유발시키고 있다.

규제 사례는 자원 관련 정책 분야에서 많이 찾아볼 수 있다. 미국의 오하이오, 텍사스, 펜실베이니아 주는 뉴욕 주가 금지하고 있는 수압파쇄공법의 활용을 허용하고 있다.[49] 유럽에서 셰일가스가 환경에 미치는 영향에 관한 우려가 커지면서 불가리아와 프랑스 그리고 독일에서는 셰일가스 채굴을 금지했다.[50] 재활용을 촉진하기 위해 스웨덴은 쓰레기 매립세를 부과했고 상품 가격에 재활용 비용을 포함시켰다. 그 결과 가정 쓰레기의 99%가 재활용되거나 전기와 난방용으로 소각되고 있다.[51] 독일 정부는 재생에너지로의 전환율을 높이기 위해 규제를 활용하고 있고 가전제품에 전기 효율성을 의무적으로 표시하도록 했다.[52]

생산성 향상을 위한 정보 활용

빅데이터는 스마트폰 앱과 전자상거래만을 위한 것이 아니다. 공공 분야의 생산성 향상을 위해 정보는 중요한 도구다. 지속적으로 생산성을 개선하고 서비스 품질을 높여야 하는 압박이 존재하는 분야에서 특히 그렇다. 각국 정부는 정보를 교육과 의료, 노동의 수요와 공급 연계, 국방과 안보 등 정부가 관리하는 업무와 자원을 더 잘 관리하기 위한 효율적인 도구로 중요하게 인식하고 있다. 정부는 소비자가 더 좋은 결정을 내리기 위해 사용할 수 있는 정보를 제공하는 산업을 지원하고 있다. 오스트리아, 독일, 스위스 등 중부 유럽 국가는 산업에 기반을 둔 직업 교육의 모범 사례다. 이들 국가에서 직업 교육 프로그램은 200개의 직업을 목표로 노동의 수요와 공급을 맞추도록 설계되어 있다. 스위스 정부는 자격증을 관리 감독하고 미래의 잠재적 고용주는 그들이 필요한 기술이 무엇인지 결정하고 그에 따른 교육 과정을 만들고 있다. 다른 국가에도 이와 유사한 체계가 있지만 규모가 작고 특정 분야만 목표로 하고 있다. 브라질 정부는 교육을 개선하고 브라질의 석유와 가스 산업 분야의 경쟁력을 유지하기 위해 기업, 대학, 노조를 아우르는 석유천연가스산업동원 프로그램National Oil and Natural Gas Industry Mobilization Program을 주도하고 있다.[53]

니콜라스 사르코지 대통령의 정부에서 프랑스는 공공정책 종합평가를 진행했다. 적은 노력으로 더 많은 성과를 이룩하려는 이 프로젝트는 공공 지출을 줄이고 국민에게 더 좋은 서비스를 제공할 뿐 아니라 성과 문화를 조성하는 것이 목표다. 이 정책은 사고와 긴급 서비스 관련 부서의 대기 시간 등 15개 분야의 서비스 품질 지표 같은 가시적 분야에서 국민 만족도 향상을 이끌어냈다.[54]

또 다른 방법은 국가 경제의 생산성 향상을 위한 중요한 동력을 찾아내고 감시하는 것이다. 선진국 가운데도 각 분야 내에서 광범위한 성과 차이가 존재한다. 준공공 분야에서도 성과가 탁월한 병원과 학교가 있고 그렇지 못한 곳이 있다. 일반적으로 성과가 좋은 공공기관은 데이터 분석, 스마트한 물자 및 자본 조달, 성과 관리, 효율적 경영 등 민간 분야에서 검증된 관행과 사례를 최대한 실천해왔다.

기술과 빅데이터는 정책 결정권자가 공공 서비스 분야 전반에 걸쳐 생산성 향상을 불러올 수 있는 또 다른 방법을 제공하고 있다. 케냐 정부는 교육, 건강, 에너지 등 과거에는 접근이 어려웠던 정보를 공유하는 공개 데이터 포털을 개설했다. 이런 데이터 공개는 100여 개의 휴대전화 앱 개발과 약 10억 달러 규모의 정부 조달 비용 절감으로 이어졌다.[55] 에스토니아의 130만 국민은 전자 신분증을 이용해 투표를 하고 세금을 낸다. 그리고 실업 급여부터 재산 등록까지 160개의 서비스를 온라인으로 접근할 수 있다. 민간 기업도 국가의 포털을 통해 다양한 서비스를 제공하고 있다.[56] 브라질 투명성 포털Brazilian Transparency Portal은 연방기관의 지출, 선출직 공무원의 정부 카드 사용 내역, 정부와 계약이 금지된 기업의 명단 등 광범위한 정보를 공개하고 있다.[57]

기업을 위한 새로운 기회

정책 결정권자가 직관을 재정립하고 통치에 대한 접근법을 바꾸면 민간 분야도 그 영향을 받게 될 것이다. 몇몇 분야에서는 게임의 법칙이 바뀔지도 모른다. 하지만 또 다른 분야에서는 새로운 기회가 나타날 것이다. 세계 경제 편입의 심화, 기반시설과 교육 분야의 협력 그리고 자원과 기술 문제에 대한 정책적 대응에서 혜택을 받는 기업이 이미 나타나고 있다.

부동산 포털에서 소비자 금융까지 모든 분야에서 기술 트렌드에 대한 정부의 대응이 시장에서 새로운 기회를 제공하고 있다. 부동산 시장을 예로 들어 보자. 부동산의 위치 선정은 지리 공간, 출퇴근 교통, 그리고 기반시설 데이터를 통해 최적화될 수 있다. 부동산의 가격, 최근 거래 내역, 세금 그리고 다른 비금융 정보를 실시간으로 수집하는 포털은 판매자와 구매자를 효율적으로 연결시켜줄 수 있다. 질로우Zillow와 같은 부동산 정보수집 포털은 전통적인 부동산 중개인을 대체하고 있다. 사용자들을 이런 부동산 포털을 통해 개인의 취향에 맞는 부동산을 검색하고 부동산의 가치를 추정할 수 있게 된다. 소비자 금융도 또 다른 재미있는 사례다. 많은 새로운 소비자 금융정보 서비스 업체가 등장하면서 공개된 데이터를 활용해 소비자가 복잡하고 점점 더 다양해지는 금융 상품을 이해할 수 있도록 도와주고 있다. 미국의 왈라비Wallaby는 가장 많은 보상을 받으려면 어떤 신용카드로 구매해야 하는지 추천해준다. 빌가드BillGuard는 사용자의 모든 카드 거래 내역을 수집해 사용자가 기피하는 거래나 사기 거래를 알려준다.

스마트 에너지, 물, 교통수단, 건물 그리고 정부 등 세계 스마트시티 기술시장은 2014년 90억 달러에서 2023년에는 275억 원으로 성장할 것으로 예상된다.[58] 기업은 이미 샌프란시스코, 바르셀로나, 그리고 암스테르담과 같은 도시에서 스마트시티 기술을 개척하고 있다. 스마트시티 기술시장의 성장은 비디오 감시 등 인접 기술 분야의 성장도 촉진할 것이다.

공공 서비스를 제공하기 위해 민간 협력자가 정부 검색을 활용하는 기회도 생겨날 것이다. 이런 협력관계는 다양한 국가와 분야에 걸쳐 있다. 아프리카와 남미 등 세계에서 가장 물이 부족한 지역에서 코카콜라는 세계야생동물기금과 유엔개발계획 등 국제기구와 협력관계를 맺고 물과 위생에 대한 접근성 개선, 수원지 보호, 생산활동에 대한 물 공급 그리고 물 부족 문제에 대한 관심을 촉구하고 있다. 미국에서 민간 협력자는 마이애미의 항구 터널, 워싱턴의 전차, 애틀랜타의 복합운송 허브 등 기반시설 건설 프로젝트에서 중요한 역할을 하고 있다. 인도의 경우 2020년까지 5억 명의 노동력을 교육, 훈련시키는 거대한 프로젝트가 국립기술개발공사의 후원 아래 진행되고 있다. 인도 국립기술개발공사는 건설, 우주공학, 유통, 생명공학 등 다양한 분야의 기업이 51%의 지분을 소유하고 있다.

덴마크의 기업은 자원 분야의 정책 변화에서 나타난 기회를 활용한 모범 사례다. 덴마크가 석유에서 재생에너지로 전환을 추진하면서 정부 수요 변화와 분명한 정책 목표 덕분에 기업은 조기 투자를 통해 재생에너지 분야의 세계적 선두 주자가 되었다. 풍력 발전기 제조사인 베스타스Vestas는 자국 시장의 경험을 활용해 세계 시장으로 진출했다.

초기에는 미국 시장으로 진출했고 이어 유럽과 아시아 시장을 석권했다. 재생에너지 시장은 지난 10년 동안 미국, 유럽, 아시아 시장을 중심으로 성장했고, 베스타스는 2000년대 연간 20%의 매출 성장을 기록했다. 현재 베스타스의 전 세계 매출은 60억 유로를 넘어섰다.[59] 세계 최대의 펌프 제조사인 그런포스Grundfos와 에너지 절감 부품 생산업체인 댄포스Danfoss도 덴마크 정부의 에너지 계획의 또 다른 수혜 기업이다.[60]

///////////////////////////

트렌드 변화의 시대는 불확실성을 증가시키고 정부와 정책 결정권자에게도 기업과 경영자만큼 중대하고 의미 있는 압력으로 작용한다. 정부의 리더십은 이런 도전에 대응하는 합의를 이끌어내고 자원을 동원하는 능력에 의해 평가받을 것이다. 결과적으로 적당한 규모나 올바른 형태의 정부를 위한 구체적 처방을 내리는 것은 사실상 불가능하다. 각국은 스스로 이런 결정을 내려야 한다. 하지만 정부의 확대나 축소, 선진국이나 개도국 또는 재정 흑자나 적자 등 개별 상황과 관계없이 각각의 정부는 트렌드 변화에 신속하게 대응하려고 노력해야 한다. 각국 정부는 이런 노력을 통해 일부 위협적인 트렌드로부터 스스로를 보호할 수 있을 것이다. 특히 중요한 것은 공공부문이 다가오는 엄청난 기회를 활용하도록 정부가 허용할 것이라는 점이다. 트렌드 변화에 성공적으로 대응하기 위해서는 성과보상, 규제 그리고 데이터의 현명한 활용이 필수 조건이다.

우리 앞에 놓인 선택

이제 무엇을 해야 하나? 평생 동안 쌓아온 당신의 직관 대부분이 잘못된 것이거나 최소한 심각하게 고민해야 하는 것이라면 당신의 투자, 경력 그리고 사업을 어떻게 관리해야 할까?

지금까지 우리는 21세기 기업과 경제 환경이 어떻게 달라질 수 있는지를 살펴봤다. 다이어트, 영양, 운동, 투자 지침서는 몇 주 만에 당신의 인생을 바꾸는 10가지 항목을 제시하면서 책을 끝낸다. 책 속에 있는 몇 가지 항목들을 확인하는 것만으로 당신은 모든 준비를 마칠 수 있다.

그러나 이 책은 그런 종류의 것이 아니다. 이 책에서 설명한 변화는 너무 복잡하고 강력해서 간단하게 설명할 수가 없다. 트렌드가 와해되는 시대는 너무 빠르게 변하고 기회도 많지만 위험도 가득해 경영자들이 자기 것으로 만들어 실행에 옮길 수 있도록 간단하게 정리하는 것이 불가능했다. 우리의 노력에도 불구하고 이 책에서 설명하는 세계는 파워포인트 몇 장으로 요약할 수 없다.

이 책에서 설명하는 파괴적 힘과 그것이 만들어내는 트렌드 변화는 기업, 정부, 비영리기관 등 모든 조직과 조직을 이끄는 리더에게 매우 큰 의미가 있다. 앞으로 다가올 몇 십 년을 어떻게 대응하느냐에 따라 어떤 국가가, 어떤 기업이 그리고 어떤 사람이 세계 경제를 움직일지가 결정된다.

세계 경제는 역사적, 기술적, 경제적, 정치적 그리고 사회적 변곡점에 도달해 있다. 우리가 경험하고 있는 변화는 때때로 산업혁명에 비유되기도 한다. 사실 산업혁명은 오늘날의 격변과 비교하면 조족지혈이다. 오늘날의 변화는 훨씬 빠른 속도로 진행되고 있고 규모도 비교가 안 될 정도로 크기 때문이다. 도시화와 소비, 기술과 경쟁, 고령화와 노동력처럼 모든 변화가 서로 연계돼 있고 서로를 증폭시키기 때문에 변화는 예상하기 더 어렵고 그 영향력도 더 막강하다. 변화는 우리의 능력과 기술뿐 아니라 상상력에도 도전한다. 오늘날 경영이 더 어려워지는 것은 우리가 목격하고 있는 변화의 2차, 3차 효과의 잠재력 때문이다.

한 가지 사례를 살펴보자. 구글 등 몇몇 기업은 무인 자율주행 자동차를 연구하고 있다. 무선통신 기술을 탑재한 차량은 이론적으로는 충돌을 피하면서 효율적으로 운행할 수 있다. 무인 자율주행 자동차가 표준이 된다면 교통사고와 사망자 수도 줄어들 것이다. 이런 바람직한 결과는 다른 산업 분야에도 영향을 미칠 것이다. 운전기사의 필요성이 줄어들고 긴급구조 분야의 수요가 줄어들거나 의료보험 기업의 손익

구조를 바꿔놓을 것이다. 그리고 이것은 인공심장의 수요를 늘릴 것이다. 이유는 간단하다. 많은 사람들이 운전면허증의 장기 기증 항목에 동의한 덕분에 치명적인 교통사고가 심장 이식 수술 기증자의 주요 공급원이었기 때문이다. 하지만 무인 자율주행 자동차가 광고한 대로 작동한다면 비극적 사고가 생명을 구하는 훌륭한 시스템이 와해될 수도 있다.

우리 가운데 몇이나 무인 자율주행 자동차 기술과 인공심장 수요 사이의 연관성을 파악해 시나리오를 만들 수 있을까? 이런 비유가 너무 지나칠 수도 있지만 앞으로 세계는 이렇게 움직일 것이다. 잔잔한 연못에 던진 돌처럼 한 분야의 혁신은 다른 분야로 전파하는 물결을 일으킨다.

오래된 확실성이 사라지고 기존의 경제관계가 무너지면서 사람들의 경계심은 높아지고 사회는 큰 혼란을 느낄 것이다. 변동성이 증가하면서 신속한 의사결정 능력이 필수가 되었다. 모든 것이 도전하고 있는 시기의 경영자는 불확실성에 대한 적절한 대응이 어렵고 어떤 해법이든 비용이나 시간이 너무 많이 든다고 말한다. 불확실성은 기업에 마비를 불러올 수 있다. 이는 기존 시장에서 지위가 확고한 기업에게 특히 그렇다. 이미 성공한 기업은 잃을 것이 가장 많기 때문이다.

절벽을 향해 돌진하는 신흥부자에게는 그렇지 않겠지만 트렌드 붕괴의 시대는 위대한 낙관론의 시대가 될 것이다. 심지어 복잡하고 도전적인 시대에서도 몇몇 트렌드는 명확하다. 세계는 점점 더 부유해지고 국가들 사이의 불평등도 점점 줄어들고 있다. 그리고 우리는 점점 더 건강하게 오래 살 것이다. 노바티스Novartis의 최고경영자를 지낸 다니엘 바셀라Daniel Vasella는 "상황이 변했다는 것은 의심의 여지가 없다. 나는 우리가 계속 발전할 것이라고 생각한다. 신흥국의 기대수명도 늘어났고 인구가 증가했으며 더 부유해졌다. 이 모든 것이 기회와 위험을 의미한다"고 말했다.[1] 소비자가 사용할 수 있는 상품과 서비스가 엄청나게 증가하고 있다. 전구, 백신, 기아로부터의 자유, 통신의 자유 등 우리가 당연하게 생각하는 현대 생활의 기적은 날마다 점점 더 많은 사람들에게 보급되고 있다. 앞으로 수년 안에 신흥국의 수억 명이 가난에서 벗어나 세계적인 부의 민주화에 따라 중산층이 될 것이다. 기술은 수백만 명의 사람에게 경제적 기회를 열어주고 새로운 기업가의 시대를 가져오고 교육에서 건강에 이르기까지 사회의 구성요소를 변화시키고 있다. 여기에 더해 이런 발전들은 경영자에게 새로운 트렌드를 이해하고 새로운 접근법을 개발하며 복잡한 조직을 통해 이를 구현하도록 도와주는 새로운 도구를 제공하고 있다. 포드자동차의 최고경영자였고 현재, 구글 이사인 앨런 멀러리Alan Mulally는 "세계는 언제나 복잡하고 변동성이 높은 곳이었다. 우리에게는 세계를 인식하고 이해하고 대응하는 도구가 있다"고 말했다.[2]

문제는 파도에 휩쓸리지 않고 어떻게 파도를 타는가이다. 우리는 지금까지 새로운 세계에서 성공하는 데 필요한 전술, 전략 그리고 사고방식에 대해 자세히 설명했다. 어떤 경우에는 실천보다 말이 쉽다. 특히 우리의 직관을 재정립하는 일은 특히 더 그렇다. 직관은 인생의 경험, 지식 그리고 오랫동안 힘들게 습득한 세계에 대한 이해이기 때문이다. 직관은 수십 년에 걸쳐 만들어진 것이다. 책임 있는 자리까지 오른 사람들은 겉으로 드러나든 아니든 직관을 믿는다. 노련한 리더에게 다양한 주제에 대해 직관을 재정립하라고 요구하는 것은 말을 타고 폭풍, 바람, 추위를 뚫고 높은 산과 골짜기를 지나 대륙을 횡단한 우편배달부에게 말을 버리고 새로운 검증되지 않은 운송수단, 예를 들면 자동차로 바꾸라는 것과 같다. 그렇게 하는 것은 반직관적이고 어렵고 당황스럽고 때로는 소외감을 느끼게 할 수도 있다. 하지만 우편배달부 개인이나 고객들 그리고 경제 전반 심지어 말의 입장에서도 보상은 상당히 커질 수 있다.

그렇다 하더라도 기업을 변화시키는 일을 상당히 어렵다. 사회과학자와 행동경제학자는 인간은 현상을 유지하려는 경향이 있고 증거가 앞에 있어도 자신의 가정이나 접근법을 바꾸는 것에 대해 거부감을 느낀다는 사실을 발견했다. 1988년에 보스턴대학의 윌리엄 새뮤얼슨William Samuelson과 하버드대학의 리처드 제크하우저Richard Zeckhauser는 독일 정부가 갈탄을 캐내기 위해 작은 마을을 이주시켜야 했던 사례를 설명했다. 정부는 도시계획과 관련해 많은 선택권을 제안했지만 주민들은 지난 수백 년 동안 의식적 합의나 특별한 이유 없이 발전한 구불구불한 과거 마을과 같은 도시계획을 선택했다.[3] 완전히 새롭고 합리적인 주거 공간을 설계할 기회가 있었지만 친숙한 것을 선택했다. 이와 유사하게 장기계획을 수립하고 실천하는 능력에 자부심이 있는 기업은 자금 전략과 관련해 놀라울 정도의 타성에 빠져 있다. 맥킨지는 1990년에서 2005년 사이에 미국 기업이 미래나 기회가 아니라 과거의 관행을 기준으로 자원을 배분했다는 사실을 발견했다. 기업의 3분의 1이 실제로 과거와 동일한 방식으로 자원을 할당했다.[4] 이런 수동적 행동은 심지어 2009년 세계적인 경기침체 기간에도 지속됐다.

그렇다면 조직의 직관을 다시 수립하기 위해 리더는 무엇을 해야 할까? 조직에 필요한 변화를 추진하기 위해 리더는 자신의 직관을 재정립해야 한다. 맥킨지의 연구와 고객사의 경험에 따르면 기업을 변화시키려는 노력의 50%는 변화를 이끄는 간부의 역할이 실패하거나 현재 상태를 유지하려는 내재적 경향 때문에 실패하는 것으로 나타났다. 많은 리더들이 기술적 해법에 초점을 맞추거나 환경 변화에 대응하고 있다. 이들은 정책, 과정 또는 조직을 바꾸는 일에 집중할 것이다. 이런 노력은 필요하지만 결코 충분하지 않다. 사람들은 해수면이 1미터 정도 상승하면 건축 이론과 바다에 인접한 건물을 보호하는 근본적인 방법이 아니라 기존의 방파제를 높이고 해변에 기둥을 더 박거나 새로운 기둥 위에 주택을 짓는 등 일시적인 방법만 생각한다. 직관을 재정립하기 위해서는 우선 자기 인식이 필요하다. 리더가 변화에 효과적으로 대응하려면 자신의 성향이나 편견을 이해하고 의사결정 과정에 영향을 미치는 요인을 개혁해야 한다.[5] 그리고 해결책을 실행하는 사람의 사고방식과 행동을 바꾸기 위해서는 시간과 노력을 투자해야 한다.

생존에 중요한 또 다른 열쇠는 조직에 호기심과 학습을 내재시키는 것이다. 경영의 대가 톰 피터스는 정체 상태의 희생양이 된 기업 사례가 가득한 급격한 변화의 시대에 성공한 리더들은 예전과 다른 방식을 배우는 학생이 되어야 한다고 말했다.[6] 언제나 변화무쌍한 트렌드의 바다를 이해하고 감시하고 항해하는 능력은 큰 보상을 받을 것이다. 맥킨지의 사내 싱크탱크와 연구 조직의 역할을 하는 맥킨지 글로벌 연구소는 거대한 트렌드 변화를 관찰하고 유용한 분석과 관점을 제공하고 있다. 외부의 환경 변화를 따라가기 위해 매일 일정 시간을 할

애하는 것은 시대에 뒤떨어지지 않고 새로운 트렌드에 대응할 수 있도록 해준다. 빌 게이츠가 마이크로소프트를 경영할 때 1년에 1주일이나 2주일 동안 외부와 고립된 오두막에 칩거하면서 다양한 주제에 대한 책을 읽으며 시간을 보낸 것은 유명한 일화다. 세계에서 가장 영향력 있는 자산운용사 가운데 하나인 블랙 록Black Rock의 최고경영자인 래리 핑크Larry Fink는 자신은 지금도 처음 투자 사업을 시작했을 때처럼 매일 공부한다고 강조하고 있다. 핑크는 "나는 이 회사를 25년 동안 경영하고 있는 것이 아니다. 나는 아직도 하루 한 시간 동안 세계와 시장에 대해 공부하고 있다. 나는 배우지 않거나 학생이 아닌 사람은 매순간 퇴보한다고 생각한다"고 말했다.[7]

그리고 당신 주변에 전체 조직을 재정비하는 촉매 역할을 하는 올바른 사람들을 두는 것도 중요하다. 조직이 커지면 위에서 내려오는 지시와 명령에 빠르게 반응하지 못한다. 21세기 기업은 19세기 군대 조직처럼 움직이지 않는다. 사람들은 친구, 경쟁자 그리고 동료의 영감과 행동에 반응하는 경향이 있다. 우리는 듣는 것이 아니라 보는 것에 근거해 무엇이 바람직하고 가능한지에 대해 다시 생각해봐야 한다. 사람들은 여러 해 동안 4분 안에 1마일(약 1.6킬로미터)을 주파하는 것이 불가능하다고 믿었다. 하지만 이것은 아무도 시도하지 않았기 때문이다. 인간이 240초 안에 1마일을 뛰지 못하도록 하는 불변의 물리 법칙은 존재하지 않는다. 1954년에 로저 베니스터는 영국 옥스퍼드에서 열린 경기에서 4분의 벽을 무너트리면서 수십 년 동안 지속된 통념을 일순간에 뒤집었다. 베니스터는 1마일을 4분 안에 돌파한 최초의 육상선수였지만 마지막 선수는 아니었다. 실제로 1957년에는 16명의 육상 선수들이 한때 불가능한 것으로 여겨졌던 4분 장벽을 무너트렸다. 무엇이 가능한지를 보여줌으로써 베니스터는 육상 분야에서 촉매 역할을 했다. 베니스터의 육상 기록은 장거리 선수의 한계를 둘러싼 집단적 직관을 바꿔놓았다. 우리는 등반, 컴퓨터 처리 능력 그리고 자동차 연료 효율성 분야에서 이런 일이 발생하는 것을 목격했다. 때때로 거대한 조직의 직관을 재정립하는 일이 불가능하게 느껴질 수도 있다. 하지만 직관의 변화에 필요한 것은 새로운 관점을 받아들이고 적극적으로 과거의 사고방식을 깨트리는 단 한 명의 사람이다.[8]

트렌드 변화의 시대에 민첩성은 성공에 필요한 중요한 속성이다. 프로 스포츠 세계에서 한때 힘과 스피드에 의존했던 훈련 프로그램은 요가, 스트레칭 그리고 유연성과 균형 증가를 목표로 하는 다른 운동을 포함하고 있다. 이유가 무엇일까? 100킬로그램이 나가는 테니스 선수든 50킬로그램도 채 안 되는 체조선수든 유연하고 민첩한 운동선수가 부상을 당하지 않고 경기에서 더 효과적으로 대처하는 경향이 있기 때문이다. 이런 비유는 기업의 세계에도 적용된다. 외부 환경의 변화가 진행되면서 재빠르게 적응하는 기업은 새로운 기회를 잡을 수 있을 것이다. 하지만 이는 기업의 리더가 알려지지 않은 모든 미지수 때문에 기민한 대응이 너무 비용이 많이 들고 방어적이거나 너무 어렵다고 일축하지 않고 민첩성을 최우선으로 생각할 때만 가능하다. 민첩성의 반대편은 아무것도 하지 않고 변화를 관망하는 것뿐이다. 21세기에 민첩성은 언제나 막대한 선행투자를 수반하는 것은 아니다. 기업은 새로운 본사 대신 영업 지국 사무실, 큰 매장 대신 작은 가판대, 큰 식당 대신 푸드트럭, 그리고 심지어 지속적으로 개선하려는 기초적인 작은 기술을 통해 트렌드 파괴와 실험에 빠르게 대응할 수 있다. 안정적인 환경에서 개선 방안을 제공하는 동안에도 기업들은 신속한 대응이 가능하다. 민첩성은 결코 방어적인 자세가 아니다. 성공한 기업은 기술적 유연성, 주문생산 능력 그리고 역동적인 노동 제도를 조직의 민첩성을 증대하는 방법으로 활용했다.

마지막으로 가장 중요한 것은 모든 리더는 미래의 기회보다 미래의 위험에 초점을 맞추는 유혹을 거부해야 한다. 오늘날 세계를 보면 특히 지정학적 측면에서 비관론에 대한 충분한 이유가 있다. 2008년 세계 금융위기와 현재의 청년 실업 등 고통스런 경험은 큰 상처를 남길 수 있다. 최근에 비관론자가 득세하고 있는 것이 사실이지만 많은 지표의 장기적 추세가 긍정적이라는 점에 주목하자. 대공황이 전 세계를 휩쓸었던 1930년에 영국의 위대한 경제학자 존 메이너드 케인스는 앞으로 10년 후에 진보적 국가의 생활 수준이 당시보다 4배에서 8배 정도 높아질 것이라고 예측했다. 대공황, 세계를 황폐화시킨 두 차례의 세계대전과 냉전에도 불구하고 케인스의 낙관적 예측은 오늘날 현실이 되었다.

트렌드가 와해되는 시대에도 우리는 낙관론이 승리할 것으로 믿는다. 우리가 살고 있는 이 세계는 앞으로 10년 또는 그 이상이 지나면 변화의 힘이 작용해 더 좋은 세상으로 바뀔 것이다. 우리가 목격하고 있는 변화의 지속성과 규모를 이해하는 사람들은 자신의 직관을 재정립하고 기회가 새로운 세계를 만들어가는 과정을 지켜볼 것이다. 그리고 성공할 것이다.

프롤로그 _ 익숙한 것을 버려야 미래가 보인다

1. Adobe Digital Index, December 1, 2014, www.adobe.com/news – room/ press releases/201412/120114AdobeDataShowsCyberMondaySalesUp.html.

2. Adam Jourdan, "Alibaba reports record $9 billion Singles' Day Sales," Reuters, November 11, 2014; www.nytimes/2013/11/12/business/ international/online – shopping – marathon – zooms – off – the – blocks – in – china.html?_r=0.

   독신자의 날의 어원도 흥미롭다. 중국어로 11월 11일은 "야오(yao) 야오(yao) 야오(yao) 야오(yao)" 다. 야오는 나(me)를 의미하기도 한다. 이날은 모든 것이 나(me)와 관련된 날이다.

3. "North Dakota field production of crude oil," Energy Information Administration, www.eia.gov.

4. Amit Chowdhry, "WhatsApp hits 500 million users," Forbes.com, April 22, 2014, www.forbes.com/sites/amitchowdhry/2014/04/22/whatsapp – hits – 500 – million – users.

5. PRNewswire, "Facebook reports third quarter 2014 results," October 28, 2014, http://investor. fb.com/releasedetail.cfm?ReleaseID=878726.

6. Gardiner Harris, "On a shoestring, India sends orbiter to Mars on its first try," *New York Times*, September 25, 2014.

7. James H. Stock and Mark W. Watson, "Has the business cycle changed and why?," National Bureau of Economic Research working paper no. 9127, August 2002, www.nber.org/papers/w9127.

8. Richard Dobbs, Jaana Remes, Sven Smit, James Manyika, Jonathan Woetzel, and Yaw Agyenm – Boateng, *Urban world: The shifting global business landscape*, McKinsey Global Institute, October 2013.

9. Dominic Barton, Andrew Grant, and Michelle Horn, "Leading in the 21st century," *McKinsey Quarterly*, June 2012.

10. Richard Dobbs, Sven Smit, Jaana Remes, James Manyika, Charles Roxburgh, and Alejandra Restrepo, *Urban world: Mapping the economic power of*

cities, McKinsey Global Institute, March 2011.

11. Richard Dobbs, Jaana Remes, James Manyika, Charles Roxburgh, Sven Smit, and Fabian Schaer, *Urban world: Cities and the rise of the consuming class*, McKinsey Global Institute, June 2012.

12. 맥킨지 세계연구소 시티스코프 데이터베이스, 더 많은 정보를 원하면 안드로이드 와 애플 iOS의 Urban World 무료 앱을 통해 검색할 수 있다.

13. 세계통신연합, *세계통신발전 보고서 1999*, 1999년 10월, www.itu.int/ITU‒D/ ict/publications/wtdr_99/material/wtdr99s.pdf.

14. eMarketer, "Smartphone users worldwide will total 1.75 billion in 2014," eMarketer.com, January 16, 2014, www.emarketer.com/Article/Smartphone‒ Users‒Worldwide‒Will‒Total‒175‒Billion‒2014/1010536; "The state of broadband 2012: Achieving digital inclusion for all," Broadband Commission for Digital Development, September 2012, www.broadbandcommission.org/ Documents/bb‒annualreport2012.pdf.

15. Jay Winter and Michael Teitelbaum, *The Global Spread of Fertility Decline: Population, Fear, and Uncertainty*(New Haven, CT: Yale University Press, 2013).

16. European Commission, "The 2012 ageing report: Underlying assumptions and projection methodologies," Economic and Financial Affairs, April 2011, http://ec.europa.eu/economy_finance/publications/european_ economy/2011/pdf/ee‒2011‒4_en.pdf.

17. United Nations, "World fertility patterns 2013," Department of Economic and Social Affairs, Population Division, January 2014, www.un.org/en/ development/desa/population/publications/pdf/fertility/world‒fertility‒ patterns‒2013.pdf.

18. United Nations, "South‒South Trade Monitor," No. 2, UNCTAD, July 2013; James Manyika, Jacques Bughin, Susan Lund, Olivia Nottebohm, David Poulter, Sebastian Jauch, and Sree Ramaswamy, *Global flows in a digital age: How trade, finance, people, and data connect the world economy*, McKinsey Global Institute, April 2014.

19. Dambisa Moyo, "China helps Africa to develop," *Huffington Post World Post*, March 31, 2014, www.huffingtonpost.com/dambisa‒moyo/china‒is‒

helping‐emerging_b_5051623.html.

20. Manyika et al., *Global flows in a digital age*.

21. Richard Dobbs, Jeremy Oppenheim, Fraser Thompson, Marcel Brinkman, and Marc Zornes, *Resource revolution: Meeting the world's energy, materials, food, and water needs*, McKinsey Global Institute, November 2011.

22. Richard Dobbs, Jeremy Oppenheim, Adam Kendall, Fraser Thompson, Martin Bratt, and Fransje van der Marel, *Reverse the curse: Maximizing the potential of resource‐driven economies*, McKinsey Global Institute, December 2013. As measured by the McKinsey Global Institute's Commodity Price Index of forty‐three key commodities broken into four subgroups: energy, metals, food, and nonfood agricultural materials; Angus Maddison, *The World Economy: A Millennial Perspective*, vol. 1 (Paris: OECD Publishing, 2001).

23. Richard Dobbs, Susan Lund, Charles Roxburgh, James Manyika, Alex Kim, Andreas Schreiner, Riccardo Boin, Rohit Chopra, Sebastian Jauch, Hyun Kim, Megan McDonald, and John Piotrowski, *Farewell to cheap capital? The implications of long‐term shifts in global investment and saving*, McKinsey Global Institute, December 2010.

24. "10년 만기 국채수익률" www.multpl.com/interest‐rate/table.

25. Richard Dobbs, Anu Madgavakar, Dominic Barton, Eric Labaye, James Manyika, Charles Roxburgh, Susan Lund, and Siddarth Madhav, *The world at work: Jobs, pay, and skills for 3.5 billion people*, McKinsey Global Institute, June 2012.

26. Ibid.

27. Grigory Milov, "Smart computers, skilled robots, redundant people," *Vedomosti*, May 28, 2013, www.mckinsey.com/global_locations/europe_and_middleeast/russia/en/latest_thinking/smart_computers.

28. Dobbs et al., *The world at work*.

01 경제 중심축의 이동 _ 신흥국의 도시화

1. Based on Tuesday flight schedule, www.google.com/flights/#search;f=KMS; t=ACC;d=2014-09-02;r=2014-09-07;tt=o;q=kumasi+to+accra+direct+flights;

based on Africa World Airlines advance promotional fare of GHS 75.

2.　"2010 population and housing census: Summary report of final results," Ghana Statistical Service, May 2013, www.statsghana.gov.gh/docfiles/publications/2010_PHC_National_Analytical_Report.pdf; "The composite budget of the Kumasi Metropolitan Assembly for the 2013 fiscal year," Kumasi Metropolitan Assembly, Republic of Ghana, www.mofep.gov.gh/sites/default/files/budget/2013/AR/Kumasi.pdf.

3.　"1인당 국민총소득, 구매력 평가기준," 세계은행 데이터베이스, http://databank. worldbank.org/data/download/GNIPC.pdf.

4.　Richard Dobbs, Jaana Remes, James Manyika, Charles Roxburgh, Sven Smit, and Fabian Schaer, *Urban world: Cities and the rise of the consuming class*, McKinsey Global Institute, June 2012.

5.　세계은행 데이터베이스, http://data. worldbank.org/indicator/NY.GDP.MKTP. CD.

6.　World Bank database; James Manyika, Jeff Sinclair, Richard Dobbs, Gernot Strube, Louis Rassey, Jan Mischke, Jaana Remes, Charles Roxburgh, Katy George, David O'Halloran, and Sreenivas Ramaswamy, *Manufacturing the future: The next era of global growth and innovation*, McKinsey Global Institute, November 2012.

7.　Paul Hannon, "Emerging markets take largest share of international investment in 2013," *Wall Street Journal*, January 28, 2014, http://online. wsj. com/news/articles/SB10001424052702303553204579348372961110250; *Global Investment Trends Monitor* no. 15, United Nations Conference on Trade and Development, January 28, 2014, http://unctad.org/en/publicationslibrary/webdiaeia2014d1_en.pdf.

8.　Yuval Atsmon, Peter Child, Richard Dobbs, and Laxman Narasimhan, "Winning the $30 trillion decathlon: Going for gold in emerging markets," *McKinsey Quarterly*, August 2012.

9.　Dobbs et al., *Urban world: Cities and the rise of the consuming class*.

10.　Exhibit E2; Dobbs et al., *Urban world: Cities and the rise of the consuming class*.

11.　Ibid.

12. Richard Dobbs, Sven Smit, Jaana Remes, James Manyika, Charles Roxburgh, and Alejandra Restrepo, *Urban world: Mapping the economic power of cities*, McKinsey Global Institute, March 2011.

13. Bloomberg News, "Li Keqiang urges more urbanization to support China's growth," *Bloomberg News*, November 21, 2012, www.bloomberg.com/news/2012-11-21/li-keqiang-urges-deeper-urbanization-to-support-china-s-growth.html; UN Department of Economic and Social Affairs, World Urbanization prospects 2014 revision, http://esa.un.org/unpd/wup/CD-ROM/Default.aspx.

14. Daniel Gross, "The real China: Urban wealth, rural poverty," Yahoo Finance, November 7, 2011, http://finance.yahoo.com/blogs/daniel-gross/real-china-urban-wealth-rural-poverty-124416045.html.

15. Stephen S. Roach, "Generating 'next China,'" *China Daily USA*, September 1, 2012, http://usa.chinadaily.com.cn/opinion/2012-09/01/content_15725888.htm.

16. Ian Johnson, "China releases plan to incorporate farmers into cities," *New York Times*, March 17, 2013, www.nytimes.com/2014/03/18/world/asia/china-releases-plan-to-integrate-farmers-in‑cities.html.

17. Dexter Roberts, "China wants its people in the cities," *Bloomberg Businessweek*, March 20, 2014, www.businessweek.com/articles/2014-03-20/china-wants-its-people-in‑the-cities.

18. Richard Dobbs and Shirish Sankhe, "Comparing urbanization in China and India," McKinsey & Company, July 2010, www.mckinsey.com/insights/urbanization/comparing_urbanization_in_china_and_india.

19. *The Millennium Development Goals Report 2013*, United Nations, 2013, www.un.org/millenniumgoals/pdf/report-2013/mdg-report-2013-english.pdf.

20. Dobbs et al., "Urban world: Cities and the rise of the consuming class."

21. Exhibit 1; Yuval Atsmon, Peter Child, Richard Dobbs, and Laxman Narasimhan, "Winning the $30 trillion decathlon," August 2012.

22. Anne-Sylvaine Chassany, "Danone expands in Africa with 49% stake in dairy," *Financial Times* (London), October 24, 2013, www.ft.com/cms/s/0/7da59ec2-3cbe-11e3-86ef-00144feab7de.html #axzz3alaccule.

23. Shirish Sankhe, Ireena Vittal, Richard Dobbs, Ajit Mohan, Ankur Gulati, Jonathan Ablett, Shishir Gupta, Alex Kim, Sudipto Paul, Aditya Sanghvi, and Gurpreet Sethy, *India's urban awakening: Building inclusive cities, sustaining economic growth*, McKinsey Global Institute, April 2010.

24. Shirish Sankhe, Ireena Vittal, Richard Dobbs, Ajit Mohan, Ankur Gulati, Jonathan Ablett, Shishir Gupta, Alex Kim, Sudipto Paul, Aditya Sanghvi, and Gurpreet Sethy, *India's urban awakening: Building inclusive cities, sustaining economic growth*, McKinsey Global Institute, April 2010.

25. Department of population and economic affairs, *"World urbanization prospects, Highlights,"* 2011, revision.

26. Department of population and economic affairs, *"World urbanization prospects, Highlights"*; Dobbs et al., *Urban world: Cities and the rise of the consuming class*.

27. Dobbs et al., *Urban world: Cities and the rise of the consuming class*.

28. 28. Luís M. A. Bettencourt et al., "Urban scaling and its deviations: Revealing the structure of wealth, innovation, and crime across cities," *PLOS ONE*, November 10, 2010, www.plosone.org/article/info:doi/10.1371/journal. pone.0013541.

29. Scott Burnham, "Reprogramming the city: Can urban innovation meet growing needs?" *Guardian* (Manchester), September 28, 2013, www. theguardian.com/sustainable-business/reprogramming-city-urban – infrastructure-changes.

30. Ibid.

31. Scott Burnham, "Existing city infrastructure can be 'reprogrammed,'" *Green Futures Magazine*, September 26, 2013, www.forumforthefuture.org/ greenfutures/articles/existing-city-infrastructure-can-be-%E2%80%98repro grammed%E2%80%99.

32. "Visual explorations of urban mobility: Traffic origins," Senseable City Lab, Massachusetts Institute of Technology, http://senseable.mit.edu/visual- explorations-urban-mobility/traffic-origins.html.

33. Raoul Oberman, Richard Dobbs, Arief Budiman, Fraser Thompson, and Morten Rossé, *The archipelago economy: Unleashing Indonesia's potential*,

McKinsey Global Institute, September 2012.

34. Mercer, "2014 cost of living survey rankings," July 2014, www.mercer.com/ newsroom/cost-of-living-survey.html.

35. "Panasonic to pay China workers pollution compensation," BBC.com, March 12, 2014, www.bbc.com/news/business – 26555874.

36. "Ghanaian city to get a skytrain," *African Review of Business and Technology*, March 14, 2014, www.africanreview.com/transport-a-logistics/ rail/kumasi-metropolis-to-get-a-skytrain.

02 파괴적 혁신을 이끄는 힘 _ 기술의 속도

1. "The Knowledge," The London Taxi Experience, www.the-london-taxi. com/london_taxi_knowledge.

2. Brendan Greeley, "Cabsplaining: A London black car driver on the Uber protest," *Bloomberg Businessweek*, June 11, 2014, www.businessweek. com/articles/2014-06-11/cabsplaining-a-london-black-car-driver-on-the-uber-protest.

3. "Uber: Why London cabbies hate the taxi app," *The Week*, June 11, 2014, www.theweek.co.uk/uk-news/58491/uber-why-london-cabbies-hate-taxi-app.

4. Juliette Garside and Gwyn Topham, "Uber taxis face legal battles from London black-cab drivers," *Guardian* (Manchester), May 29, 2014, www. theguardian.com/uk-news/2014/may/29/uber-taxis-legal-battles-london-black – cab-drivers.

5. John Alridge, "Fare fight: It's Uber v Hailo v Addison Lee in London's taxi wars," *London Evening Standard*, January 17, 2014, www.standard.co.uk/ lifestyle/esmagazine/fare-fight-its-uber-v-hailo-v-addison-lee-in-the-londons-taxi-wars – 9064289.html.

6. "TripIndex Cities 2013," TripAdvisor United Kingdom, www.tripadvisor. co.uk/infocenter-a_ctr. tripindex_Cities_2013_UK.

7. "Hailo arrives in Cork" (press release), July 1, 2013, https://hailocab.com/ ireland/press-releases/hailo-cork-release.

8. www.uber.com/cities.

9. Evelyn M. Rusli and Douglas MacMillan, "Uber gets an uber-valuation," *Wall Street Journal*, June 6, 2014, http://online.wsj.com/articles/uber-gets-uber-valuation-of-18-2-billion-1402073876.

10. Ian Silvera, "Uber CEO Travis Kalanick: We will have 42,000 London drivers in 2016," *International Business Times*, October 2014, http://www.ibtimes.co.uk/uber-ceo-travis-kalanick-we-will-have-42000-london-drivers-2016-1468436.

11. "Angry London cabbies attack Hailo taxi app office," BBC.com, May 22, 2014, www.bbc.co.uk/news/technology-27517914.

12. Rhiannon Williams, "Uber adds black cabs amid claims taxi strike 'could cost lives,'" *Telegraph* (London), June 11, 2014, www.telegraph.co.uk/technology/news/10891442/Uber-adds-black-cabs-amid-claims-taxi-strike-could-cost-lives.html.

13. "2,500,000 BCE to 8,000 BCE timeline," Jeremy Norman's HistoryofInformation.com, www.historyofinformation.com/expanded.php?Id=4071.

14. W. Brian Arthur, "The second economy," *McKinsey Quarterly*, October, 2011.

15. www.mooreslaw.org.

16. "Innovation in Cambridge: Human Genome Project," www.cambridgehistory.org/discover/innovation/Human_Genome.html.

17. James Manyika, Michael Chui, Jacques Bughin, Richard Dobbs, Peter Bisson, and Alex Marrs, *Disruptive technologies: Advances that will transform life, business, and the global economy*, McKinsey Global Institute, May 2013.

18. Ibid.

19. Exhibit E3; Manyika et al., *Disruptive technologies*.

20. Ashlee Vance, "Illumina's DNA supercomputer ushers in the $1,000 human genome," *Bloomberg Businessweek*, January 14, 2014, www.businessweek.com/articles/2014-01-14/illuminas-dna-supercomputer-ushers-in-the-1-000-human-genome.

21. Manyika et al., *Disruptive technologies*, and accompanying slideshow "A Gallery of Disruptive Technologies."

22. Ibid.

23. Joseph Bradley, Joel Barbier, and Doug Handler, "Embracing the Internet of everything to capture your share of $14.4 trillion," Cisco Systems, February 12, 2013.

24. Manyika et al., *Disruptive technologies*.

25. Howie T, "The big bang: How the big data explosion is changing the world," Microsoft UK Enterprise Insights Blog, April 15, 2013, http://blogs.msdn.com/b/microsoftenterpriseinsight/archive/2013/04/15/the-big-bang-how-the-big-data-explosion-is-changing-the-world.aspx.

26. James Manyika, Michael Chui, Brad Brown, Jacques Bughin, Richard Dobbs, Charles Roxburgh, and Angela Hung Byers, *Big data: The next frontier for innovation, competition, and productivity*, McKinsey Global Institute, May 2011.

27. As data proliferates, larger units of measurement are needed to describe storage space: 1,024 gigabytes=1 terabyte; 1,024 terabytes=1 petabyte; 1,024 petabytes=1 exabyte; John Gantz and David Reinsel, "The digital universe in 2020: Big data, bigger digital shadows, and biggest growth in the Far East," IDC, EMC Corporation, December 2012, www.emc.com/collateral/analyst-reports/idc-the-digital-universe-in – 2020.pdf.

28. James Manyika, Jacques Bughin, Susan Lund, Olivia Nottebohm, David Poulter, Sebastian Jauch, and Sree Ramaswamy, *Global flows in a digital age: How trade, finance, people, and data connect the world economy*, McKinsey Global Institute, April 2014.

29. James Manyika, Michael Chui, Diana Farrell, Steve Van Kuiken, Peter Groves, and Elizabeth Almasi Doshi, *Open data: Unlocking innovation and performance with liquid information*, McKinsey Global Institute, McKinsey Center for Government, and McKinsey Business Technology Office, October 2013.

30. "Innovation in government: Kenya and Georgia," McKinsey & Company, September 2011.

31. Blair Claflin, "Employees use skills to reduce traffic congestion in Pune," Cummins Inc., www.cummins.com/cmi/navigationAction.

do?nodeId=219&siteId =1&nodeName=Reducing+Traffic+in+Pune&menu Id=1050.

32. "Haiti," Humanitarian OpenStreetMap Team, http://hot.openstreetmap.org/ projects/haiti-2.

33. Michael Chui, James Manyika, Jacques Bughin, Richard Dobbs, Charles Roxburgh, Hugo Sarrazin, Geoffrey Sands and Magdalena Westergren, *The social economy: Unlocking productivity and value through social technologies*, McKinsey Global Institute, July 2012.

34. Drew DeSilver, "Overseas users power Facebook's growth; more going mobile-only," Pew Research Center Fact Tank, February 4, 2014, www. pewresearch.org/fact-tank/2014/02/04/overseas-users-power-facebooks-growth-more-going–mobile-only.

35. Josh Ong, "Tencent's WeChat messaging app passes 300m users, adding its latest 100m in just 4 months," The Next Web, January 16, 2013, http:// thenextweb.com/asia/2013/01/16/tencents-wechat-tops-300-million-users-days-before-its-second–birthday/1.

36. MG Siegler, "App Store now has 150,000 apps. Great news for the iPad: Paid books rule," TechCrunch, February 12, 2010, http://techcrunch. com/2010/02/12/app-store-numbers-books-ipad.

37. Seth Fiegerman, "Apple App Store tops 75 billion downloads," Mashable, June 2, 2014, http://mashable.com/2014/06/02/apple–app–store–stats-2014.

38. Manyika et al., *Disruptive technologies*,; Nirmalya Chatterjee, "Global industrial robotics market (products, functions, applications and geography)–global analysis, industry growth, trends, size, share, opportunities and forecast–2013–2020," Allied Market Research, May 2014, www.alliedmarketresearch.com/industrial–robotics-market.

39. "Cisco Visual Networking Index: Forecast and methodology, 2013–2018," Cisco Systems, June 10, 2014.

40. Matthieu Pélissié du Rausas, James Manyika, Eric Hazan, Jacques Bughin, Michael Chui, and Rémi Said, *Internet matters: The Net's sweeping impact on growth, jobs, and prosperity*, McKinsey Global Institute, May 2011.

41. Jacques Bughin and James Manyika, "Measuring the full impact of digital

capital," *McKinsey Quarterly*, July 2013.

42. Richard D. Kahlenberg, *Broken Contract: A Memoir of Harvard Law School* (NY: Hill and Wang, 1992).

43. "Creative destruction whips through corporate America," Innosight Executive Briefing, winter 2012, www.innosight.com/innovation-resources/ strategy-innovation/upload/creative-destruction-whips-through- corporate-america_final2012.pdf.

44. Ibid.

45. Ibid.

46. Bill Gurley, "A deeper look at Uber's dynamic pricing model," Above the Crowd, March 11, 2014, http://abovethecrowd.com/2014/03/11/a-deeper- look-at-ubers-dynamic-pricing-model/; Matthew Panzarino, "Leaked Uber numbers, which we've confirmed, point to over $1B gross, $213M revenue," TechCrunch, December 4, 2013, http://techcrunch.com/2013/12/04/leaked- uber-numbers-which-weve-confirmed-point-to-over-1b-gross-revenue- 213m-revenue.

47. Salvador Rodriguez, "Lyft surpasses 1 million rides, expands to Washington, D.C.," *Los Angeles Times*, August 9, 2013, http://articles.latimes.com/2013/ aug/09/business/la-fi-tn-lyft-1-million-washington–dc-20130808.

48. "AHA statistical update: Heart disease and stroke statistics—2013 update," American Heart Association, *Circulation* 2013:127:e6–e245, December 12, 2012.

49. "Medtronic launches CareLink Express™ Service" (press release), Medtronic, August 14, 2012, http://newsroom.medtronic.com/phoenix. zhtml?C=251324&p=irol–newsarticle&ID=1769548.

50. Amy Dockser Marcus and Christopher Weaver, "Heart gadgets test privacy- law limits," *Wall Street Journal*, November 28, 2012, http://online.wsj.com/ news/articles/SB10001424052970203937004578078820874744076.

51. Kiva website: www.kiva.org/about.

52. Kickstarter website: www.kickstarter.com/help/stats?ref=footer.

53. Martin Hirt and Paul Willmott, "Strategic principles for competing in the digital age," *McKinsey Quarterly*, May 2014.

54. Amit Chowdhry, "WhatsApp hits 500 million users," Forbes.com, April 22, 2014, www.forbes.com/sites/amitchowdhry/2014/04/22/whatsapp-hits-500-million-users.

55. Darrell Etherington, "Snapchat accounts for more photo shares than Instagram as pic sharing set to double in 2013," TechCrunch, May 29, 2013, http://techcrunch.com/2013/05/29/snapchat-accounts-for-more-photo-shares-than-instagram-as-pic-sharing-set-to-double-in-2013.

56. Jacques Bughin, Michael Chui, and James Manyika, "Ten IT-enabled business trends for the decade ahead," *McKinsey on Business Technology* 33, spring 2014; Panzarino, "Leaked Uber numbers"; Rodriguez, "Lyft surpasses 1 million rides."

57. Francesco Banfi, Paul-Louis Caylar, Ewan Duncan, and Ken Kajii, "E-journey: Digital marketing and the 'path to purchase,'" McKinsey & Company, January 2013.

58. http://uk.burberry.com/store-locator/regent-street-store.

59. Matthieu Pélissié du Rausas, James Manyika, Eric Hazan, Jacques Bughin, Michael Chui, and Rémi Said, *Internet matters: The Net's sweeping impact on growth, jobs, and prosperity*, McKinsey Global Institute, May 2011.

60. www.linkedin.com/mnyfe/subscriptionv2?displayProducts=&trk=nav_responsive_sub_nav_upgrade.

61. *2013 Annual Report*, LinkedIn, April 2014, http://investors.linkedin.com/annuals.cfm.

62. "Glossybox flogs 4 million boxes within two and a half years," deutsche-start-ups.com, July 9, 2013, www.deutsche-start-ups.com/2013/07/09/glossybox-flogs-4-million-boxes-within-two-and-a-half-years.

63. Graham Ruddick, "Families snack on graze boxes," *Telegraph* (London), November 10, 2013, www.telegraph.co.uk/finance/newsbysector/retailandconsumer/10439490/Families-snack-on-graze-boxes.html.

64. Doni Bloomfield, "New York Times drops after forecasting decline in ad revenue," Bloomberg, October 2014, www.bloomberg.com/news/2014-10-30/new-york-times-beats-earnings-estimates-as-online-ads-increase.html.

65. "Paywalls open doors," *The Economist*, March 27, 2014, www.economist. com/blogs/babbage/2014/03/start-ups-slovakia.

66. Rick Edmonds, "Slovakian Piano Media acquires Press+ and aims to take paid digital content global," Poynter.org, September 8, 2014, www.poynter. org/latest-news/business-news/266839/slovakian-piano-media-acquires-press-and-aims-to-take-paid-digital – content-global.

67. Misty White Sidell, "Is this the future of make-up? New 3-D printer lets you create unlimited lipstick and eyeshadow at home—for $200," *Daily Mail* (London), May 6, 2014, www.dailymail.co.uk/femail/article-2621837/Is-future-make-New-3-D-printer-lets-create-unlimited-lipstick-eyeshadow-home – 200.html.

68. Ben Elgin, "Google buys Android for its mobile arsenal," Bloomberg BusinessWeek, August 16, 2005, www.businessweek.com/ stories/2005-08-16/google-buys-android-for-its-mobile-arsenal.

69. Stephen Baker, "Google-YouTube: Was it worth $1. 6 billion?," *Bloomberg BusinessWeek*, May 21, 2008, www.businessweek.com/stories/2008-05-21/ google-youtube-was-it-worth-1-dot-6-billion.

70. Larry Page, *Larry Page at Zeitgeist Americas* 2013, YouTube video clip, September 20, 2013.

71. Christina Farr, "Tech IPOs in 2013: Enterprise rules, and a watershed e-commerce moment," VentureBeat, December 26, 2013, http:// venturebeat.com/2013/12/26/tech-ipos-in-2013-enterprise-rules-and-a-watershed – e-commerce-moment.

72. www.gegarages.com.

73. http://digital – accelerator.com.

74. "Walgreens appoints Sonia Chawla to newly created role as president of digital and chief marketing officer" (press release), Walgreens, November 21, 2013, http://news.walgreens.com/article_display.cfm?Article_id=5823.

75. "Walgreen to buy drugstore.com," Dealbook, *New York Times*, March 24, 2011, http://dealbook.nytimes.com/2011/03/24/walgreens-to-buy-drugstore-com.

76. Brian T. Horowitz, "Walgreens opens API for mobile prescription scanning

to developers," eWeek.com, February 13, 2013, www.eweek.com/
developer/walgreens-opens-api-for-mobile-prescription-scanning-to-
developers/?Bcsi-ac-e9597abe29b9070f=225a122e000000051s0pg2wbcqfx1
kzbtjdvptjxtbqmaaaabqaaaitsggdaqaaaaaaaakxbcqa=; Adam Pressman and
Deepika Pandey, "Chains need to go beyond multichannel, omnichannel,"
Chain Drug Review, October 28, 2013, www.chaindrugreview.com/inside-
this-issue/opinion/10-28-2013/chains-need-to-go-beyond-multichannel-
omnichannel.

77. Michael Zennie and Louise Boyle, "Billion dollar deal makes 26-year-old
America's next tech tycoon: High school drop-out behind blogging site
Tumblr sells it to Marissa Mayer's Yahoo," *Daily Mail* (London), May 19,
2013, www.dailymail.co.uk/news/article-2326998/Yahoo-buys-Tumblr-1-
1billion-Founder-David-Karp-tech-tycoon.html.

78. Sarah Perez, "@WalmartLabs buys adtech start-up Adchemy, its biggest talent
deal yet," TechCrunch, May 5, 2014, http://techcrunch.com/2014/05/05/
walmartlabs-buys-adtech-start-up-adchemy-its-biggest-talent-deal-yet.

79. www.sephora.com/about-us; Jason Del Rey, "In-store tech is so hot right
now: Sephora acquires fragrance software start-up Scentsa," All Things D,
August 7, 2013, http://allthingsd.com/20130807/in-store-tech-is-so-hot-
right-now-sephora-acquires-fragrance-software-start-up-scentsa.

80. Colin Morrison, "How Axel Springer can be a digital media champion,"
Flashes and Flames, April 25, 2014, www.flashesandflames.com/2014/04/
how-axel-springer-can-become-a-digital-media-champion.

81. Ibid.

82. David Meyer, "Axel Springer invests in privacy-friendly search start-up
Qwant," Gigaom, June 19, 2014, http://gigaom.com/2014/06/19/axel-
springer-invests-in-privacy-friendly-search-start-up-qwant.

03 모두 늙어버린 사회 _ 고령화의 역설

1. Awesome-o, "Robovie R3 unveiled," Robotics Zeitgeist, April 22, 2010,
http://robotzeitgeist.com/2010/04/robovie-r3-unveiled.html.

2. "Field listing: Median age," The World Factbook, US Central Intelligence Agency, www.cia.gov/library/publications/the-world-factbook/fields/2177. html; "Population ages 65 and above (% of total)," World Bank database, http://data.worldbank.org/indicator/SP.POP.65UP.TO.ZS.

3. "Fertility rate, total (births per woman)," World Bank database, http://data. worldbank.org/indicator/SP.DYN.TFRT.IN.

4. Daniel Gross, "Why Japan isn't rising," Slate, July 18, 2009, www.slate.com/ articles/business/moneybox/2009/07/why_japan_isnt_rising.html.

5. "South Asia: Pakistan," The World Factbook, US Central Intelligence Agency, www.cia.gov/library/publications/the-world-factbook/geos/pk.html.

6. "Country comparison: Total fertility rate," The World Factbook, US Central Intelligence Agency, www.cia.gov/library/publications/the-world-factbook/ rankorder/2127rank.html.

7. Elizabeth Kolbert, "Head count," *New Yorker*, October 21, 2013, www. newyorker.com/arts/critics/books/2013/10/21/131021crbo_books_ kolbert?Currentpage=2.

8. "Country comparison," The World Factbook.

9. Ibid.

10. MGI analysis: Demographics and Employment, 2014.

11. Ibid.

12. Ibid.

13. Jay Winter and Michael Teitelbaum, *The Global Spread of Fertility Decline: Population, Fear, and Uncertainty* (New Haven, CT: Yale University Press, 2013).

14. "Fertility rate, total," World Bank database.

15. MGI analysis: Demographics and Employment, 2014.

16. "EU27 population is expected to peak by around 2040" (press release), Eurostat, European Commission, June 8, 2011, http://epp.eurostat.ec.europa. eu/cache/ITY_PUBLIC/3-08062011-BP/EN/3-08062011-BP-EN.pdf.

17. *The 2012 ageing report: Economic and budgetary projections for the 27 EU member states (2010 – 2060)*, European Commission, February 2012, http:// ec.europa.eu/economy_finance/publications/european_economy/2012/pdf/

18. *The 2012 ageing report: Underlying assumptions and projection methodologies*, European Commission, April 2011, http://ec.europa. eu/ economy_finance/publications/european_economy/2011/pdf/ee-2011‐4_ en.pdf.

19. Ibid.

20. MGI analysis: Demographics and Employment, 2014.

21. *World population prospects: The 2012 revision*, United Nations Department of Economic and Social Affairs, Population Division, June 2013, http://esa. un.org/wpp.

22. Ibid.

23. Sarah O'Connor, "World will have 13 'super-a ged' nations by 2020," *Financial Times* (London), August 6, 2014, www.ft.com/cms/s/0/f356f8a0-1d8c-11e4-8f0c‐00144feabdc0.html.

24. "Dean Xie Danyang blueprints Wuhan's future: An international city in 2040" (press release), EMBA Education Center of Wuhan University, April 16, 2014, http://emba.whu.edu.cn/en/News/News/2014-04-16/1287.php.

25. "Field listing: Median age," The World Factbook.

26. Richard Dobbs, Anu Madgavkar, Dominic Barton, Eric Labaye, James Minyika, Charles Roxburgh, Susan Lund, and Siddarth Madhav, "The world at work: Jobs, pay, and skills for 3.5 billion people," June 2012, McKinsey & Company.

27. Benjamin Shobert, "Bank on it," Slate, November 5, 2013, www.slate.com/articles/technology/future_tense/2013/11/feng_kexiong_s_volunteer_bank_plan_to_care_for_china_s_elderly.html.

28. James Manyika, Michael Chui, Jacques Bughin, Richard Dobbs, Peter Bisson, and Alex Marrs, *Disruptive technologies: Advances that will transform life, business, and the global economy*, McKinsey Global Institute, May 2013.

29. Ibid.

30. Peter Baker, "Kagan is sworn in as the fourth woman, and 112th justice, on the Supreme Court," *New York Times*, August 7, 2010, www.nytimes. com/2010/08/08/us/08kagan.html?_r=0

31. Dobbs et al., "The world at work."

32. MGI analysis: Demographics and Employment, 2014.

33. Ibid.

34. Dobbs et al., "The world at work."

35. O'Connor, "World will have 13 'super-aged' nations by 2020."

36. Dobbs et al., "The world at work."

37. Suzanne Daley and Nicholas Kulish, "Germany fights population drop," *New York Times*, August 13, 2013.

38. "China reforms: One-child policy to be relaxed," BBC.com, November 15, 2013, www.bbc.com/news/world-asia-china-24957303; "Women at Work," *Finance & Development*, volume 50, number 2, International Monetary Fund, June 2013, www.imf.org/external/pubs/ft/fandd/2013/06/pdf/fd0613.pdf.

39. Dobbs et al., "The world at work."

40. Ibid.

41. Ibid.

42. Ibid.

43. *Global aging 2013: Rising to the challenge*, Standard & Poor's, March 20, 2013, www.mhfigi.com/societal-trends/global-aging-2013-rising-to-the-challenge.

44. Rafal Chomik and Edward R. Whitehouse, *Trends in pension eligibility ages and life expectancy, 1950-2050*, OECD Social, Employment and Migration working papers number 105, 2010.

45. Szu Ping Chan, "Pensions free-for-all 'risks leaving millions in poverty,'" *Telegraph* (London), March 29, 2014, www.telegraph.co.uk/finance/personalfinance/pensions/10732126/Pensions-free-for-all-risks-leaving-millions-in-poverty.html.

46. Barbara A. Butrica, Howard M. Iams, Karen E. Smith, and Eric J. Toder, "The disappearing defined benefit pension and its potential impact on the retirement incomes of baby boomers," US Social Security Administration, *Social Security Bulletin* 69, no. 3, 2009, www.ssa.gov/policy/docs/ssb/v69n3/v69n3p1.html. More recent data from National Compensation Survey, US Bureau of Labor Statistics, March 2013.

47. "Defined benefit pensions: Plan freezes affect millions of participants and

may pose retirement income challenges," US Government Accountability Office, 2008, www.gao.gov/new.items/d08817.pdf.

48. "Working longer: Older Americans' attitudes on work and retirement," Associated Press – NORC Center for Public Affairs Research, 2013, www.apnorc.org/projects/Pages/working-longer-older-americans-attitudes-on-work-and – retirement.aspx.

49. "Leading in the 21st century: An interview with HCA CEO Richard Bracken," McKinsey & Company, November 2013.

50. Rebecca L. Ray et al., *The state of human capital: False summit*, McKinsey & Company and The Conference Board, October 2012; *Sustainability report 2008*, Toyota Motor Corporation, July 2008, www.toyota-global.com/sustainability/report/sr/08/pdf/sustainability_report08.pdf.

51. *French employment 2020:* Five priorities for action, McKinsey Global Institute, May 2012.

52. Ibid. ; "Older employees driving value," News and views, Centrica, October 1, 2013, www.centrica.com/index.asp?Pageid=1042&blogid=695.

53. *Innovative Practices Executive Case Report No. 5,* Sloan Center on Aging and Work, 2012.

54. Georges Desvaux and Baudouin Regout, "Meeting the 2030 French consumer: How European-wide trends will shape the consumer landscape," *McKinsey Consumer and Shopper Insights*, May 2010.

55. Ibid.

56. Ibid.

57. Yuval Atsmon and Max Magni, "Meet the Chinese consumer of 2020," *McKinsey Quarterly*, March 2012.

58. www.eldertreks.com.

59. PT, "Thomas Cook launches 'Silver Breaks' for elderly travellers," *The Hindu* (Chennai), June 15, 2014, www.thehindubusinessline.com/companies/thomas-cook-launches-silver-breaks-for-elderly-travellers/article6116909.ece.

60. http://info. singte.com/personal/silverline.

61. www.youtube.com/watch?v=vilUhBhNnQc.

62. "Depend and the great American try on: Repositioning incontinence from the bathroom to the forefront of pop culture," PRWeek Awards 2013, http://awards.prweekus.com/depend-and-great-american-try-repositioning-incontinence-bathroom-forefront–pop-culture.

63. Olivia Goh, "Successful ageing—a review of Singapore's policy approaches," Civil Service College Singapore, *Ethos*, no. 1, October 2006, www.cscollege.gov.sg/Knowledge/Ethos/Issue%201%20Oct%202006/Pages/Successful-Ageing-A-Review-of-Singapores-Policy-Approaches.aspx.

64. United Nations Department of Economic and Social Affairs, Population Division, "Magnitude and speed of population ageing," chapter 2 in *World Population Ageing 1950–2050* (NY: UN, 2002), www.un.org/esa/population/publications/worldageing19502050/pdf/80chapterii.pdf.

65. Mansoor Dalal, "Senior living India. . . a need whose time has come!!!" Association of Senior Living India, www.asli.org.in/page–seniorlivingindia.html.

66. Japan retail market, Japan Retail News, www.japanretailnews.com/japans-retail–market.html.

67. Adam Westlake, "Aeon opens senior-focused shopping center," *Japan Daily Press*, April 25, 2012, http://japandailypress.com/aeon-opens-senior-focused-shopping-center-251330/; Louise Lucas, "Retailers target grey spending power," *Financial Times* (London), August 14, 2012, www.ft.com/cms/s/0/bb60a5b2-e608-11e1-a430-00144feab49a.html #axzz3blwglwyg.

68. Christophe Nedopil, Youse and Bradley Schurman, "Age friendly banking: A global overview of best practices," AARP, June 27, 2014, www.aarpinternational.org/resource-library/resources/age-friendly-banking-a-global-overview-of–best-practices.

69. "Amazon launches 50+ Active and Healthy Living Store featuring hundreds of thousands of items in one single destination" (press release), Business Wire, April 15, 2013, www.businesswire.com/news/home/20130415005498/en/Amazon-Launches-50-Active-Healthy-Living-Store #.U_s3ycwwkpc.

70. Roger Blitz, "Saga tests the water for stock market debut," *Financial Times* (London), February 16, 2014, www.ft.com/cms/s/0/55288bfc-970f-11e3-

809f-00144feab7de.html; Saga market capitalisation, Hargreaves Lansdown, www.hl.co.uk/shares/shares-search-results/s/saga-plc-ordinary-1p.

71. www.cognifit.com.

72. "Raku-Raku phone series reaches 20 million unit sales in Japan" (press release), NTT Socomo, July 22, 2011, www.nttdocomo.co.jp/english/info/media_center/pr/2011/001534.html.

73. David Pierce, "Fujitsu's futuristic cane does so much more than help you walk," The Verge, February 27, 2013, www.theverge.com/2013/2/27/4036228/fujitsus-futuristic-next-generation-cane-hands-on.

04 현실이 된 나비 효과 _ 글로벌 커넥션의 확대

1. Melody Ng, "Shanghai Pudong Airport to build world's biggest satellite concourse," The Moodie Report, February 10, 2014, www.moodiereport.com/document.php?doc_id=38312.

2. "Ever wondered how everything you buy from China gets here? Welcome to the port of Shanghai—the size of 470 football pitches," *Daily Mail* (London), October 29, 2013, www.dailymail.co.uk/news/article-2478975/Shanghai-port-worlds-busiest-handles-736m-tonnes-year.html.

3. James Manyika, Jacques Bughin, Susan Lund, Olivia Nottebohm, David Poulter, Sebastian Jauch, and Sree Ramaswamy, *Global flows in a digital age: How trade, finance, people, and data connect the world economy*, McKinsey Global Institute, April 2014.

4. "Leading in the 21st century: An interview with Shell's Ann Pickard," McKinsey & Company, June 2014.

5. IMF e-library; Graeme Wearden, "IMF: World economy to shrink for first time in 60 years in 'Great Recession,'" *Guardian* (Manchester), March 10, 2009, www.theguardian.com/business/2009/mar/10/imf-great-recession.

6. Manyika et al., "Global flows in a digital age."

7. Ibid.

8. Ibid.

9. Ibid.

10. Ibid.

11. *South-South Trade Monitor*, no. 2, UNCTAD, July 2013; Manyika et al., Global *flows in a digital age*.

12. Dambisa Moyo, "China helps Africa to develop," *Huffington Post World Post*, March 31, 2014, www.huffingtonpost.com/dambisa-moyo/china-is-helping-emerging_b_5051623.html.

13. Manyika et al., "Global flows in a digital age."

14. Ibid.

15. Ibid.

16. Susan Lund, Toos Daruvala, Richard Dobbs, Philipp Härle, Ju-Hon Kwek, and Ricardo Falcón, *Financial globalization: Retreat or reset?* McKinsey Global Institute, March 2013.

17. Claire Gatinois, "Portugal indebted to Angola after economic reversal of fortune," *Guardian Weekly* (London), June 3, 2014, www.theguardian.com/world/2014/jun/03/portugal-economy-bailout-angola-invests.

18. Pankaj Mishra, "Infosys CEO SD Shibulal owns 700+ apartments in Seattle; now buying in Berlin, Frankfurt," *The Economic Times*, June 23, 2014, http://articles.economictimes.indiatimes.com/2014-06-23/news/50798685_1_shruti-shibulal-infosys-ceo-sd-shibulal-tamara-coorg.

19. "Bright Food said to pay $960 million for Tnuva stake," *Bloomberg News*, May 22, 2014, www.bloomberg.com/news/2014-05-22/bright-food-said-to-pay-960-million-for-tnuva-stake.html.

20. Manyika et al., "Global flows in a digital age."

21. Charles Roxburgh, Susan Lund, Richard Dobbs, James Manyika, and Haihao Wu, *The emerging equity gap: Growth and stability in the new investor landscape*, McKinsey Global Institute, December 2011.

22. Lund et al., *Financial globalization*.

23. UN Department of Economic and Social Affairs, "Trends in total migrant stock: The 2005 tevision," February 2006, www.un.org/esa/population/publications/migration/UN_Migrant_Stock_Documentation_2005.pdf; "Number of international migrants rises above 232 million, UN reports" (press

release), United Nations News Centre, September 11, 2013, www.un.org/apps/news/story.asp?Newsid=45819&Cr=migrants&Cr1=#. U9_jcendvp0.

24. Mary Medeiros Kent, "More US scientists and engineers are foreign-born," Population Reference Bureau, January 2011, www.prb.org/Publications/Articles/2011/usforeignbornstem.aspx.

25. James Fontanella-Khan, "Romanians despair that wealthy Britain is taking all their doctors," *Financial Times* (London), January 14, 2014, www.ft.com/cms/s/0/f4c0b734-7c70-11e3-b514-00144feabdc0.html#axzz3bwxijwoo.

26. Maram Hussein, "Bangladeshi expats happy to work in Qatar, says envoy," Qatar Tribune, October 7, 2013, www.qatar-tribune.com/viewnews.aspx?N=DD3FCF9D-5E03-47DC-B8AF-EFFDB77AF298&d=20131007; http://unbconnect.com/tofail – qatar/#&panel1-1.

27. Damien Cave, "Migrants' new paths reshaping Latin America," *New York Times*, January 5, 2012, www.nytimes.com/2012/01/06/world/americas/migrants-new-paths-reshaping-latin-america.html?Pagewanted=all&_r=0.

28. *UNWTO Tourism Highlights*, 2013 edition, United Nations World Tourism Organization; *Economic Impact of Travel & Tourism 2013 Annual Update*, World Travel & Tourism Council, 2013.

29. "US passports issued per fiscal year (2013 – 1996)," US Department of State, http://travel.state.gov/content/passports/english/passports/statistics.html; Andrew Bender, "Record number of Americans now hold passports," Forbes.com, January 30, 2012, www.forbes.com/sites/andrewbender/2012/01/30/record-number-of-americans-now-hold-passports.

30. *The Economist*, "Coming to a Beach Near You," April 2014. http://www.economist.com/news/international/21601028-how-growing-chinese-middle-class-changing-global-tourism – industry-coming.

31. *2012 Open Doors Report*, Institute of International Education, 2012.

32. Daniel Gross, "Myth of decline: US is stronger and faster than anywhere else," *Newsweek*, April 30, 2012, www.newsweek.com/myth-decline-us-stronger-and-faster-anywhere-else-64093.

33. Facebook website, http://newsroom. fb.com/company-info/; Kishore

Mahbubani, "The global village has arrived," IMF, *Finance & Development* 49, no. 3, September 2012.

34. Manyika et al., "Global flows in a digital age."

35. Matthieu Pélissié du Rausas, James Manyika, Eric Hazan, Jacques Bughin, Michael Chui, and Rémi Said, *Internet matters: The Net's sweeping impact on growth, jobs, and prosperity*, McKinsey Global Institute, May 2011.

36. Olivia Nottebohm, James Manyika, Jacques Bughin, Michael Chui, and Abdur-Rahim Syed, *Online and upcoming: The Internet's impact on aspiring countries*, McKinsey & Company, January 2012.

37. *eTransform Africa: The transformational use of information and communication technologies in Africa*, World Bank and African Development Bank, December 2012; International Telecommunication Union statistics, 2012.

38. James Manyika, Armando Cabral, Lohini Moodley, Safroadu Yeboah-Amankwah, Suraj Moraje, Michael Chui, Jerry Anthonyrajah, and Ache Leke, *Lions go digital: The Internet's transformative potential in Africa*, McKinsey Global Institute, November 2013.

39. Damian Hattingh, Bill Russo, Ade Sun-Basorun, and Arend Van Wamelen, *The rise of the African consumer*, McKinsey & Company, October 2012.

40. Manyika et al., *Lions go digital.*

41. Michelle Atanga, "MTN ready to pour $400m into Africa and Middle East start-ups," VentureBurn, December 20, 2013, http://ventureburn.com/2013/12/mtn-ready-to-pour-in-400m-into-africa-middle-east-start-ups.

42. David Okwii, "Rocket Internet VC and start-up incubator takes on the Ugandan Internet space," Dignited, June 6, 2014, www.dignited.com/7977/rocket-internet-vc-start-up-incubator-takes-ugandan-internet-space.

43. Jonathan Cummings, James Manyika, Lenny Mendonca, Ezra Greenberg, Steven Aronowitz, Rohit Chopra, Katy Elkin, Sreenivas Ramaswamy, Jimmy Soni, and Allison Watson, *Growth and competitiveness in the United States: The role of its multinational companies*, McKinsey Global Institute, June 2010.

44. Manyika et al., "Global flows in a digital age."

45. Ibid.

46. Manyika et al., "Global flows in a digital age"; Pankaj Ghemawat and Steven A. Altman, "DHL Global Connectedness Index 2014," www.dhl.com/en/about_ us/logistics_insights/studies_research/global_connectedness_index/global_ connectedness_index.html #.VHnZWMkXn4Y.

47. "GE partners with the Millennium Challenge Corporation to provide $500 million in financing to Ghana 1000 project" (press release), August 5, 2014, http://allafrica.com/stories/201408061542.html; "GE to invest $2 billion in Africa by 2018" (press release), Business Wire, August 4, 2014, www. businesswire.com/news/home/20140803005030/en/GE-Invest-2-Billion-Africa-2018 #.VDQo Fvk7u-0.

48. Daniel Gross, "Coke applies supply-chain expertise to deliver AIDS drugs in Africa," The Daily Beast, September 25, 2012, www.thedailybeast.com/ articles/2012/09/25/coke-applies-supply-chain-expertise-to-deliver-aids-drugs-in – africa.html.

49. Kenneth Rogoff, "Can Greece avoid the lion," *Project Syndicate*, February 3, 2010, www.project-syndicate.org/commentary/can-greece-avoid-the-lion-.

50. Stephen Hall, Dan Lovallo, and Reinier Musters, "How to put your money where your strategy is," *McKinsey Quarterly*, March 2012.

51. Katy George, Sree Ramaswamy, and Lou Rassey, "Next-shoring: A CEO's guide," *McKinsey Quarterly*, January 2014.

52. Mike Doheny, Venu Nagali, and Florian Weig, "Agile Manufacturing for volatile times," McKinsey & Company, 2012.

53. www.solarbrush.co.

54. www.shapeways.com.

55. "Portfolio: B & W Group," Sofina, www.sofina.be/EN/participation/bw.php; Peter Marsh, "UK 'micro-multinationals' lead the way," *Financial Times* (London), August 22, 2011, www.ft.com/cms/s/0/5c353610-c67f-11e0-bb50-00144feabdc0.html #axzz39vspj1cz.

56. Marsh, "UK 'micro-multinationals' lead the way."

57. Nottebohm et al., *Online and upcoming.*

58. "Best new retail launch 2013—Jumia," World Retail Awards, September 30, 2014, www.worldretailawards.com/resources/best-new-retail-launch-2013-%E2%80%93-jumia.

59. www.boeing.com/boeing/commercial/aviationservices/integrated-services/digital-airline.page.

60. *Etsy Progress Report 2013*, http://extfiles.etsy.com/progress-report/2013-Etsy-Progress-Report.pdf?Ref=progress_report_download.

61. http://openinnovation.astrazeneca.com.

62. www.unilever.com/innovation/collaborating-with-unilever/challenging-and-wants.

63. www.bosch-pt.com/innovation/home.htm?Locale=en.

64. Manyika et al., "Global flows in a digital age."

65. *2014 Silicon Valley Index*, Joint Venture Silicon Valley and Silicon Valley Community Foundation, www.siliconvalleycf.org/sites/default/files/publications/2014-silicon-valley-index.pdf.

66. www.intelligentcommunity.org/index.php?Src=gendocs&ref=Smart21_2012&link=Smart21_2012.

67. Richard Dobbs, Jaana Remes, Sven Smit, James Manyika, Jonathan Woetzel, and Yaw Agyenm-Boateng, "Urban world: The shifting global business landscape," McKinsey Global Institute, October 2013.

68. Emily Glazer, "P&G unit bids goodbye to Cincinnati, hello to Asia," *Wall Street Journal*, May 10, 2012, http://online.wsj.com/news/articles/SB10001424052702304070304577396053688081544.

69. Beth Brooks, "Unilever opens new global training centre in Asia for its 'future leaders,'" *The Grocer*, July 8, 2013, www.thegrocer.co.uk/people/unilever-opens-global-training-centre-for-future-leaders/344935.article.

70. *Singapore Business News*, Singapore Economic Development Board, March 2013, www.edb.gov.sg/content/dam/edb/en/resources/pdfs/publications/SingaporeBusinessNews/march-2013/Singapore-Business-News-March-2013.pdf.

71. Rik Kirkland, "Leading in the 21st century: An interview with Ellen Kullman," McKinsey & Company, September 2012.

72. Mike Doheny, Venu Nagali, and Florian Weig, "Agile Manufacturing for volatile times," McKinsey & Company, 2012.

73. World Bank database; Isis Gaddis, Jacques Morisset, and Waly Wane, "A well-kept secret: Tanzania's export performance," World Bank, March 4, 2013, http://blogs.worldbank.org/africacan/a-well-kept-secret-tanzania-s-export-performance.

05 세계 경제를 이끄는 새로운 소비자의 등장

1. "Clarks ends shoemaking in Somerset," BBC.com, January 10, 2005, www.bbc.co.uk/somerset/content/articles/2005/01/10/clarks_feature.shtml.

2. Mark Palmer, "A great British success: Why the world loves Clarks and its shoes as it nears 200th anniversary," This is Money, April 19, 2013, www.thisismoney.co.uk/money/markets/article-2311484/Clarks-A-family-firm-kept–polish.html.

3. Patrick Barkham, "How the Chinese fell in love with Clarks shoes," Guardian (Manchester), March 8, 2011, www.theguardian.com/lifeandstyle/2011/mar/09/chinese-love-clarks-shoes.

4. Ibid.

5. Olivia Goldhill, "Chinese tourists to spend £1bn in UK by 2017," *Telegraph* (London), May 2, 2014, www.telegraph.co.uk/finance/china-business/10801908/Chinese-tourists-to-spend-1bn-in-UK-by-2017.html; "Insight and research: UK tourism dynamics," Barclays, www.barclayscorporate.com/insight-and-research/research-and-reports/uk-tourism–dynamics.html.

6. "Chinese visitors surge to grab brands at Clarks Village outlet" (press release), Visit Somerset, January 15, 2014, www.visitsomerset.co.uk/blog/2014/1/15/chinese-visitors-surge-to-grab-brands-at-clarks-village–outlet-a95.

7. Barkham, "How the Chinese fell in love with Clarks shoes."

8. Jo Tweedy, "Shoe travelled far? Clarks museum in Somerset proves unlikely hit with Chinese tourists," *Daily Mail* (London), March 1, 2011, www.dailymail.

co.uk/travel/article-1361696/Chinese-tourists-flock-Clarks-shoe-museum-Somerset.html#ixzz36nycck20.

9. "Poverty overview," World Bank, October 8, 2014, www.worldbank.org/en/topic/poverty/overview; Richard Dobbs, Jaana Remes, James Manyika, Charles Roxburgh, Sven Smit, and Fabian Schaer, *Urban world: Cities and the rise of the consuming class*, McKinsey Global Institute, June 2012.

10. "Poverty: Not always with us," *The Economist*, May 30, 2013, www.economist.com/news/briefing/21578643-world-has-astonishing-chance-take-billion-people-out-extreme-poverty-2030-not; Dobbs et al., *Urban world*.

11. "Testimony on eradication of infectious diseases by Claire V. Broome, MD, MPH, acting director, Centers for Disease Control and Prevention, US Department of Health and Human Services," May 20, 1998, www.hhs.gov/asl/testify/t980520a.html; Annex Table 2, World Health Organization, *The World Health Report 2004: Changing History* (Geneva: World Health Report, 2004); www.who.int/whr/2004.

12. Dobbs et al., *Urban world*.

13. United Nations, "Introduction," in *The World at Six Billion* (NY: UN Department of Economic and Social Affairs, Population Division, October 12, 1999), www.un.org/esa/population/publications/sixbillion/sixbilpart1.pdf.

14. Sanjeev Sanyal, "Who are tomorrow's consumers?," Project Syndicate, August 9, 2012, www.project-syndicate.org/commentary/who-are-tomorrow-s-consumers-by-sanjeev-sanyal.

15. Yuval Atsmon, Ari Kertesz, and Ireena Vittal, "Is your emerging-market strategy local enough?," *McKinsey Quarterly*, April 2011.

16. Jonathan Ablett, Aadarsh Baijal, Eric Beinhocker, Anupam Bose, Diana Farrell, Ulrich Gersch, Ezra Greenberg, Shishir Gupta, and Sumit Gupta, *The "Bird of Gold": The rise of India's consumer market*, McKinsey Global Institute, May 2007.

17. Dominic Barton, "The rise of the middle class in China and its impact on the Chinese and world economies," chapter 7 in *US-China Economic Relations in the Next Ten Years: Towards Deeper Engagement and Mutual Benefit*

(Hong Kong: China – United States Exchange Foundation, 2013), www.chinausfocus.com/2022/wp-content/uploads/Part+02 – Chapter+07.pdf.

18. "China's next chapter," *McKinsey Quarterly*, no. 3, 2013.

19. Michael Yoshikami, "Why Tesla will win in China," CNBC.com, May 1, 2014, www.cnbc.com/id/101634065#.

20. Peter Bisson, Rik Kirkland, and Elizabeth Stephenson, "The great rebalancing," McKinsey & Company, June 2010,

21. Yuval Atsmon, Peter Child, and Udo Kopka, "The $30 trillion decathlon: How consumer companies can win in emerging markets," *McKinsey Perspectives on Retail and Consumer Goods,* spring 2013.

22. Dobbs et al., *Urban world.*

23. Kaylene Hong, "China's Internet population hit 618 million at the end of 2013, with 81% connecting via mobile," The Next Web, January 16, 2014, http://thenextweb.com/asia/2014/01/16/chinas-Internet-population-numbered-618m-end-2013-81-connecting – via-mobile.

24. Yuval Atsmon, Peter Child, Richard Dobbs, and Laxman Narasimhan, "Winning the $30 trillion decathlon," *McKinsey Quarterly*, August 2012.

25. Tushar Banerjee, "Five unusual ways in which Indians use mobile phones," BBC.com, February 11, 2014, www.bbc.com/news/world-asia – india-26028381.

26. Nilanjana Bhowmick, "37% of all the illiterate adults in the world are Indian," *Time*, January 29, 2014, http://world.time.com/2014/01/29/indian – adult-illiteracy.

27. Agustino Fontevecchia, "India's 243 million Internet users and the mobile e-commerce revolution," Forbes.com, July 7, 2014, www.forbes.com/sites/afontevecchia/2014/07/07/indias-massive-e-commerce-opportunity-and-the-explosion-of-mobile.

28. www.techinasia.com/2013-china-surpasses-america-to-become-worlds-top-ecommerce-market/McKinsey Global Institute analysis.

29. Adrian Covert, "A decade of iTunes singles killed the music industry," CNN Money, April 25, 2013, http://money.cnn.com/2013/04/25/technology/itunes-music-decline.

30. Nathalie Remy, Jennifer Schmidt, Charlotte Werner, and Maggie Lu, *Unleashing fashion growth city by city*, McKinsey & Company, October 2013.

31. Dominic Barton, Yougang Chen, and Amy Jim, "Mapping China's middle class," *McKinsey Quarterly*, June 2013, www.mckinsey.com/insights/consumer_and_retail/mapping_chinas_middle_class.

32. Atsmon et al., "Winning the $30 trillion decathlon."

33. Sha Sha, Theodore Huang, and Erwin Gabardi, *Upward mobility: The future of China's premium car market*, McKinsey & Company, March 2013.

34. Remy et al., *Unleashing fashion growth city by city*.

35. MGI Cityscope database. For more detail, you can explore the evolving urban world though the free Android and Apple iOS app Urban World.

36. Acha Leke, Reinaldo Fiorini, Richard Dobbs, Fraser Thompson, Aliyu Suleiman, and David Wright, *Nigeria's renewal: Delivering inclusive growth in Africa's largest economy*, McKinsey Global Institute, July 2014.

37. Patti Waldmeir, "China's coffee industry is starting to stir," *Financial Times* (London), October 22, 2012, www.ft.com/cms/s/0/992ec1e6-1901-11e2-af88-00144feabdc0.html#axzz3f28g6jcq.

38. Atsmon et al., "Winning the $30 trillion decathlon."

39. "Master Kong is the most chosen brand in China," Kantar Worldpanel, May 20, 2014, www.kantarworldpanel.com/global/News/Master-Kong-is-the-Most-Chosen-Brand–in-China.

40. Kai Bi, "Tingyi will maintain its market leadership with a diversified product portfolio," analyst report, Morningstar, April 10, 2014, http://analysis report.morningstar.com/stock/research?T=00322&region=hkg&culture=en–US&productcode=MLE.

41. Ishan Chatterjee, Jöm Küpper, Christian Mariager, Patrick Moore, and Steve Reis, "The decade ahead: Trends that will shape the consumer goods industry," McKinsey & Company, December 2010.

42. Bisson et al., "The great rebalancing."

43. Atsmon et al., "Winning the $30 trillion decathlon."

44. Chatterjee et al., "The decade ahead."

45. Tom Glaser, "2013 investor day," VF Corporation, June 11, 2013, www. vf17x17.com/pdf/2013%20VFC%20Investor%20Day-Glaser%20Transcript. pdf; Gary P. Pisano and Pamela Adams, *VF Brands: Global Supply Chain Strategy*, Harvard Business School case number 610–022, November 2009, www.hbs. edu/faculty/Pages/item.aspx?num=38127.

46. Atsmon et al., "Winning the $30 trillion decathlon. "

47. Alejandro Diaz, Max Magni, and Felix Poh, "From oxcart to Wal-Mart: Four keys to reaching emerging-market consumers," *McKinsey Quarterly*, October 2012.

48. Atsmon et al., "Winning the $30 trillion decathlon."

49. Ibid.

50. Ibid.

51. Ibid.

52. Martin Dewhurst, Jonathan Harris, and Suzanne Heywood, "Understanding your 'globalization penalty,'" *McKinsey Quarterly*, July 2011.

53. Li Fangfang, "ABB sets sights on 'designed in China,'" *China Daily USA*, July 19, 2012, http://usa.chinadaily.com.cn/epaper/2012-07/19/content_15599833. htm.

54. Rick Newman, "Why US companies aren't so American anymore," *U.S. News & World Report*, June 30, 2011, http://money.usnews.com/money/blogs/ flowchart/2011/06/30/why-us-companies-arent-so-american-anymore; William Lazonick, "A transformative jobs plan: What's good for IBM's top executives is not good for the US," Roosevelt Institute, May 2011, www. rooseveltinstitute.org/new-roosevelt/transformative-jobs-plan-what-s-good-ibm-s-top-executives-not-good-us; Martin Dewhurst, "An interview with Michael Cannon-Brookes, vice president, business development, China and India, IBM Corporation," in *Perspectives on global organizations*, McKinsey & Company, May 2012.

55. Rachel Layne, "GE moves 115-year-old X-ray unit's base to China to tap growth," *Bloomberg News*, July 25, 2011, www.bloomberg.com/news/2011-07-25/ge-healthcare-moves-x-ray-base-to-china-no-job-cuts–planned. html.

56. Hervé de Barbeyrac and Ruben Verhoeven, "Tilting the global balance: An interview with the CEO of Solvay," *McKinsey Quarterly*, October 2013.

57. Choe Soon-kyoo, "How LG surpassed Samsung in India," Korea Times, April 6, 2012, www.koreatimes.co.kr/www/news/bizfocus/2012/04/342_108490. html.

58. Atsmon et al., "Winning the $30 trillion decathlon."

59. Ibid.

06 더 이상 낮출 수 없는 자원 조달 비용

1. Brian Whitaker, "How a man setting fire to himself sparked an uprising in Tunisia," *Guardian* (Manchester), December 28, 2010, www.theguardian. com/commentisfree/2010/dec/28/tunisia - ben-ali.

2. http://web.worldbank.org/WBSITE/EXTERNAL/COUNTRIES/MENAEXT/0,,c ontentmdk:20528258~pagepk: 14673 6~pipk:2 26340~thesit epk :256 299,00. html.

3. UN FAO Food Price Index, Food and Agriculture Organization of the United Nations, www.fao.org/worldfoodsituation/foodpricesindex/en/; United Nations, "The global food crises," chapter 4 in *The Global Social Crisis: Report on the World Social Situation 2011* (NY: United Nations, 2011), www. un.org/esa/socdev/rwss/docs/2011/chapter4.pdf.

4. UN FAO Food Price Index; Nafeez Ahmed, "Why food riots are likely to become the new normal," *Guardian* (Manchester), March 6, 2013, www. theguardian.com/environment/blog/2013/mar/06/food-riots - new-normal.

5. Marco Lagi, Karla Z. Bertrand, and Yaneer Bar-Yam, "The food crises and political instability in North Africa and the Middle East," New England Complex Systems Institute, September 28, 2011, necsi. edu/research/social/ food_crises.pdf.

6. http://web. worldbank.org/WBSITE/EXTERNAL/NEWS/0,,contentmdk:2283 3439~pagepk:64257043~pipk:437376~thesitepk:4607,00.html.

7. Charlotte McDonald-Gibson, "Exclusive: Red Cross launches emergency food aid plan for UK's hungry," *Independent* (London), October 11, 2013,

www.independent.co.uk/news/uk/home-news/exclusive-red-cross-launches-emergency-food-aid-plan-for-uks-hungry – 8872496.html.

8. "Globally almost 870 million chronically undernourished—new hunger report," Food and Agriculture Organization of the United Nations, October 9, 2012, www.fao.org/news/story/en/item/161819/icode.

9. Jeff Cox, "Record 46 million Americans are on food stamps," CNBC.com, September 4, 2012, www.cnbc.com/id/48898378.

10. Richard Dobbs, Jeremy Oppenheim, Fraser Thompson, Sigurd Mareels, Scott Nyquist, and Sunil Sanghvi, *Resource revolution: Tracking global commodity markets*, McKinsey Global Institute, September 2013.

11. IMF staff, "Unparalleled growth, increased inequality: 20th century income trends," in *Globalization: Threat or opportunity?*, International Monetary Fund, April 12,2000, www.imf.org/external/np/exr/ib/2000/041200to.htm #III.

12. Richard Dobbs, Jeremy Oppenheim, Adam Kendall, Fraser Thompson, Martin Bratt, and Fransje van der Marel, *Reverse the curse: Maximizing the potential of resource-driven economies*, McKinsey Global Institute, December 2013.

13. Dobbs, et. al. *Resource revolution: Tracking global commodity markets*.

14. Ibid.

15. Richard Dobbs, et. al. *Urban World*.

16. Dobbs et al., *Resource revolution: Tracking global commodity markets*.

17. Richard Dobbs, Jeremy Oppenheim, and Fraser Thompson, "A new era for commodities," *McKinsey Quarterly*, November 2011.

18. Dobbs et al., *Resource revolution: Tracking global commodity markets*.

19. World Steel Committee on Economic Studies, *Steel Statistical Yearbook* (Brussels: World Steel Association, 2001, 2013).

20. Richard Anderson, "Resource depletion: Opportunity or looming catastrophe?" BBC.com, June 11, 2012, www.bbc.com/news/business – 16391040.

21. Dobbs et al., *Reverse the curse*.

22. Kenneth Rogoff, "Who's dependent now?," Project Syndicate, December 7, 2005, www.project-syndicate.org/commentary/who-s-dependent – now-.

23. David Cohen, "Earth audit," *New Scientist* 194, no. 2605, May 26, 2007; Lester

R. Brown, *Plan B 2.0: Rescuing a Planet under Stress and a Civilization in Trouble* (New York: W. W. Norton, 2006).

24. Yoshihide Wada et al., "Global depletion of groundwater resources," *Geophysical Research Letters* 37, no. 20, October 2010.

25. Colin P. Fenton and Jonah Waxman, "Fundamentals or fads? Pipes, not punting, explain commodity prices and volatility," *Commodity Markets Outlook and Strategy*, J. P. Morgan Global Commodities Research, August 2011.

26. Javier Blas, "Costs rise for 'technological barrels' of oil," *Financial Times* (London), May 29, 2013.

27. Dobbs et al., *Resource revolution: Meeting the world's energy, materials, food, and water needs.*

28. Ibid.

29. Dobbs et al., *Resource revolution: Tracking global commodity markets*; Randy Schnepf, *Energy use in agriculture: Background and issues*, Congressional Research Service Reports, BiblioGov, 2013.

30. Dobbs et al., *Resource revolution: Tracking global commodity markets.*

31. Peter Bisson, Elizabeth Stephenson, and S. Patrick Viguerie, "Pricing the planet," McKinsey & Company, June 2010.

32. "Petroleum & other liquids: Data," US Energy Information Administration, www.eia.gov/dnav/pet/hist/leafhandler.ashx? N=PET&s=RWTC&f=D.

33. Sean Farrell, "Ukraine crisis sends wheat and corn prices soaring," *Guardian* (Manchester), March 3, 2014, www.theguardian.com/business/2014/mar/03/ukraine-crisis-crimea-hits-price-wheat-corn.

34. *Climate change 2013: The physical science basis*, Intergovernmental Panel on Climate Change, 2013, www.climatechange2013.org.
이 보고서는 온실 가스 축적에 대한 시나리오를 4가지로 나눠 설명하고 있다. 2100년이 되면 지표 온도가 1850~1900년 사이와 비교해 최소 1.5도 정도 변할 것으로 추정하고 있다. 다른 두 시나리오에서는 2도 이상 변할 것으로 추정하고 있다. 2도의 변화는 수용 가능한 온난화와 위험한 온난화를 구분하는 경계선으로 파악하고 있다.

35. Edward Wong, "Cost of environmental damage in China growing rapidly

amid industrialization," *New York Times*, March 29, 2013.

36. Amy Harder, "EPA sets draft rule to cut carbon emissions by 30% by 2030," *Wall Street Journal*, June 2, 2014, http://online.wsj.com/articles/epa-rule-to-cost-up-to-8-8-billion-annually-sources-say-1401710600.

37. Michael Greenstone and Adam Looney, *A strategy for America's energy future: Illuminating energy's full costs*, The Hamilton Project, Brookings Institution, May 2011, www.brookings.edu/research/papers/2011/05/energy-greenstone-looney.

38. Dobbs et al., *Resource revolution: Tracking global commodity markets*.

39. *Evolution of the super cycle: What's changed and what may*, Goldman Sachs equity research, April 2013.

40. Dobbs et al., *Resource revolution: Meeting the world's energy, materials, food, and water needs*.

41. "How our cloud does more with less," Google Official Blog, September 8, 2011, http://googleblog.blogspot.com/2011/09/how-our-cloud-does-more-with-less.html.

42. www.enernoc.com.

43. "Waste prevention policy," Korean Ministry of Environment, http://eng.me.go.kr/eng/web/index.do?menuId=141&findDepth=1; Dobbs et al., *Resource revolution: Tracking global commodity markets*.

44. www.uplus.co.kr/cmg/engl/coif/pelu/retrievepelucsr04.hpi?Mid=5921.

45. Dobbs et al., *Resource revolution: Meeting the world's energy, materials, food, and water needs*.

46. Hanh Nguyen, Martin Stuchtey, and Markus Zils, "Remaking the industrial economy," *McKinsey Quarterly*, February 2014.

47. "The circular economy applied to the automotive industry," Ellen MacArthur Foundation, July 24, 2013.

48. "Ricoh grows services business expertise" (press release), Ricoh, July 26, 2013, www.ricoh-europe.com/about-ricoh/news/2013/Ricoh_grows_Services_Business_Expertise.aspx.

49. Nguyen et al., "Remaking the industrial economy."

50. Ibid.

51. Ibid.

52. *H&M Conscious Actions: Sustainability Report 2013*, http://sustainability.
hm.com/content/dam/hm/about/documents/en/CSR/reports/Conscious
%20Actions%20Sustainability%20Report%202013_en.pdf.

53. "Natural gas: Data," US Energy Information Administration, www.eia.gov/
dnav/ng/hist/n9070us2m.htm.

54. *World Energy Outlook 2012 executive summary*, International Energy
Agency, November 2012, www.iea.org/publications/freepublications/
publication/English.pdf.

55. Dobbs et al., *Resource revolution: Tracking global commodity markets*.

56. Dobbs et al., *Resource revolution: Meeting the world's energy, materials,
food, and water needs*.

57. European Photovoltaic Industry Association; Zachary Shahan, "World solar
power capacity increased 35% in 2013 (charts)," CleanTechnica, April 13,
2014, http://cleantechnica.com/2014/04/13/world-solar-power-capacity-
increased-35-2013-charts.

58. Global Wind Energy Council, *Global Wind Report, Annual Market Update
2013*, April 2014, www.gwec.net/wp-content/uploads/2014/04/GWEC-
Global-Wind-Report_9-April-2014.pdf.

59. International Energy Agency, September 2014, www.iea.org/
newsroomandevents/pressreleases/2014/september/how-solar-energy-
could-be-the-largest-source-of-electricity-by-mid-century.html.

60. Thomas G. Kreutz and Joan M. Ogden, "Assessment of hydrogen-fueled
proton exchange membrane fuel cells for distributed generation and
cogeneration," *Proceedings of the 2000 US DOE Hydrogen Program Review*,
US Department of Energy, October 2000.

07 누구도 가본 적 없는 저금리의 끝

1. "Elevated rail corridor in Mumbai: Project information memorandum," Indian
Railways, www.indianrailways.gov.in/railwayboard/uploads/directorate/infra/
downloads/Project_Information_Memorandum.pdf.

2. AFP, "Death on wheels: Commuter anger rises over Mumbai's local trains," *Hindustan Times*, April 29, 2014, www.hindustantimes.com/india-news/mumbai/death-on-wheels-commuter-anger-rises-over-mumbai-s-local-trains/article1-1213 404. aspx.

3. "How the Indian economy changed in 1991 – 2011," *Economic Times* (Mumbai), July 24, 2011, http://articles.economictimes. indiatimes.com/2011-07-24/news/29807511_1_market-economy-scooters-india-s-gdp; World Bank databases, including foreign direct investment and net inflows (BoP, current US$) at http://data. worldbank.org/indicator/BX. KLT. DINV. CD. WD and GDP Per capita (current US$) at http://data. worldbank.org/indicator/NY. GDP. PCAP. CD.

4. PTI, "India to become third largest economy by 2030: PwC," *The Hindu* (Chennai), July 5, 2014, www.thehindu.com/business/Economy/india-to-become-third-largest-economy-by-2030-pwc/article6180722.ece.

5. Shirish Sankhe, Ireena Vittal, Richard Dobbs, Ajit Mohan, Ankur Gulati, Jonathan Ablett, Shishir Gupta, Alex Kim, Sudipto Paul, Aditya Sanghvi, and Gurpreet Sethy, *India's urban awakening: Building inclusive cities, sustaining economic growth*, McKinsey Global Institute, April 2010.

6. Ibid.

7. Julien Bouissou, "Mumbai's rail commuters pay a high human price for public transport," *Guardian Weekly* (London), October 29, 2013, www.theguardian.com/world/2013/oct/29/india-mumbai-population – rail-accidents.

8. Sankhe et al., *India's urban awakening*.

9. Ibid.

10. Richard Dobbs, Susan Lund, Charles Roxburgh, James Manyika, Alex Kim, Andreas Schreiner, Riccardo Boin, Rohit Chopra, Sebastian Jauch, Hyun Kim, Megan McDonald, and John Piotrowski, *Farewell to cheap capital? The implications of long-term shifts in global investment and saving*, McKinsey Global Institute, December 2010.

11. Richard Dobbs, Herbert Pohl, Diaan-Yi Lin, Jan Mischke, Nicklas Garemo, Jimmy Hexter, Stefan Matzinger, Robert Palter, and Rushad Nanavatty, *Infrastructure productivity: How to save $1 trillion a year*, McKinsey Global

Institute, January 2013.

12. Lisa Smith, "The truth about real estate prices," Investopedia, www.
     investopedia.com/articles/mortages-real-estate/11/the-truth-about-the-
     real-estate-market.asp.

13. FIPE-ZAP index; Samantha Pearson, "Brazil housing bubble fears as
     economy teeters," *Financial Times* (London), February 14, 2014, www.
     ft.com/cms/s/0/f5348f8c-9558-11e3-8371-00144feab7de.html#slide0.

14. "Halifax House Price Index," Lloyds Banking Group, www.lloyds banking
     group.com/Media/economic-insight/halifax-house-price-index; http://
     monevator.monevator.netdna-cdn.com/wp-content/uploads/2011/12/
     house-prices.jpg.

15. "Location, location, location," *The Economist*, August 29, 2014, www.
     economist.com/blogs/dailychart/2011/11/global-house-prices.

16. Martin Feldstein, "When interest rates rise," Project Syndicate, March 30,
     2103, www.project-syndicate.org/commentary/higher-interest-rates-and-fi
     nancial-stability-by-martin-feldstein.

17. Economist Intelligence Unit; Global Insight; McKinsey Global Economic
     Growth Database; Oxford Economics; *World development indicators*, World
     Bank database, http://data.worldbank.org/data-catalog/world-development-
     indicators; McKinsey Global Institute analysis.

18. Dobbs et al., *Urban world*.

19. Heinz-Peter Elstrodt, James Manyika, Jaana Remes, Patricia Ellen, and
     César Martins, *Connecting Brazil to the world: A path to inclusive growth*,
     McKinsey Global Institute, May 2014; "Countries of the world," Worldatlas.
     com, http://worldatlas.com/aatlas/populations/ctyareal.htm.

20. *The global competitiveness report 2013-2014*, World Economic Forum,
     www.weforum.org/reports/global-competitiveness-report-2013-2014.

21. Elstrodt et al., *Connecting Brazil to the world*.

22. Dobbs et al., *Farewell to cheap capital?*

23. World Bank database; Dobbs et al., *Farewell to cheap capital?*
     1970년대 이후 GDP 대비 세계 투자규모는 26.1%에서 2002년에 20.8%로 떨어졌
     다. 1980년부터 2008년까지 세계 투자 총액은 1년에 평균 7,000억 달러였다. 이는

1970년대의 투자 규모가 지속됐다면 총 20조 달러에 달했을 투자 규모보다 적은 양이다.

24. *2013 report card for America's infrastructure*, American Society of Civil Engineers, www.infrastructurereportcard.org.

25. Dobbs et al., *Infrastructure productivity.*

26. Ibid.

27. Dobbs et al., *Farewell to cheap capital?*

28. Benedict Clements, Victoria Perry, and Juan Toro, *From stimulus to consolidation: Revenue and expenditure policies in advanced and emerging economies*, IMF, departmental paper no. 10/3, October 6, 2010, www.imf. org/external/pubs/ft/dp/2010/dp1003.pdf.

29. "Gross savings (% of GDP)," World Bank database, http://data. worldbank. org/indicator/NY.GNS.ICTR.ZS.

30. Guonan Ma and Wang Yi, *China's high saving rate: myth and reality*, Bank for International Settlements working papers number 312, June 2010, www. bis.org/publ/work312.htm.

31. "Gross savings (% of GDP)."

32. Dobbs et al., *Farewell to cheap capital?*

33. Ibid.

34. Ibid.

35. Richard Dobbs and Susan Lund, "Quantitative easing, not as we know it," *The Economist*, November 14, 2013, www.economist.com/blogs/ freeexchange/2013/11/unconventional – monetary-policy.

36. EIU World Database; McKinsey Global Institute analysis.

37. *Historical tables*, Budget of the US government, Fiscal year 2015, Office of Management and Budget, www.whitehouse.gov/sites/default/files/omb/ budget/fy2015/assets/hist.pdf.

38. Dobbs and Lund, "Quantitative easing."

39. Ibid.

40. Ibid.

41. *Fiscal Monitor*, International Monetary Fund, April 2014, www.imf.org/ external/pubs/ft/fm/2014/01/pdf/fm1401.pdf.

42. Hiroko Tabuchi, "In Japan, a tenuous vow to cut," *New York Times*, September 1, 2011, www.nytimes.com/2011/09/02/business/global/japan-seeks-answers-to-debt-load-without-angering-voters.html?Pagewanted=all&_r=0.

43. Ben Chu, "European Central Bank imposes negative rates on banks in historic move," *Independent* (London), June 5, 2014, www.independent.co.uk/news/business/news/european-central-bank-imposes-negative-rates-on-banks-in-historic-move-9494027.html.

44. Carmen M. Reinhart and Kenneth S. Rogoff, *Financial and sovereign debt crises: Some lessons learned and those forgotten*, IMF working paper no. 13/266, December 2013, www.imf.org/external/pubs/ft/wp/2013/wp13266.pdf.

45. *Global Benchmark of Cost and Schedule Performance for Mega Projects in Mining*, McKinsey & Company, 2013.

46. "Explosive growth," The Economist, November 19, 2009, www.economist.com/node/14931607.

47. Dobbs et al., *Infrastructure productivity.*

48. McKinsey Capital Productivity Practice case studies.

49. Katy George, Sree Ramaswamy, and Lou Rassey, "Next-s horing: A CEO's guide," McKinsey & Company, January 2014.

50. Andreas Behrendt, Malte Marwede, and Raymond Wittmann, "Building cars with less capital," *McKinsey Quarterly*, September 2014.

51. www.teslamotors.com/own.

52. US Securities and Exchange Commission Form 10-K, Tesla Motors, February 26, 2014, http://ir.teslamotors//secfiling.cfm?Filingid=1193125-14-69681&CIK=1318605.

53. US Securities and Exchange Commission Form 10-K, Amazon.com, January 31, 2014, http://phx.corporate-ir.net/phoenix.zhtml?c=97664&p=IROL-secToc&TOC=aHR0cDovL2FwaS50ZW5rd2l6YXJkLmNvbS9vdXRsaW5lLnhtbD9yZXBvPXRlbmsmaXBhZ2U9OTM1MTc0MSZzdWJzaWQ9NTc%3d&ListAll=1&sXBRL=1.

54. Kelly Ungerman, "The secret of Amazon: Lessons for multichannel retailers,"

presentation at Chief Marketing and Sales Forum, McKinsey & Company, October 2012.

55. Abdullah Al-Hassan, Michael Papaioannou, Martin Skancke, and Cheng Chih Sung, *Sovereign wealth funds: Aspects of governance structures and investment management*, IMF working paper no. 13/231, November 2013, www.imf.org/external/pubs/ft/wp/2013/wp13231.pdf.

56. "Global pension fund assets hit record high in 2013" (press release), Towers Watson, February 5, 2014, www.towerswatson.com/en-GB/Press/2014/02/Global-pension-fund-assets-hit-record-high-in-2013.

57. "Oil-fuelled caution," *The Economist*, May 22, 2014, www.economist.com/news/finance-and-economics/21602731-kingdom-does-not-splash-cash-other-gulf-states-oil-fuelled-caution.

58. Hugh Schofield, "PSG's dramatic rise to European giants," BBC.com, May 7, 2014, www.bbc.com/news/world-europe-27314338.

59. Sarfraz Thind, "Oil prices push sovereign wealth funds toward alternative investments," Institutional Investor, February 20, 2014, www.institutionalinvestor.com/Article/3311509/Investors-Sovereign-Wealth-Funds/Oil-Prices-Push-Sovereign-Wealth-Funds-Toward-Alternative-Investments.html #.vaoepcjdxpo.

60. Gus Delaporte, "Norway takes Manhattan," *Commercial Observer*, October 8, 2013; Gus Delaporte, "Norway's wealth fund to acquire stake in Times Square Tower for $684M," Commercial Observer, September 9, 2013.

61. Jeremy Grant, "Temasek's dealmaking reflects big bets on rise of the consumer," *Financial Times* (London), April 14, 2014, www.ft.com/cms/s/0/79d9824e-bb9a-11e3-8d4a-00144feabdc0.html#axzz36evevz5a.

62. www.kiva.org/about.

63. "Stats," Kickstarter, www.kickstarter.com/help/stats?Ref=footer.

64. Rob Thomas, "The Veronica Mars movie project," Kickstarter, March 13, 2013, et seq., www.kickstarter.com/projects/559914737/the-veronica-mars-movie-project.

65. "Alibaba sells loan arm to Alipay parent in pre-IPO change," *Bloomberg News*, August 12, 2014, www.bloomberg.com/news/2014-08-12/alibaba-

sells-loan-arm-to-alipay-parent-in-pre-ipo-change.html.

66. Jeff Glekin, "India's reliance on Chinese cash comes with risks," Reuters, January 17, 2012, http://in.reuters.com/article/2012/01/17/reliance-communications-on-chinese-cash-idindee80g0b420120117.

67. Dan Dunkley, "AMP sells stake to Japanese bank," Financial News, December 9, 2011, www.efinancialnews.com/story/2011-12-09/amp-australia-japanese-mitsubishi-bank-fundraising?Ea9c8a2de0ee111045601ab0 4d673622.

68. Elzio Barreto, "Brazil's BTG Pactual sells $1. 8 billion stake," Reuters, December 6, 2010, www.reuters.com/article/2010/12/06/us-btgpactual-idustre6b553r20101206.

69. Emily Chasan, "Rising rates good news for corporate pensions," *Wall Street Journal*, July 24, 2013, http://blogs.wsj.com/cfo/2013/07/24/rising-rates-good-news-for–corporate-pensions.

70. Joe De Paola, "Pension gap – silent crisis in public-private pension funding – dodging the disaster: Reform critically needed or overstated," BizShifts-Trends, July 18, 2013, http://bizshifts-trends.com/2013/07/18/the-pension-gap-silent-crisis-in-public-private-pension-plan-funding-dodging-the-disaster-changes – desperately-needed.

71. Jonathan Moules, "Santander in peer-to-peer pact as alternative finance makes gains," *Financial Times* (London), June 17, 2014, www.ft.com/cms/s/0/b8890a26-f62a-11e3 – a038-00144feabdc0.html.

72. Dominic Barton and Mark Wiseman, "Focusing capital on the long term," *Harvard Business Review*, January – February 2014, http://hbr.org/2014/01/focusing-capital-on-the-long-term/ar/1.

73. *Report on the management of the government's portfolio for the year 2012/13*, GIC Private Limited, 2013, www.gic.com.sg/images/pdf/GIC_Report_2013.pdf.

74. Barton and Wiseman, "Focusing capital on the long term."

08 부족한 숙련노동자, 남아도는 비숙련노동자

1. James Manyika, Susan Lund, Byron Auguste, Lenny Mendonca, Tim Welsh, and Sreenivas Ramaswamy, *An economy that works: Job creation and America's future*, McKinsey & Company, June 2011.

2. *Historical Income Tables: Households*, United States Census Bureau, US Department of Commerce, www.census.gov/hhes/www/income/data/historical/household/index.html.

3. *2014 global employment trends*, International Labor Organization, January 2014; "Specter of a jobless recovery in France," *New York Times*, February 26, 2005; *Heritage employment report: What the US can learn from Canada's recession and recovery*, November 2013, US Department of Labor website, www.dol.gov.

4. Richard Dobbs, Anu Madgavkar, Dominic Barton, Eric Labaye, James Minyika, Charles Roxburgh, Susan Lund, and Siddarth Madhav, "The world at work: Jobs, pay, and skills for 3.5 billion people," June 2012, McKinsey & Company, www.mckinsey.com/insights/employment_and_growth/the_world_at_work.

5. Danny Palmer, "Not enough data scientists, MIT expert tells Computing," Computing, September 4, 2013, www.computing.co.uk/ctg/news/2292485/not-enough-data-scientists-mit-expert-tells-computing.

6. Thomas Wailgum, "Monday metric: 68% of companies struggle with big data analytics," ASUG News, March 18, 2013, www.asugnews.com/article/monday-metric-68-of-companies-struggle-with-big-data-analytics.

7. TJ McCue, "Manufacturing jobs changing but no severe job skills gap in USA," Forbes.com, October 18, 2012, www.forbes.com/sites/tjmccue/2012/10/18/manufacturing-jobs-changing-but-no-severe-job-skills-gap–in-usa.

8. Parija Bhatnagar, "Manufacturing boom: Trade school enrollment soars," CNN Money, July 31, 2012, http://money.cnn.com/2012/07/31/news/economy/manufacturing-trade-schools/?Iid=EL.

9. Mona Mourshed, Diana Farrell, and Dominic Barton, *Education to employment: Designing a system that works*, McKinsey Center for Government, 2013.

10. Gordon G. Chang, "College grads are jobless in China's 'high-growth' economy," Forbes.com, May 26, 2013.

11. Lilian Lin, "China's Graduates Face Glut," *Wall Street Journal*, August 22, 2012.

12. Voice of the Graduate, McKinsey & Company, May 2013; Bureau of Labor Statistics, United States Department of Labor, www.bls.gov/news. release/ pdf/jolts.pdf.

13. Susan Lund, James Manyika, Scott Nyquist, Lenny Mendonca, and Sreenivas Ramaswamy, *Game changers: Five opportunities for US growth and renewal*, McKinsey Global Institute, July 2013.

14. Steve Johnson, "H-1B visa cap reached after just five days as valley executives lobby to expand the program," *San Jose Mercury News*, April 7, 2014, www.mercurynews.com/business/ci_25516535/h-1b-visa-cap-reached-after-just-five.

15. Sarah Mishkin, "Silicon Valley faces visa scramble for foreign workers," *Financial Times* (London), March 17, 2014, www.ft.com/intl/cms/ s/0/7c14f76a-aa0f-11e3-8497-00144feab7de.html #axzz3FYTuXcWB.

16. John Helyar, "Outsourcing: A passage out of India," *Bloomberg Businessweek*, March 15, 2012, www.businessweek.com/articles/2012-03-15/outsourcing-a-passage-out–of-india.

17. World development indicators, World Bank database, http://data. worldbank. org/data-catalog/world–development-indicators.

18. Richard Dobbs, Anu Madgavkar, Dominic Barton, Eric Labaye, James Minyika, Charles Roxburgh, Susan Lund, and Siddarth Madhav, "The world at work: Jobs, pay, and skills for 3.5 billion people," June 2012, McKinsey & Company, www.mckinsey.com/insights/employment_and_growth/the_world_at_work.

19. Michael Chui, James Manyika, Jacques Bughin, Richard Dobbs, Charles Roxburgh, Hugo Sarrazin, Geoffrey Sands and Magdalena Westergren, *The social economy: Unlocking productivity and value through social technologies*, McKinsey Global Institute, July 2012.

20. "Nokia Mobile Mathematics empowers South African learners" (press release), Nokia.sa blog, October 24, 2013.

21. *Turning on mobile learning in Africa and the Middle East: Illustrative*

initiatives and policy implications, UN Educational, Scientific and Cultural Organization, 2012, www.tostan.org/sites/default/files/resources/unesco_turning_on_mobile_learning_in_africa_and_the_middle_east.pdf.

22. Tahir Amin, "Mobilink announces to expand SMS-based literacy project," Business Recorder, March 26, 2010, www.brecorder.com/top-stories/single/595/0/1035800.

23. Deborah Ball and Ilan Brat, "Spanish supermarket chain finds recipe," *Wall Street Journal*, October 23, 2012.

24. Mourshed et al., *Education to Employment*.

09 영원한 승자가 사라진 경쟁 구도의 변화

1. "California town on sale on eBay," BBC.com, April 4, 2006, http://news.bbc.co.uk/1/hi/world/americas/4875206.stm; Buck Wolf, "Hungry for miracles? Try Jesus on a fish stick," ABC News, November 30, 2004, http://abcnews.go.com/Entertainment/WolfFiles/story?id=307227&page=1.

2. "eBay India marketplaces fast facts," eBay India, March 31, 2014, Fpages.ebay.in/community/aboutebay/news/infastfacts.html.

3. Pierre Omidyar and Meg Whitman, "A defining year for eBay," eBay: 2002 annual report, http://pages.ebay.com/2002annualreport/shareholderletter.html.

4. Justin Doebele, "Standing up to a giant," Forbes.com, April 25, 2005, www.forbes.com/global/2005/0425/030.html.

5. Kelvin Chan, "Alibaba expands beyond e-commerce," Business Week, May 9, 2014, www.businessweek.com/ap/2014-05-09/alibaba-expands-beyond-e-commerce.

6. William Barnett, Mi Feng, and Xiaoqu Luo, *Taobao vs. EBay China*, Stanford Graduate School of Business case no. IB88, 2010, www.gsb.stanford.edu/faculty-research/case-studies/taobao-vs-ebay-china.

7. Elzio Barreto, "Alibaba IPO ranks as world's biggest after additional shares sold," Reuters, September 22, 2014, www.reuters.com/article/2014/09/22/us-alibaba-ipo-value-iduskcn0hh0a620140922.

8. US Securities and Exchange Commission Form F-1 , Alibaba Group Holding Limited, May 6, 2014, www.sec.gov/Archives/edgar/data /1577552/000119312514184994/d709111df1.htm.

9. Bloomberg, November 28, 2014.

10. Dane Stangler and Sam Arbesman, *What does Fortune 500 turnover mean?* Ewing Marion Kauffman Foundation, June 2012, www.kauffman.org/~/media/ kauffman_org/research%20reports%20and%20covers/2012/06/fortune_500_ turnover.pdf.

11. Richard Dobbs, Jaana Remes, Sven Smit, James Manyika, Jonathan Woetzel, and Yaw Agyenm-Boateng, *Urban world: The shifting global business landscape*, McKinsey Global Institute, October 2013.

12. Ibid.

13. "Creative destruction whips through corporate America," Innosight Executive Briefing, winter 2012, www.innosight.com/innovation-resources/ strategy-innovation/upload/creative-destruction-whips-through- corporate-america_final2012.pdf.

14. *Microsoft's timeline from 1975 – 1990*, The History of Computing Project, www.thocp.net/companies/microsoft/microsoft_company.htm.

15. Christopher Steiner, "Meet the fastest growing company ever," Forbes. com, August 12, 2010, www.forbes.com/forbes/2010/0830/entrepreneurs- groupon-facebook-twitter-next-web – phenom.html.

16. *Annual Report 2012 – 2012*, Bharti Airtel Limited, 2013. *Annual Report 2012*, AT&T, 2013.

17. Tata Fast Facts, Tata, July 21, 2014, www.tata.com/htm/Group_fast_facts. htm; also see *Corporate sustainability in the UK: A selection of stories from Tata companies and employees*, Tata, 2013, www.uk.tata.com/pdf/uk_csr_ booklet.pdf.

18. Yuval Atsmon, Michael Kloss, and Sven Smit, "Parsing the growth advantage of emerging-market companies," *McKinsey Quarterly*, May 2012.

19. Dobbs et al., *Urban world: The shifting global business landscape*.

20. Meisia Chandra, "Waze touches 50M users globally; Malaysia, Indonesia in top 10 list," e27, February 15, 2014, http://e27.co/waze-touches-50m-users-

globally-malaysia-indonesia-in-top – 10-list.

21. Steve O'Hear, "Amid reports Facebook is eyeing up financial services, TransferWire hits £1 billion in transfers," TechCrunch, April 14, 2014, http://techcrunch//2014/04/14/you-know-whats-cool.

22. Ibid.

23. www.expediainc//about.

24. TechCrunch.

25. Enders Analysis, onesource.

26. Rik Kirkland, "Leading in the 21st century: An interview with Carlos Ghosn," McKinsey & Company, September 2012.

27. *UK insurance aggregators 2012*, Datamonitor, www.datamonitor.com/store/product/uk_insurance_aggregators_2012?productid=CM00192-013.

28. Matt Scott, "Google is a 'real threat' to the insurance industry," Insurance Times, May 1, 2014, www.insurancetimes.co.uk/google-is-a-real-threat-to-the-insurance-industry/1408126. article.

29. Mark Sands, "Telematics: Taking the wheel?" Post Online, April 30, 2013, www.postonline.co.uk/post/analysis/2264472/telematics-taking-the-wheel.

30. Derek Thompson, "Is *House of Cards* really a hit?" *The Atlantic*, February 24, 2014, www.theatlantic.com/business/archive/2014/02/is-i-house-of-cards-i-really – a-hit/284035.

31. *Garages global tour*, GE Garages, www.gegarages.com/global-tour.

32. BMW website: www.bmwblog.com/2014/07/30/see-bmw-i3-parks – driver-aboard.

33. Daimler press release, September 2013, http://media.daimler.com/dcmedia/0-921-614307-1-1629819-1-0-0-0-0-0-11702-0-0-1-0-0-0-0-0.html.

34. AT&T press release, March 2014, http://about.att.com/story/audi_and_att_announce_pricing_for_first_ever_in_vehicle_4glte_connectivity.html.

35. Companies' 2013 annual reports and related press releases.

36. James Manyika, Armando Cabral, Lohini Moodley, Safroadu Yeboah-Amankwah, Suraj Moraje, Michael Chui, Jerry Anthonyrajah, and Ache Leke, *Lions go digital: The Internet's transformative potential in Africa*, McKinsey Global Institute, November 2013.

37. Pankaj Ghemawat, "Developing global leaders," *McKinsey Quarterly*, June 2012.

38. *Annual Report 2013*, Unilever, www.unilever.com/images/Unilever_AR13_tcm13-383757.pdf.

39. Elga Reyes, "Unilever launches €50M leadership centre in Singapore," Eco-Business, July 1, 2013, www.eco-business.com/news/unilever-launches-leadership-centre-Singapore.

40. Stephen Hall, Dan Lovallo, and Reinier Musters, "How to put your money where your strategy is," *McKinsey Quarterly*, March 2012.

41. www.salesforce.com/customers/stories/burberry.

42. *Burberry's digital activism*, Enders Analysis, August 2012, www.enders analysis.com/content/publication/burberry%E2%80%99s-digital-activism.

43. Ella Alexander, "Burberry opens Regent Street flagship," *Vogue UK*, September 13, 2012, www.vogue.co.uk/news/2012/09/13/burberry-regent-street-flagship-opens.

44. Imran Amed, "CEO talk: Angela Ahrendts on Burberry's connected culture," The Business of Fashion, September 3, 2013, www.businessoffashion.com/2013/09/burberry-angela-ahrendts.html.

10 우리 모두가 함께 해야 할 일

1. Christoph Bertram, *Germany: The Sick Man of Europe?* Project Syndicate, September 18, 1997, www.project-syndicate.org/commentary/germany--the-sick-man-of-europe-.

2. *World development indicators*, World Bank database, http://data.worldbank.org/data-catalog/world-development-indicators.

3. Ibid.

4. "100,000 protest German reforms in Berlin," Deutsche Welle, November 2, 2003; www.dw.de/100000-protest-german-reforms-in-berlin/a-1019341.

5. Richard Dobbs, Anu Madgavkar, Dominic Barton, Eric Labaye, James Minyika, Charles Roxburgh, Susan Lund, and Siddarth Madhav, *The world at work: Jobs, pay, and skills for 3.5 billion people*, June 2012, McKinsey & Company.

6. *World development indicators.*

7. Dobbs et al., *The world at work.*

8. *Attitudes about aging: A global perspective*, Pew Research Global Attitudes Project, January 30, 2014, www.pewglobal.org/2014/01/30/attitudes-about-aging-a-global-perspective.

9. The Economist Intelligence Unit.

10. *2009 ageing report: Economic and budgetary projections for the EU-27 member states (2008-2060)*, European Commission, February 2009, http://ec.europa.eu/economy_finance/publications/publication14992_en.pdf.

11. James Manyika, Jacques Bughin, Susan Lund, Olivia Nottebohm, David Poulter, Sebastian Jauch, and Sree Ramaswamy, *Global flows in a digital age: How trade, finance, people, and data connect the world economy*, McKinsey Global Institute, April 2014.

12. Julian Ku and John Yoo, "Globalization and Sovereignty," *Berkeley Journal of International Law* 31, no. 1, 2013, http://scholarship.law.berkeley.edu/bjil/vol31/iss1/6.

13. Chun Han Wong, "Singapore tightens hiring rules for foreign skilled labor," *Wall Street Journal*, September 23, 2013.

14. "Firms to consider Singaporeans fairly for jobs," Singapore Ministry of Manpower, September 23, 2013, www.mom.gov.sg/newsroom/Pages/Press ReleasesDetail.aspx?listid=523.

15. *Growing income inequality in OECD countries: What drives it and how can policy tackle it?* OECD, May 2011, www.oecd.org/social/soc/47723414.pdf.

16. World Inequality Database.

17. *A new multilateralism for the 21st century: The Richard Dimbleby lecture*, Christine Lagarde, International Monetary Fund, February 3, 2014, www.imf.org/external/np/speeches/2014/020314.htm.

18. James Manyika, David Hunt, Scott Nyquist, Jaana Remes, Vikram Malhotra, Lenny Mendonca, Byron Auguste, and Samantha Test, *Growth and Renewal in the United States: Retooling America's economic engine*, McKinsey Global Institute, February 2011.

19. James Manyika, Jonathan Woetzel, Richard Dobbs, Jaana Remes, Eric Labaye,

Andrew Jordan, *Global growth: Can productivity save the day in an aging world?*, January 2015, McKinsey Global Institute.

20. OECD, *Government at a Glance 2013* (OECD Publishing, 2013), www.oecd. org/gov/govataglance.htm.

21. François Bouvard, Robert Carsouw, Eric Labaye, Alastair Levy, Lenny Mendonca, Jaana Remes, Charles Roxburgh, and Samantha Test, *Better for less: Improving public sector performance on a tight budget*, McKinsey & Company, July 2011.

22. Rajat Gupta, Shirish Sankhe, Richard Dobbs, Jonathan Woetzel, Anu Madgavkar, and Ashwin Hasyagar, *From poverty to empowerment: India's imperative for jobs, growth, and effective basic services*, McKinsey Global Institute, February 2014.

23. Justin Pritchard, "California pushesto finish driverless car rules," Associated Press, March 12, 2014, bigstory.ap.org/article/california-pushes-finish-driverless-car-rules.

24. "Striking back: Germany considers counterespionage against US," Spiegel Online International, February 18, 2014, www.spiegel. de/international/germany/germany-considers-counterespionage-measures-against-united-states-a-953985.html.

25. "Merkel and Hollande to discuss European communication network avoiding US," Reuters, February 15, 2014, http://uk. reuter.com/article/2014/02/15/uk-germany-france-idUKBREA1E0IE20140215.

26. Richard Dobbs, Jeremy Oppenheim, Fraser Thompson, Sigurd Mareels, Scott Nyquist, and Sunil Sanghvi, *Resource revolution: Tracking global commodity markets*, McKinsey Global Institute, September 2013.

27. Richard Dobbs, Jeremy Oppenheim, Fraser Thompson, Marcel Brinkman, and Marc Zornes, *Resource revolution: Meeting the world's energy, materials, food, and water needs*, McKinsey Global Institute, November 2011.

28. Carmen M. Reinhart and Kenneth S. Rogoff , "From financial crash to debt crisis," *American Economic Review* 101, no. 5, August 2011, www.aeaweb. org/articles.php?doi=10.1257/aer.101.5.1676; also see David Beers and Jean-Sébastien Nadeau, *Introducing a new database of sovereign defaults*, Bank of

Canada, technical report no. 101, February 2014.

29. *Delivery 2.0: The new challenge for governments*, McKinsey & Company, October 2012.

30. OECD, *Government at a Glance* 2013.

31. Ibid.

32. Ibid.

33. www.afi-global.org.

34. Ibid.

35. Ulf Rinne, Arne Uhlendorff, and Zhong Zhao, "Vouchers and caseworkers in public training programs: Evidence from the Hartz reform in Germany," IZA discussion paper no. 3910, December 2008, ftp.iza.org/dp3910.pdf.

36. www.trade.gov/nei.

37. Huiyao Wang, "China's return migration and its impact on home development," *UN Chronicle L*, no. 3, September 2013, http://unchronicle. un.org/article/chinas-return-migration-and-its-impact – home- development.

38. *World development indicators*.

39. *Starting strong II: Early childhood education and care*, OECD, September 2006, www.oecd.org/edu/school/startingstrongiiearlychildhoodeducationand care.htm.

40. "Table 1368: Female labor force participation rates by country: 1980 to 2010," *Statistical Abstract of the United States 2012*, United States Census Bureau, US Department of Commerce, www.census.gov/compendia/ statab/2012/tables/12s1368.pdf.

41. *Denmark in Figures 2013*, Statistics Denmark, February 2013, www.dst.dk/ en/Statistik/Publikationer/VisPub.aspx?cid=17953.

42. Theresa Braine, "Reaching Mexico's poorest," *Bulletin of the World Health Organization* 84, no. 8, August 2006, www.who.int/bulletin/volumes/84/8/ news10806/en.

43. Christopher Harress, "Goodbye, oil: US Navy cracks new renewable energy technology to turn seawater into fuel, allowing ships to stay at sea longer," *International Business Times*, April 8, 2014, www.ibtimes.com/goodbye-oil-

us-navy-cracks-new-renewable-energy-technology-turn-seawater-fuel – allowing-1568455.

44. David E. Bloom, David Canning, and Günther Fink, *Implications of population aging for economic growth*, NBER working paper no. 16705, January 2011, www.nber.org/papers/w16705.

45. *World development indicators*; Pensions at a glance 2013, OECD, 2013, www.oecd-ilibrary.org/finance-and-investment/pensions-at-a-glance-2013_pension_glance – 2013-en.

46. "Japan long-term care: Highlights from *Help Wanted? Providing and Paying for Long-Term Care*, OECD Publishing, 2011," May 18, 2011, www.oecd.org/els/health-systems/47891458.pdf, from Francesca Colombo, Ana Llena-Nozal, Jérôme Mercier, and Frits Tjadens, *Help Wanted? Providing and Paying for Long-Term Care* (OECD Health Policy Studies, OECD Publishing, 2011).

47. Chilean Ministry of Finance.

48. IMF, *World Economic Outlook: Transitions and tensions*, International Monetary Fund, 2013, www.imf.org/external/pubs/ft/weo/2013/02.

49. Sean Cockerham, "New York ruling on fracking bans might send tremors across US," *Miami Herald*, June 30, 2014, www.miamiherald.com/2014/06/30/4211388/new-york-ruling-on-fracking-bans.html.

50. "Bulgaria bans shale gas drilling with 'fracking' method," BBC.com, January 19, 2012, www.bbc.co.uk/news/world-europe-16626580; Jan Hromadko and Harriet Torry, "Germany shelves shale-gas drilling for next seven years," *Wall Street Journal*, July 4, 2014, http://online.wsj.com/articles/germany-shelves-shale-gas-drilling-for-next-seven-years-1404481174.

51. Swedish Institute.

52. Germany Federal Environmental Agency.

53. Mona Mourshed, Diana Farrell, and Dominic Barton, *Education to employment: Designing a system that works*, McKinsey Center for Government, 2013.

54. Karim Tadjeddine, "'A duty to modernize': Reforming the French civil service," McKinsey & Company, April 2011.

55. James Manyika, Michael Chui, Diana Farrell, Steve Van Kuiken, Peter

Groves, and Elizabeth Almasi Doshi, *Open data: Unlocking innovation and performance with liquid information*, McKinsey Global Institute, McKinsey Center for Government, and McKinsey Business Technology Office, October 2013.

56. Eric Braverman and Mary Kuntz, "Creating a 'coalition of the positive' in India: An interview with Nandan Nilekani" and Elana Berkowitz and Blaise Warren, "E-government in Estonia" in "Innovation in government: India and Estonia," McKinsey & Company, June 2012.

57. Marcos Cruz and Alexandre Lazarow, "Innovation in government: Brazil," McKinsey & Company, September 2012.

58. Smart Cities, Navigant Research, 2014, www.navigantresearch.com/research/smart-buildings/smart-cities.bus%20visi.

59. Vestas Annual Reports, 2005, 2009, and 2013.

60. *Draft Grundfos response to the European Commission's public consultation on resource efficiency*, Grundfos, February 24, 2012, http://ec.europa.eu/environment/resource_efficiency/pdf/Grundfos.pdf; *From solo enterprise to world leader*, Danfoss Trata, www.trata.danfoss.com/xxNewsx/2b005275-98ff-4165-a0a5-78efe146264a_CNP1.html.

에필로그_우리 앞에 놓인 선택

1. Rik Kirkland, "Leading in the 21st century: An interview with Daniel Vasella," McKinsey & Company, September 2012.

2. "Leading in the 21st century: An interview with Ford's Alan Mulally," McKinsey & Company, November 2013.

3. William Samuelson and Richard Zeckhauser, "Status quo bias in decision making," *Journal of Risk and Uncertainty* 1, no. 1, March 1988, www.hks.harvard.edu/fs/rzeckhau/SQBDM.pdf.

4. See Stephen Hall, Dan Lovallo, and Reinier Musters, "How to put your money where your strategy is," *McKinsey Quarterly*, March 2012; and Mladen Fruk, Stephen Hall, and Devesh Mittal, "Never let a good crisis go to waste," *McKinsey Quarterly*, October 2013.

5. Nate Boaz and Erica Ariel Fox, "Change leader, change thyself," *McKinsey Quarterly*, March 2014.

6. Suzanne Heywood, Aaron De Smet, and Allen Webb, "Tom Peters on leading the 21st-century organization," *McKinsey Quarterly*, September 2014.

7. Bill Javetski, "Leading in the 21st century: An interview with Larry Fink," McKinsey & Company, September 2012.

8. Boaz and Fox, "Change leader, change thyself."

산업혁명보다 10배 더 빠르고, 300배 더 크고, 3,000배 더 강하다!

미래의 속도

1판 1쇄 발행 2016년 11월 9일
1판 12쇄 발행 2020년 1월 13일

지은이 리처드 돕스, 제임스 매니카, 조나단 워첼
옮긴이 고영태
감수 맥킨지 한국사무소
펴낸이 고병욱

기획편집1실장 김성수 **책임편집** 윤현주 **기획편집** 장지연 박혜정
마케팅 이일권 송만석 황호범 김재욱 곽태영 김은지 **디자인** 공희 진미나 백은주
외서기획 이슬 **제작** 김기창 **관리** 주동은 조재언 **총무** 문준기 노재경 송민진

교정교열 김선희

펴낸곳 청림출판(주)
등록 제1989-000026호

본사 06048 서울시 강남구 도산대로 38길 11 청림출판(주) (논현동 63)
제2사옥 10881 경기도 파주시 회동길 173 청림아트스페이스 (문발동 518-6)
전화 02-546-4341 **팩스** 02-546-8053

홈페이지 www.chungrim.com
이메일 crl@chungrim.com
블로그 blog.naver.com/chungrimpub   **페이스북** www.facebook.com/chungrimpub

ISBN 978-89-352-1130-2 (03320)

NO ORDINARY DISRUPTION